La Comptabilité

Par GUSTAVE SOREPH

📖 Librairie Larousse PARIS

LA COMPTABILITÉ

COMMERCIALE
INDUSTRIELLE ET DOMESTIQUE

TROISIÈME ÉDITION

A LA MÊME LIBRAIRIE

DU MÊME AUTEUR

Défends ton argent, conseils pratiques pour éviter les pièges tendus à l'épargne. Volume in-8°; br., 1 fr. 20

LA COMPTABILITÉ COMMERCIALE

INDUSTRIELLE ET DOMESTIQUE

AVEC NOTIONS SUR LE COMMERCE, LE CRÉDIT, LES SOCIÉTÉS ET LA LÉGISLATION COMMERCIALE; PAR
M. GUSTAVE SOREPH, PROFESSEUR
DE COMPTABILITÉ, SOUS-CHEF A LA BANQUE DE
FRANCE, EXPERT PRÈS LES TRIBUNAUX.

Ouvrage conforme au programme de l'enseignement commercial.

LIBRAIRIE LAROUSSE. — PARIS
17, RUE MONTPARNASSE. — SUCC^{le}, 58, RUE DES ÉCOLES

PRÉFACE

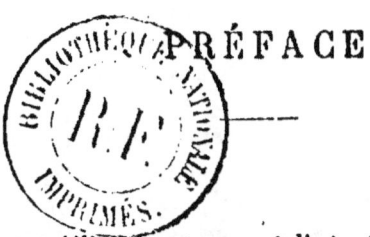

La comptabilité, longtemps négligée et reléguée au rang d'un art professionnel empirique et incertain, s'affirme maintenant comme une science pratique, indispensable à la bonne gestion des affaires. Son étude a pris, depuis un quart de siècle environ, un développement considérable en France; c'est ainsi qu'elle a conquis une place honorable non seulement dans les programmes de l'enseignement commercial proprement dit, mais encore dans ceux de l'enseignement primaire supérieur et de l'enseignement secondaire moderne. Dans tous les grands centres, des écoles spéciales se sont fondées dans le but exclusif d'en propager les principes et de former ainsi des comptables pour le commerce et l'industrie. Enfin, les cours populaires du soir à l'usage des adultes, ces œuvres postscolaires si fécondes en heureux résultats, en ont puissamment favorisé la diffusion en la plaçant en tête des matières enseignées à leurs nombreux et intéressants auditeurs.

Il n'y a pas lieu de s'étonner de la rapidité de cet essor, si l'on se reporte aux causes qui l'ont déterminé : certains faits économiques contemporains, tels que la multiplication des échanges et des produits échangeables, les progrès de l'industrie manufacturière, la généralisation des habitudes de crédit en matière commerciale, la facilité et la rapidité des transports, d'autres causes encore, qu'il serait trop long d'énumérer, ont bouleversé le commerce moderne et lui ont imposé, entre autres obligations, un enregistrement de ses écritures plus méthodique et mieux approprié à ses besoins nouveaux. La comptabilité est ainsi devenue l'auxiliaire indispensable du commerçant, l'arme sans laquelle il ne saurait vaincre dans l'ardente lutte qu'il est forcé de soutenir contre la concurrence de ses rivaux. Sous l'empire de la nécessité, cette arme, elle aussi, s'est affinée, transformée : après de louables et patients efforts, grâce à l'introduction en France de la méthode connue sous le nom de « partie double », les antiques errements de la tenue des livres en partie simple ont enfin été tenus en échec par une science des comptes claire et précise, par la comptabilité rationnelle.

Pour nous qui, dans la mesure de nos forces, tentons à notre tour d'aider à cette utile réforme comptable, trop incomplète encore, le plan que nous avons suivi pour atteindre ce but est extrêmement simple : sans rien sacrifier des démonstrations indispensables à la clarté du sujet, sans négliger aucune réforme utile, aucune innovation intéressante, sans cependant dissimuler les difficultés pratiques de certaines théories très séduisantes, nous nous sommes soigneusement abstenu de toute vaine déclamation, de tout ergotage superflu qui aurait pu avoir pour effet de rendre obscure et d'une compréhension malaisée une science, populaire par excellence, qui peut et doit être mise à la portée de tous. En effet, si la comptabilité est d'une conception générale très facile, ses applications usuelles sont par contre, d'une infinie diversité. En raison même de ce double caractère, nous estimons que son enseignement doit être surtout pratique et accessible au plus grand nombre ; il doit se borner à fournir certaines règles et certaines méthodes, à indiquer les développements ingénieux, les déductions logiques et les contrôles efficaces, s'en remettant pour une large part au bon sens et à l'esprit d'initiative de celui qui a charge d'appliquer, à telle ou telle entreprise, les principes généraux qui lui ont été enseignés. Telles sont les considérations qui nous ont guidé dans l'élaboration d'un ouvrage qui n'a d'autre but, d'autre prétention, que de servir utilement à la vulgarisation d'une science dont la connaissance est désormais intimement liée à la prospérité commerciale du pays.

Gustave SOREPH.

LA COMPTABILITÉ

I. NOTIONS COMMERCIALES

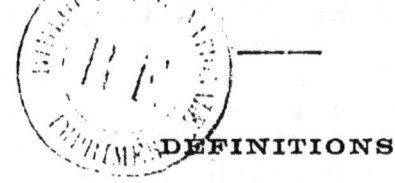

DÉFINITIONS

Commerçants. — *Sont commerçants*, dit l'article 1ᵉʳ du Code de commerce, *ceux qui exercent des actes de commerce et en font leur profession habituelle.*

La femme mariée et le mineur émancipé peuvent sous certaines conditions être commerçants.

Par cette expression « profession habituelle » la loi commerciale entend déclarer que des actes isolés ne suffisent pas pour constituer la qualité de commerçant. Celui qui les exerce accidentellement reste non-commerçant, et, comme tel, échappe à la législation qui concerne les commerçants : c'est ainsi qu'il n'est pas obligé de tenir des livres de commerce et ne peut être déclaré en faillite. Les propriétaires ou fermiers ruraux qui vendent en gros ou en détail les produits qu'ils retirent de leur fonds, tels que fruits, légumes, grains, etc., ne sont pas commerçants. Cependant, aux termes de l'article 631 du Code de commerce, les non-commerçants sont, de même que les commerçants, justiciables des tribunaux de commerce par le seul fait qu'ils sont poursuivis à raison d'actes de commerce.

Actes de commerce. — La définition de l'acte de commerce a une grande importance. La loi répute *acte de commerce* l'achat de denrées et marchandises pour les revendre, soit en nature, soit après les avoir travaillées et mises en œuvre, ou même pour en louer simplement l'usage. Pour qu'il y ait acte de commerce, il faut donc que les marchandises aient été achetées avec l'intention de les revendre, de telle sorte que la revente des marchandises soit l'objet principal de l'opération. Ainsi il n'y a pas intention de la part de celui qui, ayant acheté des denrées au delà de sa consommation, se résout à les revendre; mais celui qui met en vente des objets achetés fait évidemment acte de commerce, même s'il n'a encore rien vendu.

Le Code qualifie encore d'actes de commerce : 1° toute entreprise de manufactures, de commission, de transports par terre et par eau; — 2° toute entreprise de fournitures, d'agences, bureaux d'affaires, établissements de vente à l'encan, de spectacles publics; — 3° toute opération de change, banque et courtages; — 4° toutes les opérations des banques publiques; — 5° entre toutes personnes, les lettres de change ou remises d'argent faites de place à place; — 6° toute entreprise de construction et tous achats, ventes et reventes de bâtiments pour la navigation intérieure et extérieure; toute expédition maritime, tout affrètement et nolisement, toutes assurances et autres contrats concernant le commerce de mer.

Commerce intérieur. — On appelle *commerce intérieur* l'échange entre habitants d'un même pays des richesses produites ou acquises par ce pays. Ce commerce se divise en commerce de gros et commerce de détail.

Commerce extérieur. — La nature ayant diversifié les climats, la qualité du sol cultivable et des productions, ayant inégalement réparti les mines, les carrières, les forêts, les cours d'eaux et les mers; et, d'autre part, la civilisation éveillant chez les hommes des besoins sans cesse nouveaux, il s'ensuit qu'aucun pays, si avantageuse que paraisse sa position géographique, ne peut se passer du concours de ses voisins et doit leur demander les produits qui lui sont indispensables, en même temps qu'il leur expédie le superflu de sa production. C'est le *commerce extérieur* qui s'occupe de régler les échanges de pays à pays.

Balance du commerce. — L'*exportation*, pour un pays, consiste à vendre à l'étranger les produits nationaux. L'*importation* est l'achat fait à l'étranger des produits et matières premières nécessaires aux besoins du pays. La *balance du commerce* s'établit par le montant des exportations comparé au montant des importations. On dit que la balance est favorable à un pays lorsque le chiffre des exportations est supérieur au chiffre des importations. La balance est défavorable lorsque le contraire a lieu.

DOCUMENTS COMMERCIAUX

Toute écriture portée sur les livres d'un commerçant doit être appuyée d'un *document commercial* ou *pièce comptable* à laquelle il pourra se référer en cas d'omission ou de réclamation. Cette règle ne souffre aucune exception.

Les principales pièces comptables en usage dans le commerce sont celles qui concernent : 1° le mouvement des espèces en caisse ; — 2° les entrées, les sorties et les transports de marchandises ; — 3° le crédit commercial et les instruments de crédits (effets de commerce, warrants, etc.) ; — 4° les courtages commerciaux ; 5° la correspondance échangée entre le commerçant et ses clients ou ses fournisseurs, etc.

MOUVEMENT DES ESPÈCES

Les *entrées d'espèces* en caisse se constatent principalement : — 1° par les *carnets de reçus à souche* dans lesquels on détache les reçus d'espèces délivrés au déposant ; — 2° par les *talons des chèques* qui servent à un commerçant à retirer tout ou partie des fonds qu'il a déposés dans une banque ; — 3° par les *bordereaux des encaissements* d'effets ou de factures opérés pour le compte d'un commerçant par la poste, par son banquier, ou même par son propre commis à la recette ; — 4° par les *bordereaux de versements d'espèces* remplis et signés par les déposants ; — 5° dans le commerce de détail au comptant, par les *fiches* remises au caissier par le vendeur ou débiteur. Ces fiches mentionnent la date, la nature de l'objet vendu, son numéro de référence, son prix et le nom du commis vendeur.

Les *sorties d'espèces* se constatent au moyen des reçus ou quittances délivrés par le créancier au moment du payement.

On appelle *reçu* ou *quittance* un écrit par lequel on reconnaît avoir reçu une somme d'argent ou toute autre valeur.

Un reçu d'espèces doit contenir : 1° le nom de la localité où le reçu a été fait, ainsi que la date ; — 2° le nom du payeur ; — 3° la somme en chiffres et en lettres ; — 4° le motif du payement ; — 5° la signature du caissier ou de celui qui a pouvoir pour délivrer le reçu.

REÇU DE PAYEMENT (1)

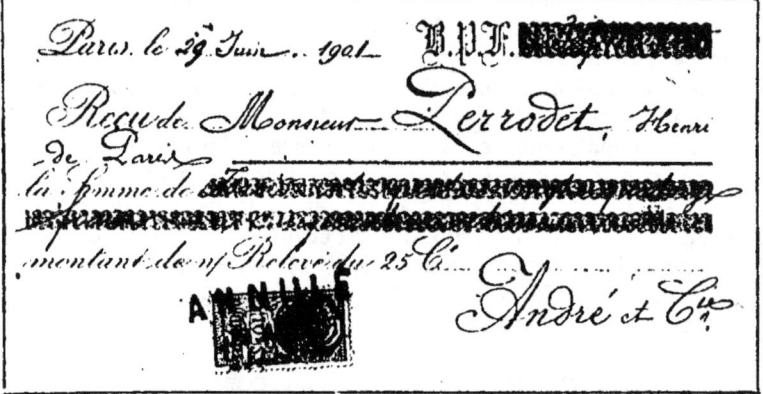

REÇU DE PAYEMENT POUR LE COMPTE D'UN TIERS

Tout reçu ou quittance au-dessus de 10 francs doit être timbré à 10 centimes, conformément à la loi du 23 août 1871.

(1) Ce fac-similé et les suivants ont été reproduits, en réduction, d'après les originaux.

Le timbre de quittance mobile est annulé à la date de création du reçu.

Le reçu peut spécifier que le payement a été fait soit pour solde d'une facture, soit pour solde de tout compte à ce jour. Il peut être délivré au nom d'un tiers agissant par ordre et pour le compte du payeur.

Nota. — Le reçu s'emploie encore pour donner décharge de toute autre valeur que d'espèces; par exemple, de marchandises, d'effets de commerce, etc. La forme ne varie pas, seule l'énumération des valeurs remises remplace la somme.

Lorsqu'il s'agit de donner décharge de termes de loyer payés, d'appointements et d'honoraires perçus, on donne plus généralement à la pièce qui constate le payement le nom de *quittance*.

L'*acquit* diffère du reçu en ce qu'il est donné sur la pièce même (facture, effet de commerce, etc.) qui constate la dette.

ENTRÉES, SORTIES DES MARCHANDISES

Factures.

Les *entrées* et *sorties de marchandises* s'accompagnent d'une facture, qui doit donner toutes les indications nécessaires sur ces marchandises. Quand il y a entrée de marchandises en magasin, le négociant acheteur reçoit de son fournisseur la facture, qu'il copie sur un registre destiné à cet usage.

Facture simple. — Une *facture* est un état détaillé des marchandises livrées ou expédiées à une personne. Elle doit contenir : 1° le nom du lieu et la date de la livraison ou de l'expédition ; — 2° le nom et l'adresse du vendeur ; — 3° le nom et l'adresse de l'acheteur ; — 4° la désignation des marchandises et leur prix ; — 5° le folio du livre où la facture a été inscrite.

Facture à condition. — Certains commerçants livrent leur marchandise *à condition*, c'est-à-dire qu'ils attendent pour passer écriture de cette livraison que leur client, trouvant la marchandise à son goût, les autorise à la leur *facturer ferme*. Dans le cas de livraison conditionnelle, la facture doit porter, très apparent, le mot « Condition ».

Relevé de factures ou Facture générale. — Chez la plupart des commerçants en gros, qui vendent rarement au comptant, il est

FACTURE SIMPLE

d'usage d'adresser à leurs clients, à la fin de chaque mois ou de chaque trimestre, un relevé des marchandises qui leur ont été facturées pendant ce mois ou ce trimestre. C'est ce qu'on appelle un *relevé de factures* ou une *facture générale.*

Cet état récapitulatif est quelquefois établi sur une simple facture en tête de laquelle on a écrit le mot « Relevé ». Il doit mentionner, outre la date et les noms du commerçant et du débiteur : 1° la date et le montant de chaque facture ; — 2° le total de toutes les factures ; — 3° les conditions et le mode de règlement.

L'avis de traite se donne le plus souvent en même temps qu'on adresse le relevé de factures.

Facture de retour ou d'avoir. — Lorsqu'un client, pour une raison valable, refuse la livraison d'une marchandise et la retourne à son expéditeur, celui-ci adresse à son client une facture constatant le *retour* en magasin de la marchandise. Cette facture doit porter les mêmes indications que la facture de livraison, dont elle diffère seulement par la substitution du mot « Avoir » au mot « Doit »; ce qui signifie que le prix des marchandises retournées sera porté à l'avoir, c'est-à-dire au crédit du client.

Facture d'expédition. — La *facture d'expédition,* outre les renseignements fournis par la facture simple, contient : 1° le mode d'expédition ; — 2° les marques et numéros des colis ; — 3° le mot « franco » lorsque les frais sont à la charge de l'expéditeur.

La facture d'expédition donne quelquefois avis de la traite qui sera tirée en couverture de l'envoi des marchandises.

Note de commission. — C'est la commande écrite faite par un commissionnaire à un commerçant ou à un fabricant. La *note de commission* ne fait aucune mention du prix des marchandises et des conditions de payement : ces indications se trouvent seulement sur la facture qui accompagne la livraison des marchandises commandées.

FACTURE D'EXPÉDITION

IMPRESSIONS · GRAVURE ARTISTIQUE & COMMERCIALE

Alf. Pochez
GRAVEUR DESSINATEUR
5, rue Say d'Enfer
PARIS
TAILLE-DOUCE
LITHOGRAPHIE & TYPOGRAPHIE

le 25 Octobre 1901

Doit Messieurs Séguin & Cie, fab.ts à Lyon,
les marchandises suivantes payables dans Paris, expédiées ce jour,
en gare de Lyon, par petite vitesse.

3000	Factures d'expédition	à f. 15	45	
1000	Relevés de factures		12	50
1000	Formules de traites		18	
3000	Avis de passage	à f. 6	18	
1500	Reçus de paiements	à f. 12	18	
200	Fiches de débit	à f. 3	6	
2000	Enveloppes avec en tête	à f. 2.75	5	50	123

Expédition franco
en un colis. A. C.

Valeur en ma traite à fin Décembre prochain.

RELEVÉ DE FACTURES SIMPLE

MAISON **HONORÉ PINET & PETIT**

Weiling Succ.

5, Rue de Cléry

RELEVÉ DE FACTURES

Doit M. Pinbois, rue de Cléry

Paris, le 3 Août 1901

Juillet	4	M/facture	179	85		
	13		94			
	14		365			
	19		49	25		
	21		15			
	24		36	50		
	26		278			
	27		39	40		
	28		670			
	29		25			
	31		161	10	1976	10

net à 3 mois

RELEVÉ DE FACTURES AVEC AVIS DE TRAITE

Mon HONORÉ PAYET & PETIT

Weiling Sucr

5, Rue de Cléry

Paris, le 19 août 1901

M. Masson
      nég.t à Dieppe

F° 367

J'ai l'honneur de vous adresser ci-dessus relevé de mes factures pour lequel je prends la liberté de disposer sur vous en ma traite de F^s 632.70 à fin courant

que je recommande à votre bon accueil.
Votre silence pendant la huitaine me tiendra lieu d'adhésion.
En attendant vos ordres, je vous présente mes salutations empressées.

Weiling

1901	M/Facture			
	Juillet 6	404 10		
	17	154 85		
	25	94 30		
		652 25		
	Esc. 3 %	19 55		
	net	632 70		

Transport des marchandises.

Lettre de voiture. — Le Code de commerce (art. 101 et 102) définit la *lettre de voiture* « un contrat passé entre l'expéditeur de marchandises et le voiturier chargé de transporter ces marchandises ».

La lettre de voiture doit indiquer : 1° la date, en toutes lettres, de l'expédition ; — 2° la nature et le poids ou la contenance des objets à transporter ; — 3° le délai accordé au voiturier pour effectuer le transport ; — 4° le nom et le domicile du destinataire ; — 5° le nom et le domicile du voiturier ; — 6° le prix du transport ; — 7° l'indemnité due pour cause de retard ; — 8° la signature de l'expéditeur ; — 9° les marques et numéros des objets à transporter.

La lettre de voiture doit être timbrée à 70 centimes (y compris un timbre de décharge de 10 centimes).

LETTRE DE VOITURE

Paris, le vingt mars 19 .

Par M. Paulin, voiturier à Courbevoie, vous recevrez les marchandises détaillées ci-dessous, pesant brut 3 250 kilogrammes, pour vous être rendues à domicile bien conditionnées, en quatre jours, sous peine de perdre 10 francs par jour de retard, que vous lui payerez à raison de 2 francs les 100 kilogrammes.

Ch. Ravery.

MARQUES	N°ˢ	NOMBRE	COLIS	POIDS	CONTENU
P. S.	7 294	3	Ballots.	3 250	*Chaux et plâtre.*

A Monsieur Laurenceau,
Rue de la Grosse-Horloge, à Rouen.

Si la marchandise a été expédiée contre remboursement, c'est-à-dire si le voiturier a été chargé de percevoir le montant de la facture avant de livrer les marchandises, la lettre de voiture doit expressément l'indiquer.

La plupart des maisons de roulage tiennent à la disposition de leurs clients des formules imprimées sur lesquelles il n'est plus nécessaire que de remplir les clauses accidentelles du contrat.

Récépissé d'expédition. — Lorsque le transport — ce qui est le cas le plus commun — a lieu par la voie ferrée, la lettre de voiture prend plus généralement le nom de *bordereau* ou de *récépissé d'expédition*. Un exemplaire est laissé entre les mains de l'expéditeur et un second exemplaire est remis au destinataire en même temps que le colis transporté.

Ces récépissés portent les mêmes énonciations que la lettre de voiture ordinaire. De plus, ils indiquent : 1° si le port est payé ou s'il est dû ; — 2° si les marchandises voyagent par grande ou petite vitesse.

Expéditions par grande vitesse. — Ces expéditions se font soit dans les gares de chemins de fer, soit dans les bureaux auxiliaires que les compagnies ont établis en ville. Les objets à expédier en grande vitesse sont classifiés suivant deux catégories : 1° articles de messageries et marchandises ; — 2° denrées alimentaires.

Un tarif général kilométrique décroissant est établi pour le transport de ces marchandises. Cependant il est fait exception au tarif général pour un certain nombre de marchandises qui bénéficient d'un tarif particulier de faveur.

Les récépissés d'expédition par grande vitesse supportent un droit de timbre de 35 centimes.

Expéditions par petite vitesse. — Les compagnies ont établi six séries pour le tarif général et, en outre, un grand nombre de tarifs spéciaux ou communs. Les prix de transport sont évalués d'après la distance et le poids, avec base décroissante. Les colis de petite vitesse doivent voyager à raison de 125 à 200 kilomètres par 24 heures, suivant les séries. Les compagnies jouissent en outre d'un délai d'expédition d'un jour, non compris le jour de la remise et celui de la livraison. Pour les marchandises empruntant plusieurs réseaux reliés entre eux par rails au point

MOUVEMENT DES MARCHANDISES. **BORDEREAU D'EXPÉDITION** **CHEMINS DE FER DE L'EST**

[Bordereau d'expédition – Chemins de fer de l'Est, cachet "GARGY-VILLEMOMBLE", récépissé à remettre à l'expéditeur, petite vitesse. Gare expéditrice : Ambérieux ; gare destinataire : Ivry-Villemaux(?). Date : 14 juin 1901. Délai de transport : 14 jours. Expéditeur : Joseph, 40 b[oulevard] Carnot, Villemomble. Destinataire : Perrodet à Vareille, à livrer en gare. Nature des marchandises : 1 futaille, 90 [kg]. Port payé. Décompte des frais : Enregistrement, Chemins de fer de l'Est, Ch. de Ceinture, Compagnie correspondante, Droit de timbre, etc. Document manuscrit partiellement illisible.]

de jonction, il faut ajouter un jour de délai lorsque la gare de jonction est commune, deux jours lorsque les deux réseaux aboutissent dans deux gares distinctes en communication par rails.

Le bordereau d'expédition par petite vitesse est timbré à 70 centimes.

Colis postaux. — L'administration des Postes a conclu avec les compagnies de chemins de fer, les messageries, les compagnies de navigation fluviale des conventions pour le transport de paquets et ballots n'excédant pas le poids de 10 kilogrammes. Les colis expédiés de cette façon se nomment *colis postaux*.

L'affranchissement du colis postal, obligatoire au départ, est de 60 centimes rendu en gare et de 85 centimes rendu à domicile pour les colis n'excédant pas 3 kilogr.; de 80 centimes en gare et de 1 fr. 05 à domicile pour les colis n'excédant pas 5 kilogr.; de 1 fr. 25 en gare et de 1 fr. 50 à domicile pour les colis n'excédant pas 10 kilogr. — Si le colis est adressé contre remboursement (maximum 500 francs), la taxe est de 60 centimes si le remboursement est payable en gare et de 85 centimes s'il est payable à domicile, quel que soit le poids du colis.

Les colis postaux pour les colonies et l'étranger payent suivant un tarif spécial.

La perte ou l'avarie d'un colis, sauf le cas de force majeure, donne lieu à une indemnité de 15, de 25 ou de 50 francs, suivant qu'il est de 3, 5 ou 10 kilogrammes, plus les frais d'expédition. Au cas où le colis aurait été assuré pour une valeur déclarée, qui ne peut dépasser 500 francs, le montant de cette assurance est remboursé.

L'expédition des colis postaux se fait au moyen de récépissés spéciaux délivrés dans toutes les gares et les bureaux de correspondance, ou dans les bureaux de poste ouverts au service des colis postaux.

Il existe aussi un service de colis postaux de *Paris pour Paris* organisé par une compagnie concessionnaire sous la surveillance et le contrôle du ministère des Postes et Télégraphes. Le tarif du transport est de 25 centimes pour les colis de 0 à 5 kilogrammes, et de 40 centimes pour les colis de 5 à 10 kilogrammes.

Les dépôts sont reçus chez plus de cinq cents commerçants parisiens établis dans tous les quartiers de la capitale, et notamment dans nombre de bureaux de tabac et dans les bureaux auxiliaires des postes.

Connaissement. — Le *connaissement* est la reconnaissance, délivrée par un capitaine de navire, de la marchandise qu'il s'est chargé de transporter.

Le connaissement est fait en quadruple expédition et doit être signé par l'expéditeur et par le capitaine du navire. Un exemplaire est timbré à 2 francs.

Il doit énoncer : 1° la date; — 2° le nom de l'expéditeur; — 3° le nom et l'adresse du destinataire; — 4° le nom et le tonnage du navire, ainsi que le nom du capitaine; — 5° le lieu de départ et le lieu d'arrivée; — 6° la nature, la quantité des marchandises transportées; — 7° le prix du transport ou fret.

Le connaissement peut être au nom d'une personne, au porteur ou à ordre.

CRÉDIT COMMERCIAL & INSTRUMENTS DE CRÉDIT

Lettre de change.

La *lettre de change*, appelée aussi *traite*, est un acte en forme de lettre par lequel un banquier ou un négociant donne mission à un correspondant habitant une autre localité d'avoir à payer, à une époque déterminée, à une tierce personne ou à son ordre, une somme dont celle-ci a fourni la valeur.

Il y a donc trois sortes de personnes qui interviennent dans la lettre de change : 1° le souscripteur de la lettre, qu'on appelle *tireur;* — 2° celui au profit de qui la lettre a été tirée, qu'on appelle *preneur* ou *bénéficiaire;* — 3° celui auquel s'adresse l'ordre de payer, qu'on appelle *tiré*.

D'autres personnes peuvent encore intervenir dans les lettres de change dont nous aurons bientôt à préciser le rôle.

Forme de la lettre de change. — La lettre de change est : 1° tirée d'un lieu sur un autre; — 2° elle est datée; — 3° elle énonce la somme à payer; — 4° elle porte le nom de celui qui doit payer;

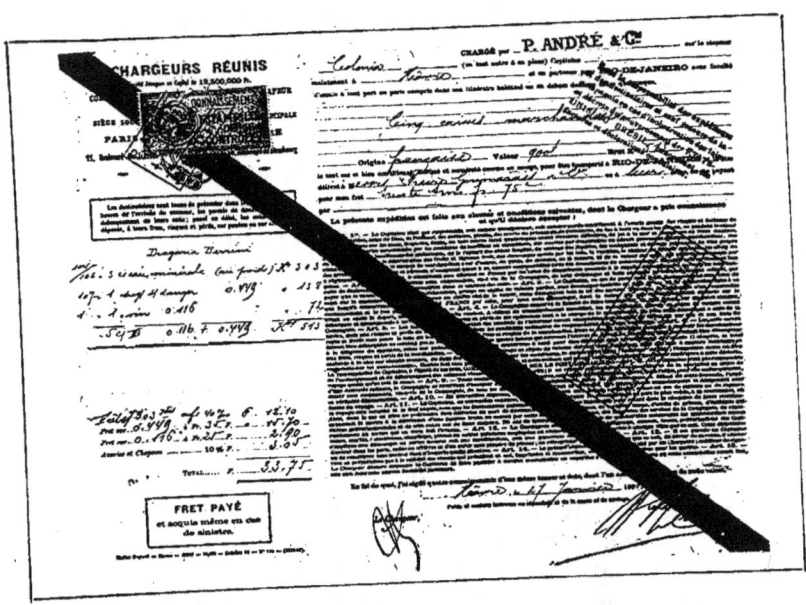

— 5° l'époque et le lieu où le payement doit s'effectuer ; — 6° la valeur fournie en espèces, en marchandises, en compte ou de toute autre manière ; — 7° elle est à l'ordre d'un tiers ou à l'ordre du tireur lui-même ; — 8° si elle est par 1re, 2°, 3°, 4°, etc., elle l'exprime ; — 9° elle porte la signature du tireur.

Une lettre de change peut être tirée sur un individu et

LETTRE DE CHANGE OU TRAITE

payable au domicile d'un tiers ; elle peut être tirée par ordre et pour le compte d'un tiers.

Les lettres de change, de même que les autres effets de commerce, sont assujetties, depuis le 1er janvier 1882, à un droit de timbre proportionnel de 0 fr. 05 par 100 francs, ou fraction de 100 francs. La loi sur le timbre s'étend également aux effets tirés de France sur l'étranger, ou même à ceux tirés de l'étranger payables ou circulant en France. Dans ce dernier cas c'est au premier endosseur français à supporter la charge du timbre. Le preneur ou bénéficiaire d'un effet non timbré peut le faire timbrer dans les quinze jours de sa date aux frais du souscripteur. Les duplicata de lettre de change sont exempts de timbre pourvu que la première lettre timbrée soit jointe à celle mise en circulation.

Le droit de timbre peut être acquitté soit au moyen d'un timbre imprimé, ou à l'extraordinaire, apposé par l'administration du Timbre, soit au moyen d'un timbre mobile que le souscripteur ou tireur applique lui-même et annule en y inscrivant le lieu et la date de création de l'effet, suivis de sa signature.

En cas de contravention à la loi sur le timbre des effets de commerce, le souscripteur, l'accepteur et le bénéficiaire ou premier endosseur sont passibles d'une amende de 6 pour 100 du montant de la traite.

Provision. — La *provision*, qui n'est autre chose que le moyen pour le tiré de pourvoir au payement de la lettre de change, doit être faite par le tireur ou par celui pour le compte de qui la lettre de change est tirée.

Il y a provision si, à l'échéance de la traite, celui sur qui elle est fournie est redevable au tireur d'une somme au moins égale au montant de la lettre de change. L'acceptation suppose la provision.

Acceptation. — L'*acceptation* est l'engagement que prend le tiré de payer à son échéance la lettre de change qui a été fournie sur lui. L'acceptation s'exprime par le mot « accepté », suivi de la signature du tiré. Si la lettre de change est à un ou plusieurs jours ou mois de vue, l'acceptation doit être datée.

Une lettre de change doit être acceptée à sa présentation ou au plus tard dans les vingt-quatre heures de sa présentation.

PREMIÈRE DE CHANGE

SECONDE DE CHANGE

Après vingt-quatre heures, si elle n'est pas rendue, acceptée ou non acceptée, celui qui l'a retenue est passible de dommages-intérêts envers le porteur.

Le refus d'acceptation doit être constaté par un acte que l'on nomme *protêt faute d'acceptation*.

Lors du protêt faute d'acceptation, la lettre de change peut être acceptée par un tiers intervenant pour le tiré, ou par l'un des endosseurs. C'est ce qu'on appelle l'*acceptation par intervention*.

Échéance. — Une lettre de change peut être tirée :
à vue, c'est-à-dire payable à présentation ;
à un ou plusieurs jours ⎫
à un ou plusieurs mois ⎬ de vue,
à une ou plusieurs usances ⎭
et dans ce cas son échéance est fixée par la date d'acceptation ;
à un ou plusieurs jours ⎫
à un ou plusieurs mois ⎬ de date,
à une ou plusieurs usances ⎭
et dans ce cas son échéance est fixée par la date de création ;
à jour fixe ou à jour déterminé ; — en foire.

L'*usance* est de trente jours, qui courent du lendemain de la date de la lettre de change.

Un effet payable *en foire* est échu la veille du jour fixé pour la clôture de la foire, ou le jour de la foire, si elle ne dure qu'un jour.

Si l'échéance d'un effet de commerce tombe un jour férié légal, il est payable le lendemain. L'échéance la plus communément employée est l'échéance à jour fixe ou déterminé, par exemple, le 14 octobre, le 28 février. Elle a cet avantage d'être plus précise et de dispenser de faire le décompte des jours.

Ordre et endossement. — La stipulation *à l'ordre de M...* confère au preneur d'une lettre de change le droit de la céder à une autre personne. Ce droit n'existerait pas pour un effet sur lequel on aurait omis cette mention.

La lettre de change peut être à l'ordre du tireur lui-même qui, dans ce cas, sera en même temps preneur ou bénéficiaire. Elle est alors ainsi conçue :

Paris, 3 mars 19...   *B. P. F. 500.*

    A fin courant, veuillez payer contre cette traite, à l'ordre de moi-même, la somme de cinq cents francs.

N° 1.387.   *Valeur fournie en marchandises.*

   A M. Estrabat,   *Pontoy.* | Timbre 0 fr. 25. |

    à Rouen.

La propriété de la lettre de change se transmet par une mention portée au dos de l'effet et qu'on appelle, pour cette raison, *endossement.*

L'endossement est daté. Il exprime la valeur fournie. Il énonce le nom de celui à l'ordre de qui il est passé.

Ainsi si Pontoy, bénéficiaire de la lettre de change qu'il a lui-même créée, veut transmettre ses droits à un de ses fournisseurs, il écrira au dos de cet effet :

Payez à l'ordre de M. Ardin, valeur en marchandises.
            Paris, le 15 mars 19 .
                  Pontoy.

De bénéficiaire Pontoy passera ainsi endosseur, tandis que Ardin deviendra preneur à son tour, jusqu'à ce qu'il cède la propriété de la lettre de change qu'il détient.

Il est défendu d'antidater les ordres, à peine de faux.

L'endossement en blanc, c'est-à-dire au moyen d'une simple signature, ne vaut que comme procuration.

ENDOSSEMENT D'UNE LETTRE DE CHANGE

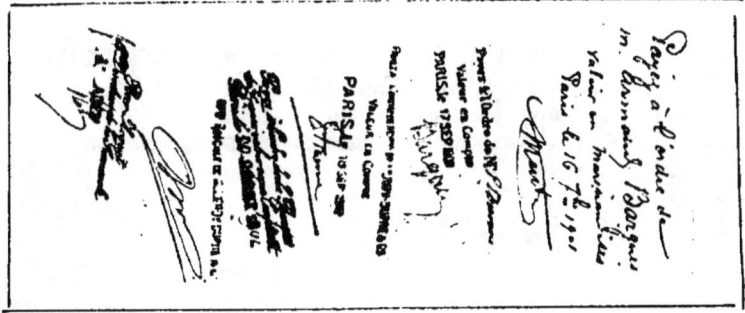

Tous ceux qui ont signé, accepté ou endossé une lettre de change sont tenus à la garantie solidaire envers le porteur.

Pluralité d'exemplaires. Copie de change. Duplicata. — On appelle *seule de change* la lettre dont il n'existe qu'un exemplaire.

L'usage de fournir plusieurs exemplaires ou *duplicata* d'une lettre de change a pour but, soit de procurer un nouveau titre au porteur dans le cas où il viendrait à perdre le premier exemplaire, soit de faciliter les négociations, puisque en même temps qu'on envoie un exemplaire à l'acceptation on peut négocier l'autre. Dans ce dernier cas l'exemplaire négocié doit indiquer : 1° que l'exemplaire accepté n'est pas payé ; — 2° le domicile où il se trouve, afin que le porteur puisse présenter les deux exemplaires pour exiger le payement de la lettre.

Une troisième de change n'est créée que dans le cas où la première ou la seconde aurait été perdue. Une quatrième de change ne pourrait avoir d'autre but que de remplacer deux exemplaires perdus des trois qui l'auraient précédée.

Quelquefois on se sert de copies ou duplicata. Les duplicata et les copies doivent être conformes à l'original.

Aval. Besoin. — Le payement d'une lettre de change, indépendamment de l'acceptation et de l'endossement, peut être garanti par un *aval*. Cette garantie est fournie par un tiers sur la lettre même, ou par acte séparé.

Le donneur d'aval, sauf conventions différentes, est tenu au

LETTRE DE CHANGE AVALISÉE

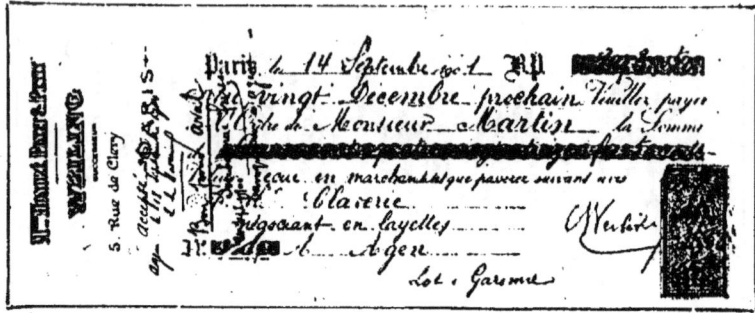

payement solidairement et par les mêmes voies que le tireur et les endosseurs.

Lorsqu'on veut donner, pour augmenter les facilités de négociation, une garantie supplémentaire à la lettre de change, on peut indiquer l'adresse d'un banquier ou d'un correspondant qui se charge de payer l'effet à défaut du tiré. Dans ce cas on écrit sur la lettre *Au besoin, chez M. X, banquier*.

Payement. Protêt faute de payement. — Celui qui paye une lettre de change à son échéance et sans opposition est présumé valablement libéré. Il n'est admis d'opposition au payement qu'en cas de perte du titre ou de faillite du porteur.

La lettre de change présentée à l'encaissement est acquittée par le dernier porteur; celui-ci doit en exiger le payement le jour de son échéance. Le refus de payement doit être constaté le lendemain du jour de l'échéance, par un acte dressé par un notaire ou un huissier que l'on nomme *protêt faute de payement*. Si ce jour est un jour férié légal, le protêt est fait le jour suivant. Si le porteur exerce le recours individuellement contre son cédant, il doit lui faire notifier le protêt et, à défaut de remboursement, le faire citer en jugement dans les quinze jours qui suivent la date du protêt.

Le porteur de la lettre de change est dispensé de la faire protester en cas de non-payement si le dernier endosseur a mis à côté de sa signature la stipulation « sans frais » ou « retour sans frais ». Souvent on y ajoute la mention « motifs du

CRÉDIT COMMERCIAL.

PROTÊT FAUTE DE PAYEMENT

PROTÊT
FAUTE DE PAIEMENT.

Me MAUFFRAS
huissier
à Saint-Brieuc.

L'an mil huit cent quatre-vingt-douze, le *premier Septembre*;
Au nom de Messieurs les régents de la Banque de France, à la requête de Monsieur le Gouverneur, suites et diligences de Monsieur le directeur de la succursale de Saint-Brieuc, demeurant et domicilié en cette ville, hôtel de la Banque, rue de la Gare.

Je soussigné, Joseph MAUFFRAS, huissier-audiencier près le Tribunal civil de première instance, étant à Saint-Brieuc, y demeurant rue Jouallan, N° 11, ai sommé ...

refus » ou « refus motivé », et le porteur écrit alors au dos les raisons que le tiré a alléguées pour refuser le payement de l'effet. Si le tireur a mis lui-même la stipulation « sans frais », tous les endosseurs doivent la répéter sous peine de supporter, le cas échéant, les frais du protêt.

L'acte de protêt contient : 1° la transcription littérale de la lettre de change, de l'acceptation, des endossements et des recommandations qui y sont indiquées ; — 2° la sommation de payer le montant de la lettre.

Il énonce : 1° la présence ou l'absence de celui qui doit payer ; — 2° les motifs du refus de payer ; — 3° l'impuissance ou le refus de signer.

Retraite. Compte de retour. — La *retraite* est une nouvelle lettre de change au moyen de laquelle le porteur se rembourse sur le tireur ou sur l'un des endosseurs du principal et des frais de la lettre protestée.

La retraite est accompagnée d'un *compte de retour*, qui comprend : 1° le principal de la lettre de change protestée ; — 2° les frais de protêt et autres frais légitimes, tels que commission de banque, courtage, intérêts de retard, timbre et ports de lettres. Il énonce le nom de celui sur qui la retraite est faite, et le prix du change auquel elle est négociée. Au compte de retour sont joints la lettre de change protestée, le protêt ou une expédition de l'acte de protêt.

COMPTE DE RETOUR

Doit *M. Neyrat, à Tulle, pour retour à protêt faute de payement d'un effet de fr. 500, du 30 juin, à l'échéance du 31 juillet, o/Vitu.*

Principal	fr. 500
Protêt	4,75
Change 1/4	1,25
Commission 1/4	1,25
Intérêts au 31 août.	2
Timbre	0,30
Ports de lettres	0,60
	510,15

Certifié valable. Paris, le 30 août 19   .

                          E. Lambert.

RETRAITE

Paris, le 30 août 19 .   B. P. F.   510,15

A vue, veuillez payer contre cette retraite, à m/ordre, la somme de cinq cent dix francs quinze centimes, valeur pour solde de votre traite du 30 juin et frais, suivant compte de retour ci-joint.

A M. Neyrat, E. Lambert.   Timbre 0 fr. 30.
à Tulle.

Dans le but d'éviter des frais inutiles, beaucoup de banquiers et négociants inscrivent sur le corps de la lettre de change, à la suite de leur signature, les mots : *sans compte de retour*, ou *protêt simple*. Dans ce cas le porteur se contente d'ajouter les frais au montant des effets protestés.

Prescription. — Toutes actions relatives aux lettres de change se *prescrivent* par cinq ans, à compter du jour du protêt ou de la dernière poursuite juridique, s'il n'y a pas eu condamnation ou si la dette n'a pas été reconnue par acte séparé.

Néanmoins les prétendus débiteurs seront tenus, s'ils en sont requis, d'affirmer, sous serment, qu'ils ne sont plus redevables; et leurs veuves, héritiers ou ayants cause qu'ils estiment de bonne foi qu'il n'est plus rien dû.

Cette prescription ne s'applique aux billets à ordre qu'autant qu'il sera démontré que ces billets ont été souscrits par des négociants, marchands ou banquiers, ou même par un non commerçant, mais pour fait de commerce. La même restriction doit être faite pour les billets à domicile et les chèques.

Mandat.

Le *mandat* est un écrit par lequel un créancier invite son débiteur à payer à son ordre, ou à l'ordre d'un tiers, une certaine somme, à une époque déterminée.

Bien que la rédaction du mandat soit à peu de chose près la même que celle de la lettre de change, il en diffère en quelques points essentiels : 1° en ce qu'il n'est pas susceptible d'acceptation (le tiré n'est donc pas obligé envers le porteur); — 2° en

MANDAT

ce que son retour est le plus souvent spécifié « sans frais », c'est-à-dire qu'il n'est pas protesté faute de payement à son échéance; — 3° qu'il n'est jamais tiré par 1™, 2°, 3°.

Le mandat peut être tiré de place à place ou sur place.

Billet à ordre. Billet à domicile.

Le *billet à ordre* est un engagement que prend un débiteur de payer à son créancier, ou à son ordre, une certaine somme à une époque déterminée.

BILLET A ORDRE

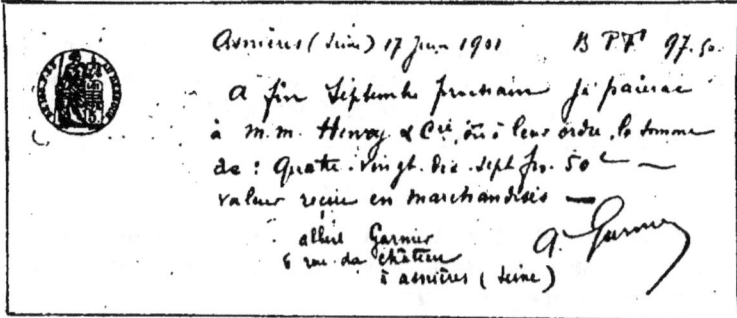

Le billet à ordre est daté; il énonce : 1° la somme à payer; — 2° le nom de celui à l'ordre de qui il est souscrit (preneur ou bénéficiaire); — 3° l'époque à laquelle le payement doit s'effectuer; — la valeur qui a été fournie en espèces, en marchandises, en compte, ou de toute autre manière.

Toutes les dispositions relatives aux lettres de change et concernant l'échéance, l'endossement, la solidarité, l'aval, le payement, le payement par intervention, le protêt, les devoirs et droits du porteur, le rechange ou les intérêts sont applicables aux billets à ordre.

Billet à domicile. — Le *billet à domicile* ne diffère du billet à ordre qu'en ce qu'il est payable dans un lieu autre que celui où il est souscrit. Comme la lettre de change, il est donc payable de place à place.

Chèque.

Le *chèque* est l'écrit qui, sous la forme d'un mandat de payement, sert au tireur à effectuer le retrait, à son profit ou au

CHÈQUE DIRECT

profit d'un tiers, de tout ou partie des fonds portés au crédit de son compte chez le tiré, et disponibles.

Le chèque est rédigé dans une forme presque semblable à celle de la lettre de change : le souscripteur ou tireur donne ordre à un tiers, chez lequel il a provision préalable, de payer à vue, au bénéficiaire ou à son ordre, tout ou partie de cette provision.

Le chèque est signé par le tireur; il indique le lieu d'où il est émis; la date du jour où il est tiré est inscrite *en toutes lettres* de la main de celui qui a écrit le chèque. *Il ne peut être qu'à vue.* Toutes stipulations entre le tireur, le bénéficiaire ou le tiré ayant pour objet de le rendre payable autrement qu'à vue et à première réquisition sont nulles de plein droit. Il peut

CHÈQUE INDIRECT

être souscrit à ordre et transmis par voie d'endossement en blanc. Le chèque, même au porteur, est acquitté par celui qui le touche; l'acquit doit être daté.

Contrairement à la rédaction des effets de commerce, celle du chèque ne comporte pas la mention de la valeur fournie.

Ainsi les caractères distinctifs du chèque sont : l'existence d'une provision préalable et disponible et le payement à présentation.

Les chèques sur place, c'est-à-dire payables au lieu de leur émission, sont assujettis à un droit de timbre fixe de 0 fr. 10; les chèques de place à place, c'est-à-dire payables dans un lieu autre que celui de leur émission, sont timbrés à 0 fr. 20. Ce même droit de timbre est applicable aux chèques tirés hors de France et payables en France.

La formule du chèque peut être employée par tout individu qui a des fonds disponibles chez un débiteur et désire les retirer. Cependant, dans la pratique, le chèque n'est guère utilisé que par les commerçants et les particuliers qui veulent disposer des sommes portées au crédit de leur compte chez les banquiers.

C'est généralement la banque dépositaire qui délivre à son client un certain nombre de formules imprimées de chèques formant ce qu'on appelle un *carnet de chèques* ou *chéquier*. A chaque formule est annexé un talon sur lequel le tireur reproduit les principales énonciations du chèque correspondant qu'il crée. Ce talon reste attaché au carnet et forme souche.

Emploi du chèque. — L'emploi du chèque trouve son application dans deux opérations très distinctes : 1° il peut servir au tireur à opérer lui-même des prélèvements chez son banquier, et dans ce cas il pourrait, sans inconvénient, être remplacé par un simple reçu ou récépissé ; — 2° il peut être tiré au profit d'un tiers pour servir à l'extinction d'une dette, et circuler ensuite par voie d'endossement dans les mêmes conditions que les effets de commerce. Il joue alors le rôle d'un bon de monnaie véritable, puisqu'il peut à tout moment être facilement converti en espèces. Cependant la formalité de l'endossement et les conséquences qui en découlent le différencient absolument de cette monnaie de papier incomparable qu'est le billet de banque.

Le tireur qui émet un chèque sans provision préalable et disponible, ou sans date, ou non daté en toutes lettres s'il s'agit d'un chèque de place à place ; celui qui revêt un chèque d'une fausse date ou d'une fausse énonciation du lieu où il est tiré est passible d'une amende de 6 pour 100 de la somme pour laquelle le chèque est tiré, sans que cette amende puisse être inférieure à 100 francs. La même amende est due personnellement et sans recours par le premier endosseur ou le porteur d'un chèque sans date, ou non daté en toutes lettres s'il s'agit d'un chèque de place à place, ou portant une date postérieure à l'époque à laquelle il est endossé ou présenté. La même amende est encore encourue par le bénéficiaire ou le premier endosseur d'un chèque tiré hors de France et non timbré à son entrée en France. Celui qui paye un chèque sans exiger qu'il soit acquitté est passible d'une amende de 50 francs.

Chèque barré. — Le *chèque barré*, qui commence seulement à faire son apparition en France, nous vient d'Angleterre où sa circulation, assurée par les coutumes anglaises, rencontre dans les milieux commerçants une faveur sans cesse grandissante.

L'apposition de deux barres sur la formule de ce chèque signifie que, d'ordre du tireur, il ne peut être payé qu'entre les mains d'un officier ministériel ou d'un banquier notable. Le plus souvent, les deux traits obliques sont suivis des mots « and C° » (et compagnie). Quelquefois encore, la double barre est accompagnée de la mention explicative suivante, apposée à la griffe : « d'ordre exprès du tireur, le présent chèque n'est payable qu'à un banquier ou à un officier ministériel. »

On saisit les avantages du chèque barré qui, tout en pouvant circuler par voie d'endossement comme le chèque ordinaire, donne au tireur une sécurité analogue à celle que présente le virement, puisque son payement est assuré entre les mains d'un tiers responsable, d'une honorabilité et d'une solvabilité connues.

Une loi concernant les chèques barrés est en préparation devant les Chambres. Tant que le Parlement ne se sera pas prononcé sur le régime auquel de tels chèques doivent être soumis, leur circulation en France sera précaire et dénuée de garantie.

CHÈQUE BARRÉ

Magasins généraux. Warrants.

Les *magasins généraux* créés en France en vertu du décret du 21 mars 1848, modifiés par la loi du 28 mai 1858, furent définitivement organisés par la loi du 31 août 1870.

Ces établissements reçoivent en dépôt, moyennant un droit de magasinage assez faible, les matières premières, les marchandises et les objets fabriqués que les négociants et industriels veulent y déposer. Ils peuvent encore être autorisés à servir d'entrepôts fictifs aux marchandises exotiques, qui sont ainsi momentanément dispensées de payer les droits de douane. Dans ce dernier cas, ils sont tenus d'observer certains règlements quant aux espèces de marchandises qu'ils doivent admettre, à la durée des délais d'entrepôt et aux formalités de douane.

Les magasins généraux fonctionnaient avec succès en Angleterre bien avant que le Gouvernement provisoire, par son décret du 21 mars 1848, songeât à en doter la France. S'ils n'ont pas été accueillis ici avec la même faveur que de l'autre côté du détroit, il faut en accuser nos habitudes de routine, et aussi un préjugé, aussi tenace que mal justifié, qui assimile les entrepôts à de vastes monts-de-piété.

Suivant la loi du 31 août 1870, les magasins généraux peuvent être ouverts par toute personne et par toute société commerciale, industrielle ou de crédit en vertu d'une autorisation donnée par un arrêté du préfet, après avis de la chambre de commerce; à son défaut, de la chambre consultative; et à défaut de l'une et de l'autre, du tribunal de commerce.

Le concessionnaire du magasin général est soumis à un cautionnement variant de 20 000 à 100 000 francs.

Warrants. — En échange des marchandises qui lui sont confiées, l'administration des magasins généraux remet au déposant deux titres : 1° un *récépissé*, ou titre de propriété, qui permet de transférer par voie d'endossement le droit de disposer de la marchandise déposée, après payement des droits de garde et remboursement des prêts qui auraient été consentis sur le warrant; — 2° un *warrant*, ou bulletin de gage, dont le rôle est de servir d'instrument de crédit, et sur lequel le déposant peut contracter un emprunt, qui est toujours inférieur au prix estimatif des marchandises en dépôt. Le warrant est également transmissible par voie d'endossement. L'endossement du warrant séparé du récépissé vaut nantissement et confère au prêteur sur la marchandise tous les droits du créancier gagiste sur le gage ; ce privilège suit le warrant en quelques mains qu'il passe par l'effet des endossements successifs dont il peut être l'objet.

Les exploitants des magasins généraux sont autorisés à prêter sur nantissement des marchandises chez eux déposées, ou à négocier les warrants qui les représentent.

A défaut du payement à son échéance de la somme empruntée, le porteur du warrant peut, huit jours après le protêt, et sans aucune formalité de justice, faire vendre la marchandise engagée aux enchères et en gros dans les formes prescrites par la loi sur les ventes publiques. La vente du gage est grevée : 1° des contributions indirectes, des taxes d'octroi et des droits de douane dus par la marchandise vendue ; — 2° des frais de vente et de magasinage.

Le porteur du warrant est ensuite désintéressé, et le reliquat de la vente remis au porteur du récépissé s'il se présente, ou, à son défaut, consigné à l'administration du magasin général, qui en demeure responsable.

La lettre de change et les différents effets de commerce que nous avons passés en revue représentent les instruments du crédit commercial dit *crédit personnel* parce qu'il est basé sur la seule confiance en la personne du débiteur, sur sa solvabilité, sur la certitude qu'il fera honneur aux engagements qu'il a contractés ; au contraire, le warrant, qui porte en soi un gage de tout premier ordre, est l'instrument le plus perfectionné du *crédit réel*. En raison de la sécurité qui s'attache à sa négociation, les banquiers escomptent généralement le warrant aux conditions les plus favorables ; la Banque de France l'admet avec deux signatures seulement, lorsque les marchandises qu'il représente font partie de la catégorie de celles admises par son conseil général, qui règle le quantum du prêt à consentir sur ce nantissement.

RÉCÉPISSÉ

| Récépissé
No 14 123. | **MAGASINS GÉNÉRAUX DU HAVRE**
AGRÉÉS EN CONFORMITÉ DES LOIS DES 28 MAI 1858 ET 31 AOUT 1870
Récépissé à ordre. | N° D'ENTRÉE :
131 479.
EMPLACEMENT :
Magasin nouveau.
G. L. f° 479. |

Le warrant dépendant du présent récépissé a été transféré à M. *Humbert*, demeurant à *Rouen*, pour garantie de la somme de fr. *six mille*, payable le *15 novembre 1901*.
Le Directeur du magasin général,
***

Il a été déposé sous le n° d'entrée ci-dessus, par *M. Mély*, demeurant *au Havre, rue Saint-Jean, n° 1*, les marchandises ci-après, venues *du Brésil*, passibles des droits de douane, d'octroi, de magasinage et frais énumérés à l'ART. 8 de la loi du 28 mai 1858. — Le magasinage court depuis le *2 août 1901*.

MARQUES ET N°ˢ DES COLIS	NOMBRE DE COLIS NATURE ET POIDS DE LA MARCHANDISE (en toutes lettres)
A. S. 3 198	*Douze mille kilos café Santos* (en *12 colis*).

Le Havre, 2 août 1901.
Le Directeur du magasin général,
***

WARRANT

| WARRANT
Nº 14 123. | MAGASINS GÉNÉRAUX DU HAVRE
AGRÉÉS EN CONFORMITÉ DES LOIS DES 28 MAI 1858 ET 31 AOUT 1870
Warrant à ordre. | Nº D'ENTRÉE :
131 479.
EMPLACEMENT :
Magasin nouveau.
G. L. fº 479. |

Il a été déposé sous le nº d'entrée ci-dessus, par *M. Mély*, demeurant *au Havre, rue Saint-Jean*, nº *1*, les marchandises ci-après, venues *du Brésil*, passibles des droits de douane, d'octroi, de magasinage et frais énumérés à l'ART. 8 de la loi du 28 mai 1858. — Le magasinage court depuis le *2 août 1901*.

Warrant négocié pour fr. six mille.
Échéance : 15 novembre 1901.

MARQUES ET Nºˢ DES COLIS	NOMBRE DE COLIS NATURE ET POIDS DE LA MARCHANDISE (en toutes lettres)
A. S. 3 198	*Douze mille kilos café Santos* (*en 12 colis*).

Le Havre, 2 août 1901.
Le Directeur du magasin général.

***

CRÉDIT COMMERCIAL.   41

Timbre
de dimension.

ENDOS DU RÉCÉPISSÉ

Livrez à l'ordre de M. Colombeau, négociant, demeurant à Paris, faubourg St-Martin.
                    Au Havre, le 4 septembre 1901.
                              Mély.

Timbre mobile
proportionnel.
—
5 à 6 000 fr.
3 fr.

ENDOS DU WARRANT

Bon pour transfert du présent warrant à l'ordre de M. Humbert, banquier à Rouen, pour garantie de la somme de six mille francs, payable le 15 novembre 1901, à mon domicile, rue St-Jean.
                    Le Havre, 17 août 1901.
                              Mély.

Vu et transcrit l'endossement ci-dessus sur le registre du magasin général (souche 137, vol. 15), le 17 août 1901.
                    Le Directeur du magasin général,
                              * * *

Virement.

Le *virement* est une opération qui ne peut être faite que par l'intermédiaire d'une banque et qui consiste à supprimer une somme du compte d'un client pour la porter au compte d'un autre client. Le virement facilite les règlements entre toutes personnes ayant compte ouvert chez le même banquier, puisque, sur une simple invitation du débiteur, une dette peut être éteinte sans déplacement de monnaie.

Le virement, de même que le chèque, est assujetti à un droit de timbre de 0 fr. 10 lorsqu'il est tiré sur place et de 0 fr. 20 lorsqu'il est tiré de place à place.

On aura une idée des immenses services que rend ce mode de compensation à la banque, au commerce et à l'industrie lorsqu'on saura que le montant annuel des virements effectués par les soins de la Banque de France n'est pas inférieur à cent milliards de francs.

Escompte.

L'*escompte* est une opération qui a pour effet de rendre immédiatement disponible une valeur future. Par le moyen de l'escompte les commerçants qui vendent habituellement à crédit peuvent, en s'adressant à un banquier et sous déduction d'une légère retenue, disposer immédiatement du capital que représentent les effets de commerce qu'ils détiennent en portefeuille et qui ne sont pas encore arrivés à échéance. On conçoit aisément de quelle importance est pour le commerce cette opération de crédit et quelle ressource elle offre à la plupart des négociants et des industriels.

On appelle *agio* la différence entre la *valeur nominale* d'un effet de commerce, c'est-à-dire la valeur spécifiée sur l'effet, et sa *valeur actuelle* ou *réelle*, c'est-à-dire sa valeur nominale diminuée des frais ou des pertes et augmentée des primes s'il y a lieu. L'agio peut se composer de plusieurs éléments dont les principaux sont : l'intérêt, le change et les commissions de banque.

Taux de l'escompte. — L'*intérêt*, qu'on nomme encore *escompte*, n'est autre chose que le loyer de l'argent prêté pour le temps à courir depuis la remise de l'effet jusqu'à son échéance.

En France, c'est le taux de la Banque de France qui, d'une façon générale, et surtout pour les places bancables, règle le taux de l'escompte de toutes les autres banques. Il n'est peut-être pas inutile ici de contribuer à dissiper une erreur encore trop répandue, erreur qui consiste à croire qu'il est au pouvoir de la Banque de France de fixer arbitrairement le taux de l'escompte suivant ses caprices ou ses intérêts. Non, la Banque de France ne fixe pas ce taux, elle le constate seulement, et par les faits économiques au milieu desquels elle vit, et par la situation générale du marché.

En effet, si la Banque de France fixait les conditions du crédit à un niveau trop élevé relativement à l'abondance des capitaux qui demandent à s'employer, elle ne pourrait soutenir la concurrence des banques rivales qui prêteraient à meilleur compte, verrait s'éloigner sa clientèle et constaterait par la diminution de son portefeuille commercial, et aussi celle de ses bénéfices, qu'elle a fait fausse route. Si, au contraire, elle abaissait dans de trop fortes proportions, eu égard à la situation du marché des capitaux, le taux de son escompte, d'autres faits viendraient bientôt lui démontrer sa faute : elle aurait peine à suffire aux demandes de tous ceux qui, par besoin ou par pure spéculation, viendraient négocier chez elle leurs effets de commerce ; son encaisse fondrait si rapidement qu'elle pourrait craindre, en persistant dans ses errements, de compromettre ce qui constitue sa plus grande force, nous voulons dire le crédit si indiscuté du billet de banque. Ainsi la Banque de France, et c'est son intérêt même de se borner à ce rôle modeste, n'est, pour ainsi dire, que le thermomètre chargé de constater le taux du loyer de l'argent en France.

Places bancables. — On nomme *places bancables* les villes dans lesquelles la Banque de France a établi un comptoir ou un service d'encaissement. Les banquiers admettent généralement à l'escompte, au taux le plus réduit, les effets payables sur les places bancables qu'il leur est possible, en cas de besoin, de réescompter à la Banque de France. Les effets bancables payables sur une place autre que celle de leur émission ne doivent pas subir la retenue du change de place ; chez beaucoup de banquiers le taux d'escompte qui leur est appliqué est celui de la Banque de France augmenté d'une légère commission de banque.

LA COMPTABILITÉ.

Un effet bancable ne peut avoir plus de 90 jours à courir lors de la remise à l'escompte.

Au 1er déc. 1908, le nombre des places bancables était de 468.

Liste par ordre alphabétique des Succursales, Bureaux auxiliaires et Villes rattachées de la BANQUE DE FRANCE au 1er décembre 1908.

468 Places bancables, divisées en : 1 Banque centrale; 127 Succursales; 58 Bureaux auxiliaires; 282 Villes rattachées.

La distinction des places bancables en succursales, bureaux auxiliaires et villes rattachées est établie par l'emploi des caractères typographiques différents conformes au modèle ci-contre :

AMIENS......	} Succursales.
MONT-DE-MARSAN.	
BEAUNE.....	Bureau auxiliaire
Agde.......	Ville rattachée.

LOCALITÉS DANS LESQUELLES la Banque possède des établissements.	PLACES dont ILS DÉPENDENT.	LOCALITÉS DANS LESQUELLES la Banque possède des établissements.	PLACES dont ILS DÉPENDENT.
ABBEVILLE		Armentières......	LILLE
Agde...........	CETTE	ARRAS	
AGEN		Aubervilliers.....	PANTIN
Aire-sur-l'Adour....	MONT-DE-MARSAN	AUBUSSON	
Aire-sur-la-Lys....	SAINT-OMER	AUCH	
AIX		Ault...........	ABBEVILLE
Aix-les-Bains.....	CHAMBÉRY	Aumale.........	AMIENS
AJACCIO		AURILLAC	
ALAIS		AUTUN	
Albert..........	AMIENS	AUXERRE	
Albertville.......	CHAMBÉRY	Auxonne........	DIJON
ALBI		Avesnelles.......	FOURMIES
ALENÇON		Avesnes.........	FOURMIES
Ambert.........	THIERS	Avesnes-lès-Aubert..	CAMBRAI
Amboise........	TOURS	AVIGNON	
AMIENS		Avranches.......	GRANVILLE
Amplepuis.......	ROANNE	Ay............	ÉPERNAY
ANGERS		Baccarat........	LUNÉVILLE
ANGOULÊME		Bagnères-de-Bigorre.	TARBES
ANNECY		Bailleul.........	LILLE
ANNONAY		BAR-LE-DUC	
Antibes.........	CANNES	Bar-sur-Aube.....	TROYES
Anzin..........	VALENCIENNES	Bar-sur-Seine.....	TROYES
Arcachon........	BORDEAUX	BASTIA	
Arc-lès-Gray.....	GRAY	Bayeux.........	CAEN
Arcis-sur-Aube....	TROYES	BAYONNE	
Argentan........	FLERS	Beaucaire.......	AVIGNON
Argenteuil.......	SAINT-DENIS	Beaumont.......	SAINT-DENIS
Argenton........	CHATEAUROUX	BEAUNE	
Arles..........	AVIGNON	BEAUVAIS	

CRÉDIT COMMERCIAL.

LOCALITÉS DANS LESQUELLES la Banque possède des établissements.	PLACES dont ILS DÉPENDENT.	LOCALITÉS DANS LESQUELLES la Banque possède des établissements.	PLACES dont ILS DÉPENDENT.
BELFORT		*Charleville*......	MÉZIÈRES
Berck-sur-Mer....	BOULOGNE-SUR-MER	**CHARTRES**	
BERGERAC		*Châteaudun*.....	CHARTRES
Bergues.........	DUNKERQUE	*Château-Renault*..	TOURS
Bernay..........	LISIEUX	**CHATEAUROUX**	
BESANÇON		*Château-Thierry*...	MEAUX
Bessèges........	ALAIS	**CHATELLERAULT**	
BÉTHUNE		*Châtillon-sur-Seine*.	TROYES
BÉZIERS		**CHAUMONT**	
Biarritz.........	BAYONNE	*Chauny*.........	SAINT-QUENTIN
Blangy-sur-Bresle..	AMIENS	**CHERBOURG**	
Bléville.........	LE HAVRE	**CHOLET**	
BLOIS		*Clamecy*.........	AUXERRE
Bolbec..........	LE HAVRE	**CLERMONT-FERRAND**	
BORDEAUX		*Clichy-la-Garenne*..	LEVALLOIS-PERRET
BOULOGNE-S/-MER		**COGNAC**	
BOULOGNE-S/-SEINE		*Commentry*......	MONTLUÇON
BOURG		**COMPIÈGNE**	
Bourg-de-Péage....	ROMANS	*Condé-sur-Noireau*..	FLERS
BOURGES		*Corbeil*.........	MELUN
Bourg-lès-Valence..	VALENCE	*Corbie*..........	AMIENS
Bourgoin........	LYON	*Coteau (Le)*.....	ROANNE
BREST		*Coudekerque-Branche*	DUNKERQUE
BRIVE		*Coupée (La)*.....	MACON
Bruay (Nord).....	VALENCIENNES	*Couchecoie*......	NEUILLY-S/-SEINE
CAEN		*Creil*...........	BEAUVAIS
CAHORS		*Croix*...........	ROUBAIX
CALAIS-St-PIERRE		*Cusset*..........	VICHY
Calvin..........	LORIENT	**DAX**	
CAMBRAI		*Deauville*.......	LISIEUX
CANNES		*Decize*..........	NEVERS
Canteleu........	LILLE	*Denain*..........	VALENCIENNES
CARCASSONNE		*Déols*...........	CHATEAUROUX
Carpentras......	AVIGNON	**DIEPPE**	
Castelnaudary....	CARCASSONNE	*Dieulefit*........	MONTÉLIMAR
Castelsarrasin.....	MONTAUBAN	**DIGNE**	
CASTRES		**DIJON**	
CATEAU (LE)		*Dinan*..........	SAINT-BRIEUC
Caudebec........	ELBEUF	**DOLE**	
Caudry..........	CAMBRAI	**DOUAI**	
Cavaillon........	AVIGNON	*Doulon*..........	NANTES
CETTE		**DRAGUIGNAN**	
CHALON-SUR-SAONE		**DREUX**	
CHALONS-SUR-MARNE		**DUNKERQUE**	
Chamalières......	CLERMONT-FERRAND	*Échenoz-la-Méline*..	VESOUL
CHAMBÉRY		**ELBEUF-CAUDEBEC**	
Chambon (Le)....	SAINT-ÉTIENNE	*Enremeu*........	ABBEVILLE
Champfleuri......	AVIGNON	**ÉPERNAY**	
Chantenay.......	NANTES	**ÉPINAL**	
CHARENTON		*Epperville*.......	PÉRONNE
Charité-sur-Loire (La)	NEVERS	*Equeurdreville*....	CHERBOURG

LOCALITÉS DANS LESQUELLES la Banque possède des établissements.	PLACES dont ILS DÉPENDENT.	LOCALITÉS DANS LESQUELLES la Banque possède des établissements.	PLACES dont ILS DÉPENDENT.
Escaudœuvres....	CAMBRAI	Hyères.........	TOULON
Essonnes.........	MELUN	Issoire.........	CLERMONT-FERRAND
Estaires.........	LILLE	Issoudun.......	CHATEAUROUX
Étampes.........	ORLÉANS	IVRY-SUR-SEINE	
Étaples.........	BOULOGNE-SUR-MER	Jallieu.........	LYON
Eu.............	ABBEVILLE	Jarnac (Charente)...	COGNAC
ÉVREUX		Joigny.........	AUXERRE
Falaise.........	CAEN	Jurançon.......	PAU
Fauquembergues...	BOULOGNE-SUR-MER	Kerinou-Lambezellec.	BREST
FÉCAMP		Keryado........	LORIENT
Ferté-Macé (La)...	FLERS	Lagny..........	MEAUX
Firminy.........	SAINT-ÉTIENNE	Landerneau.....	BREST
Fives...........	LILLE	Langres........	CHAUMONT
Flèche (La).....	LE MANS	Lannoy.........	ROUBAIX
FLERS		LAON	
FOIX		LAVAL	
Fontainebleau....	MELUN	Lens...........	ARRAS
Fontenay-le-Comte..	NIORT	Le Portel.......	BOULOGNE-SUR-MER
FOUGÈRES		LEVALLOIS-PERRET	
Fouilloy........	AMIENS	Lézignan.......	NARBONNE
FOURMIES		LIBOURNE	
Fressenneville....	ABBEVILLE	LILLE	
Friville-Escarbotin..	ABBEVILLE	LIMOGES	
Fruges..........	BOULOGNE-SUR-MER	LISIEUX	
Gamaches.......	AMIENS	Lomme.........	LILLE
Gannat.........	CLERMONT-FERRAND	LONGWY	
GAP		LONS-LE-SAUNIER	
Gisors (Eure)....	BEAUVAIS	Loos...........	LILLE
Givors..........	VIENNE	LORIENT	
Gorgue (La).....	LILLE	Lourdes........	TARBES
Gournay-en-Bray...	BEAUVAIS	Louviers........	ELBEUF
GRANVILLE		Louvroil........	MAUBEUGE
GRASSE		Luçon..........	LA ROCHE-SUR-YON
Graulhet........	ALBI	Lunel..........	MONTPELLIER
Graville.........	LE HAVRE	LUNÉVILLE	
GRAY		Lure...........	BELFORT
GRENOBLE		Luxeuil.........	BELFORT
GUÉRET		LYON	
Guingamp.......	SAINT-BRIEUC	Lys-les-Lannoy....	ROUBAIX
Guise...........	LE CATEAU	MACON	
Halluin.........	TOURCOING	Madeleine (La)...	LILLE
Ham............	PÉRONNE	Magenta........	ÉPERNAY
Harfleur........	LE HAVRE	Malo-les-Bains...	DUNKERQUE
Haubourdin.....	LILLE	Malzéville......	NANCY
HAVRE (LE)		MANS (LE)	
Hellemmes......	LILLE	Marcq-en-Barœul...	LILLE
Héricourt.......	BELFORT	Marissel........	BEAUVAIS
Hesdin..........	BOULOGNE-SUR-MER	Marly (Nord)....	VALENCIENNES
Hirson.........	FOURMIES	Marseillan......	CETTE
HONFLEUR		MARSEILLE	
Houplines.......	LILLE	MAUBEUGE	

CRÉDIT COMMERCIAL.

LOCALITÉS DANS LESQUELLES la Banque possède des établissements.	PLACES dont ILS DÉPENDENT.	LOCALITÉS DANS LESQUELLES la Banque possède des établissements.	PLACES dont ILS DÉPENDENT.
Mayenne	LAVAL	Noyon	COMPIÈGNE
MAZAMET		Nuits	DIJON
MEAUX		Oloron	PAU
MELUN		Orange	AVIGNON
MENDE		Orbec	LISIEUX
Menton	NICE	ORLÉANS	
Mers-les-Bains	ABBEVILLE	Orthez	PAU
Méru (Oise)	BEAUVAIS	Outreau	BOULOGNE-SUR-MER
Merville (Nord)	LILLE	Pamiers	FOIX
Merville (Morbihan)	LORIENT	PANTIN	
Mèze	CETTE	Paris-Plage	BOULOGNE-SUR-MER
MÉZIÈRES-CHARLEVILLE		Parthenay	NIORT
MILLAU		PAU	
Mohon	MÉZIÈRES-CHARLEV.	PÉRIGUEUX	
Moissac	MONTAUBAN	PÉRONNE	
Monclar	AVIGNON	PERPIGNAN	
MONTARGIS		Persan	PONTOISE
Montataire	BEAUVAIS	Petit-Quevilly	ROUEN
MONTAUBAN		Pézenas	BÉZIERS
Montbéliard	BELFORT	Pithiviers	ORLÉANS
Monceau-les-Mines	CHALON-SUR-SAONE	Ploujean	MORLAIX
MONT-DE-MARSAN		POITIERS	
MONTÉLIMAR		Pompone	MEAUX
Montereau	SENS	Pont-à-Mousson	NANCY
Montferrand	CLERMONT-FERRAND	PONTARLIER	
Montivilliers	LE HAVRE	PONT-AUDEMER	
MONTLUÇON		Pont-l'Évêque	LISIEUX
MONTPELLIER		PONTOISE	
Montreuil-/s-Bois (S°)	VINCENNES	Pont-Rousseau	NANTES
Montreuil-sur-Mer	BOULOGNE-SUR-MER	PRIVAS	
MONTROUGE		Puteaux	NEUILLY-S/SEINE
Moreuil	AMIENS	PUY LE	
MORLAIX		QUIMPER	
Morteau	BESANÇON	Raismes	VALENCIENNES
MOULINS		REIMS	
Mouy-Bury (Oise)	BEAUVAIS	Remiremont	ÉPINAL
Muille-Villette	PÉRONNE	RENNES	
NANCY		Rethel	REIMS
NANTES		Ricamarie (La)	SAINT-ÉTIENNE
NARBONNE		Riom	CLERMONT-FERRAND
Nesle	PÉRONNE	Rive-de-Gier	SAINT-ÉTIENNE
Neufchâtel-en-Bray	DIEPPE	Rivesaltes	PERPIGNAN
NEUILLY-S/-SEINE		ROANNE	
Neuville (La)	AMIENS	ROCHEFORT-S-MER	
NEVERS		ROCHELLE (LA)	
NICE		ROCHE-SUR-YON (LA)	
NIMES		RODEZ	
NIORT		ROMANS - BOURG - DE-PÉAGE	
Nogent-le-Rotrou	CHARTRES		
Nogent-sur-Seine	TROYES	Romilly	TROYES
Notre-Dame-du-Thil	BEAUVAIS	Rosendaël	DUNKERQUE

LOCALITÉS DANS LESQUELLES la Banque possède des établissements.	PLACES dont ILS DÉPENDENT.	LOCALITÉS DANS LESQUELLES la Banque possède des établissements.	PLACES dont ILS DÉPENDENT.
Rotondes (Les)	AVIGNON	Solesmes	LE CATEAU
ROUBAIX		Sotteville	ROUEN
ROUEN		Sous-le-Bois	MAUBEUGE
Roye	PÉRONNE	Tain	VALENCE
Ruffec	ANGOULÊME	Tarare	ROANNE
St-Amand-Montrond (Cher)	BOURGES	Tarascon	AVIGNON
St-Amand-les-Eaux (Nord)	VALENCIENNES	TARBES	
SAINT-BRIEUC		THIERS	
Saint-Chamond	SAINT-ÉTIENNE	THONON	
SAINT-CLAUDE		Thorigny	MEAUX
SAINT-DENIS		Tonneins	AGEN
SAINT-DIÉ		Toul	NANCY
Saint-Dizier	BAR-LE-DUC	TOULON	
SAINT-ÉTIENNE		TOULOUSE	
Saint-Florent	NIORT	TOURCOING	
St-Germain-en-Laye	VERSAILLES	Tournon	VALENCE
Saint-Jean-d'Angély	SAINTES	TOURS	
SAINT-JUNIEN		Tréport (Le)	ABBEVILLE
Saint-Just-des-Marais	BEAUVAIS	Trouville-sur-Mer	LISIEUX
St-Laurent-lès-Mâcon	MACON	TROYES	
St-Léger-des-Vignes	NEVERS	TULLE	
SAINT-LO		Unieux	SAINT-ÉTIENNE
St-MALO-St-SERVAN		VALENCE	
Saint-Mandé		VALENCIENNES	
St-Martin-Boulogne	VINCENNES	VANNES	
St-Martin-des-Champs	BOULOGNE-SUR-MER	Vendôme	BLOIS
Saint-Maurice	MORLAIX	VERDUN	
SAINT-NAZAIRE	CHARENTON	VERSAILLES	
SAINT-OMER		VESOUL	
Saint-Ouen	SAINT-DENIS	VICHY-CUSSET	
Saint-Ouen-l'Aumône	PONTOISE	VIENNE	
St-Pierre-Quilbignon	BREST	VIERZON	
Saint-Pol-sur-Mer	DUNKERQUE	Vierzon-Bourgneuf	VIERZON
Saint-Python	LE CATEAU	Vierzon-Village	VIERZON
SAINT-QUENTIN		Villefranche (Rhône)	LYON
Saint-Ruff	AVIGNON	Villeneuve-sur-Lot	AGEN
St-Sauveur(H^te-Saône)	BELFORT	Villeneuve-sur-Yonne	SENS
Saint-Servan	SAINT-MALO	Villers-Bretonneux	AMIENS
Saint-Sulpice	PÉRONNE	Villeurbanne	LYON
Sainte-Adresse	LE HAVRE	VINCENNES	
Sainte-Savine	TROYES	Vire	FLERS
SAINTES		Vitré	RENNES
SALON		Vitry-le-François	CHALONS-S/-MARNE
Sanvic	LE HAVRE	VOIRON	
Sault-lès-Rethel	REIMS	Voisinlieu	BEAUVAIS
SAUMUR		Wasquehall	ROUBAIX
SEDAN		Wattrelos	ROUBAIX
Senlis	COMPIÈGNE	Wignehies	FOURMIES
SENS		Wimereux	BOULOGNE-SUR-MER
Seyne (La)	TOULON	Woincourt	ABBEVILLE
SOISSONS		Yvetot	ROUEN

Change.

Le mot *change* a plusieurs acceptions qu'il importe de préciser pour éviter toute confusion. Il s'emploie d'abord pour désigner le commerce du changeur, c'est-à-dire l'échange entre elles, au cours du jour et moyennant commission, des monnaies nationales ou étrangères. Ce n'est pas de ce change que nous traiterons ici.

Nous nous occuperons plus spécialement de l'opération du *change* qui consiste à vendre ou à acheter, d'une place sur une autre place, des monnaies et surtout des lettres de change et autres effets de commerce représentatifs de monnaies. Le change se dit aussi, et sans doute par abréviation de « cours des changes », du prix auquel se vendent et s'achètent ces différents papiers ou monnaies. Enfin la commission prélevée par l'intermédiaire entre le vendeur et l'acheteur est encore connue sous le même nom de *change*.

C'est au moyen des changes que s'opère la compensation des dettes entre deux places et que se règle la balance commerciale entre deux pays. Le commerce des changes supplée à l'emploi et au transport des monnaies : il s'établit entre ceux qui ont des dettes à éteindre dans certaines villes nationales ou étrangères et ceux qui possèdent des créances sur ces mêmes villes. Ceux-ci vendent à ceux-là leurs créances, dont la transmission se fait généralement sous la forme de lettres de change.

Un exemple fera mieux saisir la théorie et l'utilité des changes.

Nous supposons qu'un commerçant parisien ait acheté à un commerçant londonien des marchandises payables à Londres, et nous allons examiner de quelle façon le débiteur pourra se libérer envers son créancier. Un moyen s'offre tout d'abord à lui : c'est d'adresser à Londres, en or, le montant de sa dette. Mais ce moyen est peu pratique. Le transport des métaux précieux, outre son incommodité, est très onéreux, surtout si l'on songe qu'en plus des frais de voyage l'expéditeur doit payer une prime destinée à assurer les risques de perte en cours de route. Que reste-t-il à faire à notre commerçant parisien pour désintéresser son créancier ? Il recherchera sur la place de Paris un commerçant qui ait à recevoir à Londres une somme au moins égale à celle qu'il lui faut envoyer dans cette ville, et lui proposera de lui acheter, au cours du change sur Londres, tout ou partie de sa créance sous la forme d'une lettre de change tirée de Paris et payable à Londres. Possesseur de cette lettre de change, il l'enverra à son fournisseur et sa dette se trouvera ainsi éteinte sans transport de monnaie. Telle est l'opération de compensation qu'on nomme « change ».

Cours des changes. — Le *cours des changes* se règle suivant la loi de l'offre et de la demande. Nous allons nous en expliquer en prenant encore pour exemple les places de Paris et de Londres. Lorsque Paris possède sur Londres plus de créances que Londres n'en possède sur Paris, on conçoit qu'il se rencontre à Paris plus de commerçants désireux de vendre du papier sur Londres qu'il ne s'en trouve pressés d'acheter ce même papier. L'offre étant ainsi supérieure à la demande, le prix du papier sur Londres est en baisse et la livre sterling se cote à bon marché sur le marché de Paris. On dit alors que le cours du change sur Londres *nous est favorable.* Dans le cas contraire, lorsque la balance commerciale se solde par un excédent de créances en faveur de nos voisins, le papier sur Londres est forcément très recherché à Paris et le prix de la livre sterling est en hausse : on dit alors que le cours du change sur Londres *nous est défavorable.*

Le change est dit *au pair* lorsque le poids d'or pur français donné contre la délivrance d'une lettre de change sur Londres est précisément égal au poids de l'or pur contenu dans la somme de monnaie anglaise spécifiée sur la lettre de change. C'est ainsi qu'à Paris le change sur Londres est au pair lorsqu'on verse 25 fr. 22 pour obtenir une livre sterling payable à Londres.

Les cours des changes ne peuvent varier, soit au-dessus, soit au-dessous du pair, que dans une proportion restreinte et limitée par les frais que nécessiteraient le transport des monnaies d'un pays à l'autre et leur transformation. Si, par exemple, le prix de la livre sterling haussait considérablement sur le marché de Paris, il finirait par atteindre une limite au delà de laquelle le débiteur français, plutôt que de passer sous les fourches caudines des vendeurs, aurait intérêt à exporter à Londres l'or français. Si au contraire le prix de la livre sterling sur le marché de Paris baissait dans de trop fortes proportions, il y aurait une limite au delà de laquelle le créancier français, plutôt que de céder à vil prix sa créance sur Londres, aurait intérêt à importer en France, à ses frais, l'or anglais qui lui est dû. Ces deux limites extrêmes se nomment *gold points* (de deux mots anglais qui signifient points de l'or). Lorsqu'il ne s'agit pas exclusivement de l'or, mais de n'importe quelle monnaie métallique, ces limites prennent le nom plus général de *specie points* (points des espèces).

Le gold point de sortie est donc le cours au-dessus du pair auquel le change sur un pays étranger permet indifféremment au débiteur de ce pays de se libérer, soit par l'achat d'une lettre de change, soit par l'envoi d'or national.

Le gold point d'entrée est le cours au-dessous du pair auquel le change sur un pays étranger permet indifféremment à un créancier de ce pays de vendre une lettre de change ou de faire venir à ses frais de l'or de ce pays.

Pour ce qui concerne le change sur Londres, le pair de la livre sterling étant à 25 fr. 22 et les frais de transport et de transformation à 0 fr. 10 par livre sterling, le gold point de sortie est atteint au cours de 25 fr. 32, et le gold point d'entrée à 25 fr. 12.

Ce que nous venons de dire pour les places de Paris et de Londres s'applique à toutes les places commerciales. Des banquiers spéciaux, qu'on nomme *cambistes* ou *arbitragistes*, intermédiaires entre les vendeurs et les acheteurs, constatent le prix des changes et en dressent les cours, qui varient selon la demande des acheteurs et la compétition des vendeurs.

Dans l'exemple que nous avons pris, nous avons étudié le cas le plus simple; mais dans la pratique courante le banquier cambiste n'a pas seulement à connaître la position d'une place vis-à-vis d'une autre place, il lui faut étudier encore la position de chaque place vis-à-vis de toutes les autres places. C'est ainsi que le banquier français qui a en portefeuille des lettres de change sur Londres qu'il ne peut écouler avantageusement à

Paris ne doit pas seulement envisager ces deux solutions : ou bien vendre son papier à perte, ou bien importer à ses frais l'or anglais en France. Avant d'en venir à l'une de ces extrémités il recherchera, d'après la cote journalière des changes, une place étrangère sur laquelle il pourra, tous comptes faits, vendre ses traites à un prix plus avantageux que celui qu'on lui offre à Paris. Cette recherche, qui constitue toute la science du banquier cambiste, est extrêmement délicate et demande de la décision et des dispositions naturelles.

Change intérieur. Change extérieur. — On distingue deux espèces de changes : 1° le *change intérieur* ou *national ;* — 2° le *change extérieur* ou *international.*

Une opération de change intérieur consiste à vendre ou à acheter une somme de monnaies nationales payable dans une autre place du pays.

Le prix du change intérieur se cote dans les cours des changes à tant pour cent de perte ou de bénéfice. On dit, par exemple, que le change sur Bordeaux est à 1/5 de perte ou à 99 fr. 80, c'est-à-dire que 100 francs payables à Bordeaux ne valent à Paris que 100 — 0,20, soit 99 fr. 80.

Nous remarquons que le prix du change, comme tous les prix courants, se compose de deux termes : l'un qui est invariable, par exemple le nombre 100, et qui correspond à la valeur nominale de la lettre de change, c'est ce qu'on appelle le *certain;* l'autre qui est variable et correspond à la valeur réelle de l'effet, c'est ce qu'on appelle l'*incertain.*

Une opération de change international consiste à vendre ou à acheter une somme de monnaies étrangères payable dans une place extérieure.

Le prix du change extérieur est aussi exprimé en raison des deux mêmes termes : on dit qu'une place « donne l'incertain à une autre place » lorsque le change sur celle-ci y est coté dans la monnaie nationale. On dit qu'une place donne le certain à une autre place lorsque le change sur celle-ci y est coté dans sa propre monnaie. Ainsi Paris donne l'incertain à toutes les autres places parce que tous les changes sur l'étranger y sont cotés en francs. A Londres, si certains changes sont cotés en monnaies anglaises, d'autres, tel le change sur Paris, sont au contraire cotés en monnaies étrangères. Londres donne donc le certain à Paris.

La cote des changes se divise en *papier court* (chèque-versement) et en *papier à trois mois*.

Elle comprend les changes sur la Hollande, l'Allemagne, l'Espagne, le Portugal, l'Autriche, la Russie, l'Angleterre, les États-Unis et les pays de l'union monétaire latine, c'est-à-dire la Belgique, la Suisse, l'Italie et la Grèce.

Depuis le 1er mai 1907, le cours des changes pour tous les effets payables à l'étranger est coté sur la base du change à vue.

En conséquence, pour le papier à échéance, il y a lieu de tenir compte, en dehors du cours coté, des intérêts calculés jusqu'à l'échéance réelle.

Ces intérêts sont dorénavant calculés d'une façon uniforme au taux officiel de la Banque du pays dans lequel les valeurs sont payables.

On appelle *effet long* celui qui a plus de trente jours à courir ; l'*effet court* est celui qui a trente jours ou moins à courir.

Perte au change des monnaies. — Il peut y avoir perte au change des monnaies sur une lettre de change tirée sur l'étranger lorsque le payement de celle-ci n'est pas expressément spécifié *en or au cours du Paris à vue*, ce qui s'exprime ordinairement par les lettres c. p. v. (voir Modèle de bordereau d'escompte sur l'étranger, p. 56). Cette perte est parfois considérable : c'est ainsi qu'une traite sur Barcelone, par exemple, si elle n'est pas spécifiée payable en or, sera payée en monnaies espagnoles susceptibles d'une dépréciation au change qui peut dépasser, à certaines époques, 40 pour 100 de la valeur nominale de l'effet.

Commissions de banque.

Ces *commissions* se prélèvent dans un certain nombre de cas, par exemple lorsque le banquier accepte à l'escompte les effets bancables au taux de la Banque de France. Il se considère alors comme simple commissionnaire, intermédiaire entre son client et la Banque de France à laquelle il réescompte son portefeuille, et prélève de ce chef une commission pour prix de ses services. Certains banquiers retiennent aussi une commission sur les effets non bancables tout en appliquant à ces valeurs un taux supérieur à celui de la Banque de France. Une commission est encore due lorsqu'un effet est payable hors la ville sur laquelle il est tiré : la commission sert alors à indemniser de son dérangement celui qui s'est chargé de l'encaissement.

Bordereaux d'escompte.

L'opération de l'escompte se fait dans un grand nombre de banques publiques et privées. Nous avons vu que la Banque de France n'escompte que sur les places bancables ; de plus, elle n'accepte que du papier à trois signatures, par exemple, s'il s'agit d'une lettre de change, celle du tireur, celle du tiré et celle d'un endosseur. Ces restrictions obligent presque nécessairement les commerçants à passer par l'intermédiaire d'une banque d'escompte pour négocier leur portefeuille commercial.

Les *bordereaux* destinés à recevoir le détail des effets négociés sont généralement délivrés à leurs clients par les banquiers escompteurs.

Ils se divisent en : 1° bordereaux des effets payables à Paris ; — 2° bordereaux des effets payables dans les places bancables de France ; — 3° bordereaux des effets payables dans les villes non bancables de France ; — 4° bordereaux des effets payables à l'étranger.

Nous donnons ci-après, à titre de modèles, trois bordereaux d'escompte. Le premier comprend des effets encaissables à Paris, le deuxième des effets tirés sur des places non bancables de France, le troisième des effets sur l'étranger payables en francs. Ce que nous venons de dire sur les divers éléments qui entrent dans la composition de l'agio suffira, croyons-nous, à en assurer la compréhension. Nous ferons seulement remarquer que les deux premiers de ces bordereaux sont calculés avec les intérêts immédiats, et que le troisième est calculé au moyen des nombres. (V. Calcul des intérêts, p. 251.)

BORDEREAU D'ESCOMPTE : PARIS

COMPTOIR NATIONAL D'ESCOMPTE DE PARIS
(SOCIÉTÉ ANONYME)
au Capital de 150.000.000 de Francs

Paris le 14 Juin 1901

Bordereau des Effets **SUR PARIS** présentés à l'ESCOMPTE

par M. Lambert E.
Profession négt. en dentelles
Demeure 122 Rue de l'Odéon

AGENCE H
2, RUE DU 4 SEPTEMBRE
AGCE DE LA BOURSE

12 Effets   Fr. 3.086.95

N°	NOMS DES PAYEURS	ÉCHÉANCES	SOMMES	TOTAUX par ÉCHÉANCE	INTÉRÊTS NB J / TAUX / PRODUIT	OBSERVATIONS
1	Morelle ach.	Juillet 31	25		3½	
2	Langevin	"	110			
3	Henry	"	175 40	300 40 47	1 37	
4	Estiot	Août 5	331 25	331 25 52	1 67	
5	Romieu	" 10	1000	1000 57	5 54	
6	Martin	" 19	177 20	177 20 66	1 15	
7	Corot	" 31	25			
8	Seita	"	155	155 78	1 17	
9	Clavric	Sept. 15	210			
10	Vital	"	748 75	958 75 93 4%	9 90	échéance
11	Melguin	" 15	50	6 87	57	non
12	Morand	" 18	35 10	135 10 96	1 44	bancable
13						
14				3109 70	22 75	
15				15		
16				3086 95 à échoir val 15 ct		
17						
	A reporter					

LA COMPTABILITÉ.

BORDEREAU D'ESCOMPTE : PROVINCE

Remises sur PROVINCE

CRÉDIT LYONNAIS
PARIS

(F)

N° 1639

BORDEREAU des Valeurs remises le 25 Juillet 1901
par M. M. Cavallière & Cie

Le CRÉDIT LYONNAIS n'assume aucune responsabilité en cas de Protêt tardif : 1° sur effets exigeant un parcours de mer ; 2° pour ceux payables ailleurs que dans les chefs-lieux d'arrondissements ; 3° pour ceux qui n'auraient pas 10 jours à courir entre le délai nécessaire pour les faire parvenir au lieu de paiement.
Le CRÉDIT LYONNAIS ne garantit pas l'observation de la mention Sans Frais, et d'une façon générale, il se réfère expressément à l'ensemble des Conditions générales inscrites en tête de son tarif de recouvrements.

	LIEUX DE PAIEMENT	CHANGE		DÉTAIL DES EFFETS		ESCOMPTE	
		tarif	PAR EFFET	SOMMES	ÉCHÉANCES	jours	INTÉRÊTS
1	Avallon	1/10	10	100	10 août	16	0 18
2	Florac	1/8	4	345 50	12 "	18	0 69
3	Montargis	1/8	15 min tot.	25	15 "		
4	Sarlat	1/6	4	160	"	21	0 45
5	St Marcelin	1/8	1 80	1435 25	31 "	37	5 90
6	Rain of Ke	1/10	4	258 75	5 sept	42	1 16
7	Nantua	1/4	15 min tot.	18	15 "		
8	Boussac	1/10	50	300	"	52	1 84
9	Prades	1/10	10 m/tot.	76 25	30 "		
10	Briançon	1/6	75	433	"	62	3 79
11	Château Chinon	1/8	20	179 70	15 oct.	82	1 63
12	Lannion	1/8	15 m/tot.	34	20 "	87	0 33
13							
14			4 75	3365 45			15 95
15							
16					15 95 esc		
17					20 70 4 75 change		
18							
19					3344 75 à f crédit val 27		
20							

À Reporter

En cas de réclamation prière de retourner ce Bordereau S V P

CRÉDIT COMMERCIAL.

BORDEREAU D'ESCOMPTE : ÉTRANGER

COURTAGES COMMERCIAUX

Nous avons défini plus haut les expressions *escompte*, *agio*, *change*, qui s'emploient pour désigner certains courtages de banque; nous nous occuperons maintenant des principaux *courtages commerciaux*.

Courtier. Courtage. — On appelle *courtier* l'intermédiaire chargé de mettre en rapport les vendeurs et les acheteurs d'une même marchandise. Il existe des courtiers de commerce, dont la profession est réglementée par la loi, qui se réunissent dans les bourses de commerce et débattent publiquement le prix des marchandises, prix déterminé par la loi de l'offre et de la demande. Le *courtage* est le salaire payé au courtier pour prix de ses services; ce courtage s'évalue généralement par un tant pour cent sur le montant de la négociation.

Commissionnaire. Commission. Ducroire. — Le Code définit le *commissionnaire* celui qui agit en son propre nom ou sous un nom social pour le compte d'un commettant. Le commissionnaire se charge de vendre ou d'acheter des marchandises pour le compte d'un commerçant, moyennant une rétribution que l'on nomme *commission*. Les obligations du commissionnaire vis-à-vis de son commettant sont plus ou moins étendues selon le salaire qu'il en reçoit : lorsqu'il ne reçoit que la commission ordinaire sur une vente à terme faite par son intermédiaire, il ne répond pas de la solvabilité de l'acheteur avec lequel il a conclu affaire pour le compte de son commettant; il en répond, au contraire, lorsqu'à la commission ordinaire s'ajoute une prime d'assurance spéciale appelée *ducroire*.

Le commissionnaire qui a fait un marché en son nom, bien que ce fût en réalité pour le compte d'un tiers, est tenu personnellement de l'obligation contractée, sauf son recours contre son mandant.

Bonification. Rabais. — La *bonification* est une réduction du montant d'une facture, réduction motivée, par exemple, par une avarie de la marchandise, constatée après livraison.

Le *rabais* s'applique plus particulièrement à la dépréciation de la valeur d'une marchandise, dépréciation amenée par suite de fin de saison, d'inventaire, de liquidation ou par toute autre cause.

Escompte. — L'*escompte* est une diminution sur le montant d'une facture payée avant le terme habituel. L'escompte s'évalue généralement par un tant pour cent que l'on retranche du total de la facture. C'est ainsi qu'un commerçant parisien en gros facturera les marchandises qu'il livre à ses clients : Payables à 3 mois, sans escompte ; — 2 mois et 1 pour 100 d'escompte ; — 1 mois et 2 pour 100 ; — au comptant et 3 pour 100 d'escompte.

SOCIÉTÉS COMMERCIALES

Le code civil définit la *société* un contrat par lequel deux ou plusieurs personnes conviennent de mettre quelque chose en commun dans le but de partager le bénéfice qui pourra en résulter.

Toute société doit avoir un objet licite et être contractée pour l'intérêt commun des parties. Chaque associé est tenu d'y apporter ou de l'argent ou d'autres valeurs, ou son industrie.

La société est dite « commerciale » lorsqu'elle a pour objet de se livrer à l'un des actes de commerce que nous avons énumérés plus haut. La société est civile lorsqu'elle ne fait que des actes non commerciaux. La loi reconnaît six espèces de sociétés commerciales :

    1° La société en nom collectif;
    2° La société en commandite simple;
    3° La société en commandite par actions;
    4° La société anonyme ;
    5° La société à capital variable;
    6° La société en participation.

Société en nom collectif.

La *société en nom collectif* est celle que contractent deux personnes, ou un plus grand nombre, et qui a pour objet de faire le commerce sous une raison sociale ; les noms des associés peuvent seuls faire partie de cette raison sociale. C'est ainsi que si Jean, Pierre et Paul s'associent pour former une société en nom collectif, la raison sociale, et par suite la signature sociale de chacun des associés, devra être *Jean, Pierre et Paul*, ou autrement *Jean et Cie*. Il ne faut pas confondre la raison sociale avec l'enseigne qui sert à désigner la maison de commerce, comme *Au Bonheur des Dames, A la Ville de Sedan*, etc.

La société en nom collectif se fonde du consentement de tous les associés, consentement constaté par un acte public ou sous seing privé. Lorsqu'elle est constituée par acte sous seing privé, celui-ci doit être rédigé en autant d'originaux qu'il y a de parties intéressées.

Chaque associé est débiteur envers la société de tout ce qu'il a promis d'y apporter : il n'est donc libéré que par la remise à la société de l'apport énoncé dans l'acte de société.

Les associés en nom collectif sont solidaires pour tous les engagements de la société, encore qu'un seul des associés ait signé, pourvu que ce soit sous la raison sociale.

Société en commandite simple.

La *société en commandite simple* est celle qui se contracte entre un ou plusieurs associés responsables et solidaires. et un ou plusieurs associés simples bailleurs de fonds, que l'on nomme « commanditaires » ou « associés en commandite ». Elle est régie sous un nom social qui doit être nécessairement celui d'un ou de plusieurs associés responsables et solidaires.

Lorsqu'il y a plusieurs associés solidaires et en nom, soit que tous gèrent ensemble, soit qu'un ou plusieurs gèrent pour tous, la société est à la fois société en nom collectif à leur égard et société en commandite à l'égard des simples bailleurs de fonds.

Ainsi la raison sociale de la société en commandite ne peut comprendre que le nom des commandités : le nom d'un associé commanditaire ne peut y figurer.

Le commanditaire ne peut faire aucun acte de gestion, même en vertu d'une procuration des commandités ; mais par contre, il n'est passible des pertes que jusqu'à concurrence des fonds qu'il a mis ou dû mettre dans la société.

Si le commanditaire s'est néanmoins immiscé dans la gérance de la société, il devient par cela même obligé, solidairement avec les associés en nom collectif, pour les dettes et engagements de la société qui dérivent des actes de gestion qu'il a faits, et il peut, suivant le nombre ou la gravité de ces actes, être déclaré solidairement obligé pour tous les engagements de la société, ou pour quelques-uns seulement. Cependant de simples avis, des conseils, des actes de contrôle ou de surveillance n'engagent pas sa responsabilité.

Le capital de la commandite est rémunéré par un intérêt perçu sur les bénéfices sociaux et dont l'acte de société fixe la quotité.

Société en commandite par actions.

La *société en commandite par actions* se compose des deux mêmes éléments que la société en commandite simple : d'une part, un ou plusieurs associés commandités, chargés de gérer l'entreprise, personnellement et indéfiniment responsables, et d'autre part des associés commanditaires responsables seulement jusqu'à concurrence de leur commandite. Seulement, ici, le capital de la commandite est divisé en actions ou coupons d'actions.

Lorsqu'un capital social se divise en un certain nombre de parts égales entre elles, chaque part prend le nom d'*action*. A son tour, l'action peut se diviser en quelques parts qui prennent alors le nom de *coupons d'actions*. La valeur nominale de l'action est son prix d'émission; sa valeur réelle, son prix en bourse. L'action peut être nominative ou au porteur. La partie des bénéfices réalisés distribuée entre les actionnaires s'appelle *dividende*.

La raison sociale de la société en commandite par actions comprend les noms des commandités suivis des mots *et Cie*.

Plusieurs différences existent entre la société en commandite simple et la société en commandite par actions : tandis que dans la première de ces sociétés les associés commanditaires ne peuvent se retirer et céder leur apport que du consentement des autres associés, dans la seconde, au contraire, l'actionnaire commanditaire peut à tout moment, par la vente de ses actions, céder à d'autres sa part de commandite. Et d'autre part, la loi, qui laisse toute liberté à la première, a sévèrement réglementé la seconde, en raison de la division de son capital en actions.

C'est ainsi que la société en commandite par actions ne peut émettre des actions ou coupons d'actions de moins de 100 francs lorsque son capital n'excède pas 200 000 francs, et de moins de 500 francs lorsqu'il est supérieur à cette somme.

Elle ne peut être définitivement constituée qu'après la souscription de la totalité du capital social et le versement, par chaque actionnaire, du quart au moins du montant des actions par lui souscrites. Cette souscription et ces versements sont constatés par une déclaration du gérant dans un acte notarié. A cette déclaration sont annexés la liste des souscripteurs, l'état des versements effectués, l'un des doubles de l'acte de société, s'il est sous seing privé, ou une expédition s'il est notarié.

Les actions ou coupons d'actions sont négociables après le versement du quart.

Trois éléments concourent à l'administration de la société, en commandite par actions, savoir : les gérants, l'assemblée des actionnaires et le conseil de surveillance.

Gérance. — Les *gérants*, ou commandités responsables, administrent la société et ont seuls le droit de faire usage de la signature sociale. Ils sont tenus personnellement et solidairement entre eux des dettes et des engagements de la société. Le ou les gérants statutaires sont irrévocables, et, au cas de conflit, l'assemblée générale des actionnaires, sur l'avis motivé du conseil de surveillance, ne peut que décider la dissolution de la société.

Assemblée générale des actionnaires. — L'*assemblée générale des actionnaires* est composée de tous les actionnaires possesseurs d'un certain nombre d'actions déterminé par les statuts. Au moment de la constitution de la société, l'assemblée générale intervient pour apprécier, et ensuite pour approuver, les apports qui ne consistent pas en numéraire, ou les avantages particuliers stipulés au profit d'un associé. Elle nomme ensuite le conseil de surveillance. Pendant la durée de la société elle se réunit au moins une fois l'an, aux époques fixées par les statuts, pour entendre le rapport présenté par le conseil de surveillance et statuer sur les propositions faites par le ou les gérants. Elle peut être convoquée extraordinairement par le conseil de surveillance pour donner son avis sur la dissolution de la société que le conseil entend provoquer.

Conseil de surveillance. — Le *conseil de surveillance*, composé de trois actionnaires au moins, est nommé par l'assemblée générale des actionnaires immédiatement après la constitution définitive de la société et avant toute opération sociale. Il est soumis à la réélection aux époques et suivant les conditions déterminées par les statuts. Toutefois le premier conseil n'est nommé que pour une année.

Son rôle consiste à surveiller et à contrôler l'administration du gérant. Il doit vérifier les livres, la caisse, le portefeuille et les valeurs de la société. Il fait chaque année à l'assemblée générale un rapport dans lequel il doit signaler les irrégularités et les inexactitudes qu'il a reconnues dans les inventaires, et constater, s'il y a lieu, les motifs qui s'opposent aux distributions de dividendes proposés par les gérants.

Il doit veiller à ce que les dividendes soient prélevés exclusivement sur les bénéfices réalisés par la société. Cependant, en cas de répartition de dividendes fictifs prélevés sur le capital, aucune répétition ne peut être exercée contre les actionnaires, si ce n'est dans le cas où la distribution en aurait été faite en l'absence de tout inventaire, ou en dehors des résultats constatés par l'inventaire. L'action en répétition se prescrit par cinq ans à partir du jour fixé pour la distribution des dividendes.

Les membres du conseil de surveillance n'encourent aucune responsabilité en raison des actes de la gestion et de leurs résultats. Chaque membre du conseil de surveillance est responsable de ses fautes personnelles dans l'exécution de son mandat, conformément aux règles du droit commun.

En cas de circonstance grave, le conseil de surveillance peut convoquer l'assemblée générale et, conformément à son avis, provoquer la dissolution de la société.

Société anonyme.

La *société anonyme* diffère essentiellement des deux précédentes sociétés en ce qu'il n'entre dans son organisation aucun associé indéfiniment responsable : elle n'est composée que d'actionnaires qui s'obligent seulement jusqu'à concurrence du montant de leurs actions.

La loi du 24 juillet 1867 a affranchi la société anonyme de l'autorisation préalable du gouvernement. Elle peut même, comme la société en commandite par actions, être formée par un simple acte sous seing privé fait en double original. Elle ne peut être constituée qu'après la souscription de la totalité du capital social et le versement, par chaque actionnaire, du quart au moins du montant des actions par lui souscrites. Le nombre des associés ne peut être inférieur à sept.

Ce que nous avons dit plus haut, quant aux restrictions apportées par la loi à l'émission des actions, est également applicable ici.

Trois éléments essentiels concourent à l'organisation de la société anonyme, savoir : 1° l'assemblée générale des actionnaires ; — 2° les administrateurs et directeurs ; — 3° les commissaires des comptes.

Assemblée générale. — Une première *assemblée générale* est convoquée à la diligence des fondateurs ; elle nomme les premiers administrateurs, ainsi que les commissaires des comptes ; elle vérifie la sincérité de la déclaration imposée aux fondateurs, quant à l'entière souscription des actions et à leur libération d'un quart au moins. Les statuts déterminent le nombre d'actions qu'il est nécessaire de posséder, soit à titre de propriétaire, soit à titre de mandataire pour être admis dans l'assemblée, et le nombre de voix appartenant à chaque actionnaire eu égard au nombre d'actions dont il est porteur. Les assemblées générales doivent être composées d'un nombre d'actionnaires représentant au moins le quart du capital social, exception faite pour la première assemblée, qui doit réunir la moitié du capital social. L'assemblée générale se tient au moins une fois par an, à l'époque fixée par les statuts; elle entend le compte rendu des administrateurs et le rapport des commissaires et prend, à la majorité des voix, toutes les délibérations qu'elle juge convenables dans l'intérêt de la société.

Administrateurs et directeurs. — Les sociétés anonymes sont administrées par un ou plusieurs *mandataires révocables*, salariés ou gratuits, pris parmi les associés. Ces mandataires peuvent choisir parmi eux un *directeur*, ou, si les statuts le permettent, se substituer un mandataire étranger à la société et dont ils sont responsables envers elle. Les administrateurs doivent être propriétaires d'un nombre d'actions déterminé par les statuts. Ces actions sont affectées en totalité à la garantie de tous les actes de la gestion, même de ceux qui seraient exclusivement personnels à l'un des administrateurs.

Les administrateurs sont responsables, conformément aux règles du droit commun, individuellement et solidairement, suivant les cas, envers la société ou envers les tiers, soit des infractions aux dispositions de la loi, soit des fautes qu'ils auraient commises dans leur gestion, notamment en distribuant ou en laissant distribuer sans opposition des dividendes fictifs. Ils ne peuvent être nommés pour plus de six ans, mais sont rééligibles, sauf stipulation contraire.

Commissaires des comptes. — L'assemblée générale annuelle nomme un ou plusieurs *commissaires*, associés ou non, chargés de faire un rapport à l'assemblée générale de l'année suivante sur la situation de la société, sur le bilan et sur les comptes présentés par les administrateurs. La délibération contenant approbation du bilan et des comptes est nulle si elle n'a été précédée du rapport des commissaires. Pendant le trimestre qui précède l'époque fixée par les statuts pour la réunion de l'assemblée générale, les commissaires ont le droit de prendre communication des livres et d'examiner les opérations de la société. Chaque semestre, un état sommaire de la situation active et passive de la société est mis à leur disposition. Ils peuvent toujours, en cas d'urgence, convoquer l'assemblée générale.

L'étendue et les effets de la responsabilité des commissaires envers la société sont déterminés d'après les règles générales du mandat.

Partage des bénéfices. — Le *partage des bénéfices*, défalcation faite de tous frais généraux, se fait suivant une répartition proposée par le conseil d'administration et approuvée par l'assemblée générale.

Avant tout partage, un prélèvement d'un vingtième au moins des bénéfices nets doit être affecté à la formation d'un *fonds de réserve*. Ce prélèvement cesse d'être obligatoire lorsque le fonds de réserve a atteint le dixième du capital social. Une partie des bénéfices peut être attribuée aux administrateurs, directeurs, et quelquefois aux fondateurs; le reste est distribué aux actionnaires sous forme de dividende.

Société à capital variable.

La *société à capital variable* est celle dans les statuts de laquelle il est stipulé que le capital social sera susceptible d'augmentation par des versements successifs faits par les associés ou l'admission d'associés nouveaux, et de diminution par la reprise totale ou partielle des apports effectués.

Ces sociétés, très florissantes en Allemagne et en Angleterre, sont généralement connues sous le nom de *sociétés de coopération*, et leur but est de procurer à certains groupements, ouvriers ou autres, les objets de consommation et de première utilité, à des conditions que l'union et la suppression de tout intermédiaire rendent très avantageuses. Elles peuvent encore avoir pour objet de produire, ou de procurer du travail ou du crédit à leurs adhérents. Suivant leur destination elles prennent le nom de société coopérative de consommation, de production, de crédit ou d'épargne.

Les sociétés à capital variable ne constituent pas une nouvelle espèce de société : elles s'adaptent aux différentes sociétés que nous venons de passer en revue; mais elles sont soumises, indépendamment des règles générales qui leur sont propres suivant leur forme spéciale, aux dispositions particulières suivantes :

Leur capital ne peut être porté par les statuts constitutifs de la société au-dessus de la somme de 200 000 francs. Il peut être augmenté par des délibérations de l'assemblée générale prises d'année en année; chacune des augmentations ne peut dépasser 200 000 francs.

Si la société est constituée par actions, les actions ou coupons d'actions sont nominatifs, même après leur entière libération; ils ne peuvent être inférieurs à 50 francs; ils ne sont négociables qu'après la constitution définitive de la société; la négociation ne peut avoir lieu que par voie de transfert sur les registres de la société, et les statuts peuvent donner, soit au conseil d'administration, soit à l'assemblée générale, le droit de s'opposer au transfert.

Les statuts déterminent une somme au-dessous de laquelle le capital ne peut être réduit par les reprises des apports. Cette somme ne peut être inférieure au dixième du capital social. La société n'est définitivement constituée qu'après le versement du dixième.

Chaque associé a le droit de se retirer de la société lorsqu'il le juge convenable, à moins de conventions contraires. Il peut être stipulé que l'assemblée générale a le droit de décider que l'un ou plusieurs des associés cesseront de faire partie de la société. L'associé qui cesse de faire partie de la société, soit par l'effet de sa volonté, soit par suite d'une décision de l'assemblée générale, reste tenu pendant cinq ans envers les associés et envers les tiers de toutes les obligations existant au moment de sa retraite.

La société, quelle que soit sa forme, est valablement représentée en justice par ses administrateurs. Elle n'est point dissoute par la mort, la retraite, l'interdiction, la faillite ou la déconfiture de l'un des associés; elle continue de plein droit entre les autres associés.

Société en participation.

Les caractères distinctifs de la *société* ou *association commerciale en participation* sont de deux sortes :

1° L'objet de la société est limité à une ou plusieurs opérations de commerce clairement définies, par exemple de faire venir par voie ferrée ou fluviale un chargement de marchandises et de le vendre aussitôt en gros ou en détail; 2° Ces associations n'étant pas sujettes aux formalités prescrites aux autres sociétés, ne peuvent avoir ni raison sociale ni siège social; elles ne constituent une société qu'à l'égard des participants eux-mêmes, qui règlent comme ils l'entendent l'objet et la forme de l'association, ainsi que les conditions de la participation et le partage des bénéfices.

Comme on le voit, la société en participation n'est pas de notoriété publique, et les transactions se font sous le seul nom de celui des associés qui les consent; aussi chaque associé est-il tenu personnellement de ses actes envers les tiers, sauf son recours contre ses co-participants.

Publication des actes de société.

Dans le mois de la constitution de toute société commerciale, un double de l'acte constitutif, s'il est sous seing privé, ou une expédition, s'il est notarié, est déposé aux greffes de la justice de paix et du tribunal de commerce du lieu dans lequel est établie la société. A l'acte constitutif des sociétés en commandite par actions et des sociétés anonymes sont annexées : 1° une expédition de l'acte notarié constatant la souscription du capital social et le versement du quart; — 2° une copie certifiée des délibérations prises par l'assemblée générale relativement à l'approbation des apports autres que du numéraire, et des avantages particuliers stipulés au profit d'un ou de plusieurs des associés. Lorsque la société est anonyme, on doit en outre annexer à l'acte constitutif la liste nominative, dûment certifiée, des souscripteurs, contenant les nom, prénoms, qualité, demeure et le nombre d'actions de chacun d'eux.

Dans le même délai d'un mois, un extrait de l'acte constitutif et des pièces annexées est publié dans l'un des journaux désignés pour recevoir les annonces légales. Il est justifié de l'insertion par un exemplaire du journal, certifié par l'imprimeur, légalisé par le maire et enregistré dans les trois mois de sa date.

Ces formalités doivent être observées, à peine de nullité, à l'égard des intéressés; mais le défaut d'aucune d'elles ne pourra être opposé aux tiers par les associés.

Sont également soumis aux mêmes formalités : tous actes et délibérations ayant pour objet la modification des statuts, la continuation de la société au delà du terme fixé pour sa durée, la dissolution avant ce terme et le mode de liquidation, tout changement ou retraite d'associés et tout changement à la raison sociale.

Dans tous les actes, factures, annonces, publications et autres documents imprimés ou autographiés, émanés des sociétés anonymes ou des sociétés en commandite par actions, la dénomination sociale doit toujours être précédée ou suivie immédiatement de ces mots, écrits lisiblement en toutes lettres : *Société anonyme* ou *Société en commandite par actions*, et de l'énonciation du montant du capital social.

Toute contravention aux dispositions qui précèdent est punie d'une amende de 50 à 1 000 francs.

PROCURATIONS

Une *procuration* est un pouvoir qu'une personne empêchée d'agir donne à une autre personne, pour lui permettre de se substituer à elle, et d'agir sous son nom comme elle pourrait le faire elle-même.

Celui qui donne le pouvoir se nomme *mandant* ou *commettant*.
Celui qui le reçoit se nomme *mandataire* ou *fondé de pouvoir*
On distingue deux sortes de procurations, savoir :

1° La *procuration générale*, qui contient un pouvoir général et indéfini d'administrer toutes les affaires ou de gérer tous les biens de celui qui la donne. Ce sera, par exemple, celle qu'un commerçant donne à un de ses employés chargé de gérer sa maison de commerce en son absence, ou celle qu'une femme mariée sous le régime dotal donne à son mari pour lui permettre d'administrer ses biens, etc. ; — 2° La *procuration spéciale*, ou particulière, qui contient seulement un pouvoir borné et bien défini de s'occuper d'une affaire, dans des conditions déterminées; par exemple, pour représenter un créancier dans une faillite, ou pour contracter un emprunt sur dépôt de titres, etc.

Une procuration doit contenir : 1° les nom, prénoms et domicile du mandant ; — 2° les nom, prénoms, domicile et profession du mandataire ; — 3° l'objet de la procuration ; — 4° la date et la signature du mandant ; — 5° l'acceptation du mandataire.

La procuration est notariée ou elle est faite sous seing privé. Si elle est notariée, elle peut être faite, soit en brevet, soit en minute. Faite en brevet, elle ne comporte qu'un seul exemplaire, qui est remis au mandataire ; faite en minute, l'original reste entre les mains du notaire qui peut en délivrer autant de copies certifiées qu'on lui en demande. Si elle est faite sous seing privé elle doit être rédigée sur une feuille spéciale de papier timbré à 0 fr. 60, et enregistrée.

Dans certains cas les procurations peuvent être données verbalement et même elles peuvent être tacites, c'est-à-dire résulter d'une foule de circonstances dont l'appréciation appartient au juge.

PROCURATION GÉNÉRALE NOTARIÉE

Par-devant M⁰ X et son collègue, notaires à Paris, soussignés, a comparu M. Gustave Robin, commerçant, demeurant à Paris, rue de la Chaussée-d'Antin, lequel a fait et constitué pour son mandataire général, à l'effet d'administrer sa maison de commerce, M. Émile Martin, comptable, demeurant à Paris, rue Pigalle, à qui le constituant a donné pouvoir, pour lui et en son nom, de faire tous achats et ventes de marchandises, d'en régler et recevoir le montant, et d'en donner bonne et valable quittance; de faire les recettes et payements d'espèces; de tirer, d'endosser ou d'acquitter toutes lettres de change, tous mandats, billets à ordre, chèques et warrants; de recevoir et de remettre tous comptes courants, d'en recevoir ou payer le montant et d'en donner ou retirer acquit ou décharge à son compte; de le représenter à toute faillite ou liquidation judiciaire; de transiger pour tout litige et généralement de faire le nécessaire.

En foi de quoi M. Gustave Robin a signé avec les notaires.

Fait à Paris le 8 janvier 19 .

Signé : G. Robin.

Accepté la présente procuration.   *X et Y, notaires.*
Signé : E. Martin.

II
COMPTABILITÉ, TENUE DES LIVRES

DÉFINITIONS

Comptabilité. — La *comptabilité* a pour objet d'enregistrer d'une façon claire, précise et méthodique, tout en se conformant aux prescriptions de la loi, les diverses opérations d'un commerçant ou même d'un non-commerçant. Par la justesse mathématique qu'elle apporte dans les résultats acquis d'une exploitation, par les indications qu'elle est susceptible de fournir sur les transformations du capital initial engagé, sur la situation réelle de l'intéressé, sur la bonne ou mauvaise administration des affaires, on peut dire que la comptabilité relève à la fois de la science arithmétique et de la science économique.

Tenue des livres. — On est généralement convenu de donner aux mots *tenue des livres* un sens plus restreint qu'à celui de comptabilité, bien que les deux termes aient été longtemps considérés comme synonymes et qu'une certaine confusion règne encore à cet égard dans le public. La tenue des livres est surtout l'art d'appliquer rigoureusement et pratiquement les principes essentiels formulés par la comptabilité.

On fait de même une distinction entre le comptable et le teneur de livres.

Comptable. — Tout *comptable* digne de ce nom doit être en mesure de diriger les écritures d'une entreprise commerciale, industrielle ou financière; à cet effet, il détermine le nombre et l'emploi des registres à utiliser, ainsi que la méthode qui doit être suivie pour l'inscription des actes commerciaux; il a mission de surveiller les mouvements des valeurs engagées et la position des comptes ouverts aux personnes en relations d'affaires avec la maison; il fait clairement ressortir, avec tableaux justificatifs à l'appui, les bénéfices ou les pertes résultant d'un exercice; il compare, prévoit et conseille. La correspondance, quant à ce qui concerne sa partie, rentre encore dans ses attributions, ainsi que le soin de tirer les traites, d'accepter, d'endosser ou d'acquitter les effets de commerce, de faire rentrer les créances douteuses ou litigieuses. C'est là un rôle essentiel et qui demande, pour être convenablement rempli, beaucoup d'expérience, d'ordre, d'activité et un ensemble de sérieuses connaissances spéciales. L'emploi est même si important qu'il est toujours désirable, pour la prospérité d'une maison de commerce, que le comptable ne soit autre que le commerçant lui-même qui, par ce moyen, sera incontestablement mieux renseigné sur la marche de ses affaires et sur la direction qu'il convient de leur donner.

Teneur de livres. — Le *teneur de livres* joue un rôle plus modeste quoique encore fort utile : il est chargé, sous la direction et la surveillance du comptable, et conformément aux instructions qu'il en reçoit, d'aider à l'enregistrement des opérations de la maison. Il doit savoir calculer rapidement et posséder, outre la pratique professionnelle, des qualités d'ordre et de discrétion jointes, autant que possible, à une irréprochable calligraphie.

Historique. — La tenue des livres est un art nécessairement très ancien et qui a dû prendre naissance en même temps que le commerce proprement dit. Dès que la division du travail, en activant les échanges, eut amené certains individus à exercer la profession de commerçant, il fallut, pour soulager la mémoire, noter d'une façon plus ou moins rudimentaire les transactions consenties. Puis, à mesure que les affaires se sont multipliées le négociant s'est appliqué à rédiger plus clairement, plus judicieusement l'historique des opérations de son commerce. Pendant des siècles chacun a enregistré ses écritures à sa convenance, suivant ses idées reçues ou le degré de son instruction, sans que l'État intervînt en quoi que ce soit pour imposer une réglementation à cet égard. En France, ce n'est qu'en 1673 que le *Code Savary*, ou *Code marchand*, remplacé et complété en 1808 par le *Code de commerce*, vint, dans un but d'intérêt général, imposer aux commerçants certaines prescriptions destinées à établir, à l'occasion, leur bonne ou mauvaise foi.

LIVRES DE COMMERCE

Livres exigés par la loi.

La loi impose à tout commerçant l'obligation de tenir trois livres, qui sont :

1° Le *livre-journal*, qui présente, jour par jour, ses dettes actives et passives, les opérations de son commerce, ses négociations, acceptations ou endossements d'effets, et généralement tout ce qu'il reçoit et paye à quelque titre que ce soit, et qui énonce, mois par mois, les sommes employées à la dépense de sa maison (Code de commerce, livre Ier, § 8);

2° Le *livre de copie de lettres*, sur lequel il reproduit les lettres qu'il adresse à ses correspondants. Il est en outre tenu de mettre en liasse les lettres qu'il reçoit (Code de commerce, livre Ier, §8);

3° Le *livre des inventaires*, sur lequel il transcrit l'inventaire qu'il est obligé de faire tous les ans, sous seing privé, de ses dettes actives et passives (Code de commerce, livre Ier, § 9).

Le livre-journal et le livre des inventaires doivent être paraphés et visés, une fois par année, soit par un des juges des tribunaux de commerce, soit par le maire ou un adjoint, dans la forme ordinaire et sans frais.

Le livre de copie de lettres n'est pas soumis à cette formalité.

Tous trois doivent être tenus par ordre de dates, sans blancs, lacunes, ni transports en marge. Le commerçant doit les conserver au moins pendant dix ans.

Livres établis par l'usage.

En imposant seulement la tenue de ces trois registres le législateur n'a pas entendu déclarer qu'ils sont suffisants à la parfaite clarté des écritures commerciales : il a seulement voulu prévenir les abus et les fraudes possibles, s'en remettant d'ailleurs, pour l'ouverture d'autres livres, aux nécessités professionnelles, et surtout à cet esprit d'ordre et d'exactitude qui caractérise l'homme d'affaires.

Brouillard ou *main-courante*. — L'importance que la loi attribue au journal fait de ce livre la base même de la comptabilité, le livre officiel sur lequel le commerçant ne doit inscrire qu'à bon escient et suivant certaine méthode les opérations de sa maison. On a donc été tout naturellement conduit, pour éviter des irrégularités au journal, à noter d'abord au *brouillon* les articles qu'on se proposait d'y passer ensuite au net; de là la création d'un livre auxiliaire destiné à enregistrer les transactions *aussitôt qu'elles se produisent*, et qui a pris la dénomination de *brouillard* ou *main-courante*.

Livres auxiliaires. — Plus tard on a été amené, pour plus de commodité, à supprimer cet unique brouillard et à en ouvrir un à chacune des différentes valeurs sur lesquelles opère le commerçant. Ces subdivisions du brouillard ont pris le nom de *livres auxiliaires*. Les livres auxiliaires les plus usités sont : le livre de caisse, les livres de marchandises, le livre des effets à recevoir, le livre des effets à payer, etc.

Grand-livre. — Nous avons vu que le journal doit être tenu par ordre de dates. Toutes les opérations y étant inscrites, ce livre seul pourrait à la rigueur suffire au commerçant pour connaître sa position envers les tiers et envers lui-même; malheureusement, la recherche de chaque renseignement lui occasionnerait une perte de temps notable et l'exposerait à des erreurs. Pour obvier à ce double inconvénient on a imaginé un autre livre sur lequel on reporte les écritures du journal de telle façon que toutes les opérations ayant rapport à un même individu ou à une même espèce de valeur soient réunies sur un seul folio qu'on appelle *compte :* c'est le *grand-livre*. Sur ce registre, une addition, ou même un simple coup d'œil, suffit pour faire connaître la situation du compte que l'on désire consulter.

En résumé, nous trouvons, à côté des trois livres prescrits par la loi, qui sont le journal, le copie de lettres et le livre des inventaires, deux autres livres admis par l'usage : le brouillard (remplacé maintenant par les livres auxiliaires) et le grand-livre.

Nous nous bornons pour l'instant à ces indications sommaires sur les livres de commerce ; nous aurons bientôt à mieux préciser le rôle et l'utilité de chacun d'eux dans la comptabilité générale.

Sanctions légales.

Les livres régulièrement tenus peuvent être admis en justice pour faire preuve entre commerçants pour faits de commerce.

Dans le courant d'une contestation, la représentation des livres peut être ordonnée par le juge, même d'office, à l'effet d'en extraire ce qui concerne le différend. Si la partie aux livres de laquelle on offre d'ajouter foi refuse de les représenter, le juge peut déférer le serment à l'autre partie.

La communication des livres et inventaires à la partie adverse ne peut être ordonnée en justice que dans les affaires de succession, communauté, partage de société et en cas de faillite.

L'absence de toute comptabilité ou la production de livres inexacts peuvent, en cas de cessation de payements, entraîner pour un commerçant la banqueroute simple.

La soustraction ou l'altération des livres entraîne la banqueroute frauduleuse.

TENUE DE LIVRES EN PARTIE SIMPLE

Son insuffisance et ses inconvénients.

Ce n'est que lorsque la méthode dite « en partie double », connue dès le moyen âge en Italie, est venue enfin, au bout de cinq siècles, bouleverser les notions comptables pratiquées jusqu'alors en France que l'on s'est avisé, pour distinguer les usages anciens des nouveaux, de décorer du nom de *méthode en partie simple* les pratiques défectueuses usitées jusqu'alors par les teneurs de livres. Cette prétendue méthode n'était en somme qu'une manière, assez généralement adoptée, de dresser des notes, d'établir des comptes, qu'il était loisible à chacun d'adopter, de modifier ou de répudier sans grand inconvénient. Il eût donc semblé logique, après avoir découvert une véritable méthode, basée sur des principes scientifiquement exacts, et qui comportait des développements ingénieux et pratiques, qu'on renonçât définitivement aux anciens errements. Il n'en a rien été : la plupart des auteurs de traités de comptabilité, au lieu de se contenter de faire une simple allusion, pour mémoire, à la partie simple, se sont évertués à l'expliquer en détail, à la commenter, à en faire, en quelque sorte, une rivale de la partie double. Ils ont ainsi contribué à enraciner la routine chez beaucoup de teneurs de livres, et ont entretenu une fâcheuse confusion dans l'esprit de leurs lecteurs et de leurs élèves.

Nous nous garderons de tomber ici dans cette faute. Nous prétendons que la « partie simple » doit être rejetée sans appel; qu'il ne faut pas se méprendre sur son titre, qu'elle n'est ni plus simple, ni d'une compréhension plus aisée que la méthode en partie double; qu'il n'est point nécessaire de l'avoir pratiquée — bien au contraire — pour saisir rapidement les principes fondamentaux sur lesquels repose la comptabilité en partie double.

Au moins la tenue de livres en partie simple peut-elle être encore conservée par les maisons de peu d'importance, par les petits détaillants? Nous répondons : non. Non, même pour les petits négociants, même pour les non-commerçants, la partie double reste préférable parce qu'elle est plus rationnelle, plus exacte, d'une application plus aisée et aussi parce qu'elle offre le grand avantage d'une vérification relativement facile des écritures.

Ce n'est donc qu'à titre purement historique que nous donnons ici quelques brèves explications sur cette façon d'opérer.

Dans la partie simple, telle qu'on la pratique généralement, on inscrit sur un livre-brouillard, et dès qu'elles se produisent, toutes les opérations de commerce autres que les recettes et les payements. Le libellé de chacun des articles doit être succinct, quoique suffisamment clair.

Le livre de caisse, tenu sur double folio, par « Doit et Avoir » ou « recettes et payements », qui complète la comptabilité auxiliaire ou de première main, enregistre, dès qu'ils s'effectuent, les payements et les recettes.

Toutes les écritures portées sur ces deux livres sont ensuite passées au journal. La rédaction de ce livre ne diffère pas sensiblement de celle du brouillard. Seulement, et comme il est essentiel, pour faciliter le travail de report au grand-livre, de faire ressortir la position des tiers envers le commerçant, on fait précéder du mot « Doit » le nom de tout correspondant qui a reçu une ou plusieurs valeurs, et du mot « Avoir », le nom de tout correspondant qui a fourni une ou plusieurs valeurs.

Ces mots *Doit* et *Avoir*, qui caractérisent la position des tiers à l'égard du commerçant, ne s'emploient pas dans les articles au comptant, qui ne figurent au journal que pour mémoire, et seulement pour satisfaire à la loi, qui exige que toutes les opérations soient inscrites sur ce registre.

Au grand-livre, on ne reporte que les comptes personnels, ceux que l'on a eu le soin de faire précéder des mots Doit ou Avoir.

L'usage de la partie simple présente deux principaux inconvénients : En ne tenant que des comptes de personnes, et on négligeant les comptes des valeurs telles que les marchandises, les effets de commerce, à recevoir ou à payer, etc., on renseigne très imparfaitement le commerçant sur sa situation, et on est dans l'impossibilité de le tenir constamment au courant des transformations que l'échange fait subir au capital qu'il a mis dans son commerce.

En second lieu, la vérification des écritures est à peu près impossible, surtout si les opérations sont nombreuses. Rien, sinon le fait brutal de la réclamation d'un client ou d'un fournisseur, ne vient avertir le teneur de livres des erreurs qu'il a pu commettre dans le report des écritures du journal au grand-livre.

COMPTABILITÉ EN PARTIE DOUBLE

PRINCIPES GÉNÉRAUX

Le commerce est un échange continuel de valeurs. Au moyen des échanges, ou transactions commerciales, le commerçant fait subir au capital qu'il a engagé dans les affaires d'incessantes transformations qui ont pour but de l'augmenter successivement des bénéfices produits par ces transformations. Nous devons remarquer que l'échange n'est pas toujours immédiat; le commerçant peut acheter ou vendre les marchandises de deux façons : au comptant ou à crédit. Dans le premier cas l'échange se fait sur-le-champ, dans le second cas l'échange ne se réalise que lorsque la partie prenante a soldé le prix de son achat. Quelle que soit la façon d'opérer, toute transaction commerciale nécessite, à chaque transmission de valeur, l'intervention de deux parties, l'une qui reçoit cette valeur et l'autre qui s'en dessaisit; d'où nous tirons aisément ce premier principe fondamental de la comptabilité en partie double : *Celui qui reçoit une valeur doit à celui qui la lui fournit le prix ou le montant de cette valeur.*

Il s'agit dans l'application de la méthode en partie double d'enregistrer sur notre livre-journal toutes nos opérations, de telle sorte que, pour une même somme, à un ou plusieurs comptes débiteurs correspondent toujours un ou plusieurs comptes créanciers.

Mais cette comptabilité rationnelle n'atteindrait pas encore le but qu'elle s'est proposé, à savoir : renseigner utilement le chef de maison sur la marche de ses affaires et lui permettre de vérifier facilement ses écritures, si elle se bornait à poser le principe de la dualité dans l'échange. Le commerçant connaîtrait la position des tiers à son égard, mais il lui serait difficile de suivre les mouvements, les transformations des valeurs qu'il a engagées dans son commerce pour les faire fructifier. Ainsi restreinte, tronquée, la comptabilité en partie double ne comporterait d'autre avantage sur les anciennes méthodes que celui d'une vérification des écritures plus facile et plus rapide.

Aussi, usant d'une fiction ingénieuse qui rentre bien dans le génie italien dont elle émane, la méthode en partie double a complété sa théorie du second principe fondamental suivant :

Le commerçant ne sera pas nominalement représenté sur ses livres; mais il le sera, suivant les cas, par le capital qu'il a engagé dans sa maison de commerce, par les différentes valeurs sur lesquelles il opère, par les profits qu'il réalise et par les pertes qu'il subit.

Ainsi la comptabilité en partie double *personnifie* les valeurs et les choses; elle leur donne une existence propre qui permet de suivre leurs fluctuations; elle crée, en quelque sorte, des êtres de convention qui ont compte ouvert chez le commerçant et le représentent, à différents titres, dans toutes les transactions qu'il engage.

Nous avons vu que c'est d'Italie, de Venise, que nous vient cette méthode qui y recevait son application dès le commencement du xiv° siècle. On en usait couramment au xv° siècle à Gênes, Pérouse et Florence, ainsi qu'en témoignent des auteurs contemporains. Ce n'est cependant qu'au commencement du xix° siècle qu'elle finit par pénétrer en France pour essayer de substituer — combien difficilement! — à un art empirique et incertain une véritable science des comptes serrant d'aussi près que possible la réalité des faits.

Avant de passer à l'application de la partie double, et afin d'en mieux faire saisir le mécanisme si simple, il est nécessaire d'étudier d'abord quelles sont les différentes catégories de comptes que nous devrons ouvrir sur nos livres; puis, pour suivre l'ordre logique de l'inscription des écritures comptables, nous nous occuperons ensuite des livres auxiliaires, ou de première main, pour aborder enfin le Journal sur lequel toutes les opérations commerciales devront être reportées conformément aux principes que nous venons d'exposer.

COMPTES

Un *compte* est l'état, dressé sur un registre spécial, des opérations faites avec une même personne, ou au moyen d'une même valeur. Nous avons donc des comptes ouverts à des personnes et des comptes ouverts à des choses de même nature.

Le *Débit* d'un compte comprend toutes les sommes que doit ce compte; son *Crédit* comprend toutes les sommes qui lui sont dues. On appelle *solde* la différence entre le montant du débit d'un compte et le montant de son crédit, ou vice-versa. Le solde est dit *débiteur* dans le premier cas, et *créditeur* dans le second cas. Lorsque le Débit est égal au Crédit, on dit que le compte est *soldé*.

Comptes généraux.

Nous avons dit que l'écriture relative à toute affaire commerciale sur nos livres doit comporter un ou plusieurs comptes débiteurs en opposition avec un ou plusieurs comptes créanciers.

Or le commerçant, toujours partie contractante dans les opérations de son commerce, interviendra nécessairement dans la rédaction de chaque article, seulement il interviendra, non par un compte unique et général, mais par divers *comptes généraux* qui tous le personnifient sous des aspects différents.

Ces six comptes généraux sont :
    1° Le compte Capital;
    2°   —   Profits et Pertes;
    3°   —   Marchandises générales;
    4°   —   Caisse;
    5°   —   Effets à recevoir;
    6°   —   Effets à payer.

Nous les diviserons en deux groupes principaux.

Dans le premier groupe, *Comptes d'apports et de résultats*, nous classerons :
    1° Le compte Capital et les comptes de réserves;
    2° Le compte Profits et Pertes et ses subdivisions.

Dans le second groupe, *Comptes de valeurs disponibles*, nous classerons :
    1° Le compte Marchandises générales;
    2° Le compte Caisse;
    3° Le compte Effets à recevoir;
    4° Le compte Effets à payer.

Compte Capital. — Le *compte Capital* représente le commerçant quant à la mise de fonds qu'il a confiée à sa maison de commerce.

Il doit être crédité du montant de toutes les sommes ou du prix de toutes les valeurs que le commerçant met dans son commerce. Il est débité en cas de retrait de ces mêmes valeurs.

En fin d'exercice, lorsque le négociant connaît les résultats de sa gestion, ce compte doit être crédité des bénéfices réalisés, ou débité des pertes subies.

PRINCIPES DE LA PARTIE DOUBLE.

Le compte Capital ne joue généralement pas entre deux inventaires, à moins qu'il ne s'agisse d'une valeur nouvelle prise en dehors de l'entreprise et mise dans les affaires, comme une somme provenant d'un héritage.

Si le commerçant n'est pas au-dessous de ses affaires le compte Capital doit nécessairement présenter un solde créditeur.

Nota. — Quant aux *réserves* qui viennent s'ajouter au capital, nous ne faisons que les indiquer ici pour mémoire. Nous étudierons le jeu des comptes qui leur sont ouverts au grand-livre lorsque nous traiterons de la comptabilité des sociétés.

Compte Profits et Pertes. — Le *compte Profits et Pertes* représente le commerçant quant aux bénéfices qu'il réalise et aux pertes et frais qu'il subit. On doit le débiter des pertes. On doit le créditer des bénéfices.

Étant donnée l'importance qu'il y a pour un chef de maison à se rendre compte aussi exactement que possible des différents frais qu'entraîne l'exploitation de son commerce, on joint à ce compte certaines subdivisions qui précisent mieux la nature des frais commerciaux. Les principales subdivisions dans le petit et le moyen commerce sont :

1° Le *compte Frais généraux*, auquel on porte les frais multiples nécessités par les besoins du commerce ;

2° Le *compte Dépenses personnelles*, sur lequel on inscrit les prélèvements opérés par le négociant pour son entretien et celui des siens. Faisons observer en passant que ce dernier compte a une importance particulière puisque en cas de faillite il permet au syndic de constater que les dépenses personnelles ont été ou n'ont pas été en proportion avec le chiffre d'affaires traitées. Nous savons qu'au cas de dépenses exagérées le commerçant s'expose à la banqueroute simple.

En plus de ces deux principales subdivisions, le gros commerce, les industries importantes, les sociétés et administrations en emploient beaucoup d'autres telles que :

Frais de personnel (employés de toutes catégories) ; — *Dépenses de bureau ou d'administration* (frais de papiers, imprimés, circulaires, etc.) ; — *Escomptes et rabais ;* — *Commissions ;* — *Intérêts ;* — *Publicité ;* — *Amortissements,* etc.

On ne doit porter directement au compte Profits et Pertes que les bénéfices ou les pertes; les frais d'exploitation étant inscrits dans les comptes subdivisionnaires.

En fin d'exercice, on solde les comptes subdivisionnaires par le débit du compte Profits et Pertes, tandis qu'on porte au crédit de ce même compte les bénéfices réalisés sur la vente des marchandises. Si le compte Profits et Pertes présente alors un solde créditeur, c'est qu'il y a bénéfice; il y a perte si le solde est débiteur.

Compte Marchandises générales. — Le *compte Marchandises générales* représente le commerçant pour tout mouvement de marchandises, c'est-à-dire pour l'entrée des marchandises en magasin (achats) et pour leur sortie desdits magasins (ventes). Il faut remarquer que les marchandises sortent du magasin pour une somme supérieure à celle pour laquelle elles sont entrées. La différence constitue le bénéfice du négociant.

On doit débiter ce compte du prix de toutes les marchandises qui entrent en magasin, c'est-à-dire du montant des achats, et en outre des frais accessoires occasionnés par ces achats, tels que transports, octroi, douane, etc.

On doit créditer ce compte du prix de toutes les marchandises qui sortent du magasin, c'est-à-dire du montant des ventes.

Le compte Marchandises, étant donné son importance, est susceptible de nombreuses subdivisions. C'est ainsi que dans le commerce de gros, le négociant peut ouvrir un compte à chacune des spécialités de sa maison, ou même, s'il tient peu d'articles, à chaque sorte de marchandise mise en vente. Un industriel ou un fabricant tiendra notamment les comptes « Matières premières » et « Objets fabriqués », et ces deux comptes principaux sont eux-mêmes subdivisés en autant de comptes qu'il paraîtra nécessaire à la clarté des écritures.

Le compte Marchandises générales peut présenter un solde débiteur ou créditeur. Le solde est débiteur lorsque le montant des marchandises restant en magasin est supérieur aux bénéfices déjà réalisés sur les ventes.

Le solde est créditeur dans le cas contraire.

Compte Caisse. — Le *compte Caisse* représente le commerçant quant aux mouvements d'espèces. Il relate les entrées d'espèces en caisse, ou *recettes*, et les sorties d'espèces de la caisse, ou *payements*.

Les billets de la Banque de France, les mandats et bons de poste et, dans certains cas, les chèques et les timbres-poste sont considérés comme espèces.

On doit débiter ce compte de toutes les sommes qui entrent en caisse, c'est-à-dire des recettes.

On doit le créditer de toutes les sommes qui sortent de la caisse, c'est-à-dire des payements.

Le compte de Caisse ne peut présenter qu'un solde débiteur ou nul.

Compte Effets à recevoir. — Le *compte Effets à recevoir* représente le commerçant pour tout ce qui concerne l'entrée dans son portefeuille des effets de commerce qu'il doit recevoir, ainsi que la sortie de ces effets de son portefeuille.

Les valeurs à échéance déterminée qui entrent dans la composition de ce compte sont de différentes natures. Ce sont : 1° les lettres de change, traites ou mandats que le commerçant tire sur ses débiteurs ; — 2° les billets à ordre souscrits ou endossés à son nom qu'il reçoit en payement.

Dans certains cas, lorsqu'il n'en effectue pas lui-même et sur-le-champ la conversion en espèces, les chèques remis en payement doivent figurer parmi les effets à recevoir.

La sortie des effets du portefeuille du négociant peut avoir lieu aux échéances indiquées sur les effets, ou avant ces échéances.

Elle a lieu à l'échéance lorsque le commerçant attend cette date pour opérer le recouvrement de l'effet. Elle a lieu avant l'échéance lorsque le commerçant remet l'effet en payement à un fournisseur ou le négocie à un banquier.

Le compte Effets à recevoir doit être débité du montant de toutes les traites ou mandats tirés par le commerçant et de tous les billets souscrits ou endossés à son ordre. En d'autres termes, il est débité du montant de tous les effets de commerce qui entrent en portefeuille. Il doit être crédité du montant de tous les effets qui sortent du portefeuille, à quelque date et de quelque façon que ce soit.

Le compte Effets à recevoir ne peut présenter qu'un solde débiteur ou nul.

Chez les banquiers ou chez les grands négociants, ce compte peut se subdiviser. Ils tiennent, par exemple, un compte : *Portefeuille de Paris*, un autre *Portefeuille de province*, un troisième *Portefeuille de l'étranger*.

Compte Effets à payer. — Ce compte représente le commerçant quant aux engagements qu'il prend de payer toutes traites, mandats, billets à ordre, etc., ainsi que le payement effectif, à leur échéance, de ces différentes obligations.

Il doit être crédité du montant des billets souscrits par le commerçant ainsi que du montant des traites qu'il a acceptées et des mandats tirés sur lui et dont il a été avisé.

Il doit être débité lorsque le payement s'effectue à l'échéance des effets.

Ce compte ne peut présenter qu'un solde créditeur ou nul.

Comptes de valeurs immobilisées.

En plus des six comptes généraux dont trois, Marchandises, Caisse, Effets à recevoir, représentent une partie de l'actif du commerçant, la partie disponible, celle qui correspond au *capital circulant* de toute entreprise, une autre catégorie de comptes représente la seconde partie de l'actif, celle qui correspond à ce que nous pouvons appeler le *capital fixe* de l'entreprise.

Ces comptes de valeurs immobilisées peuvent être plus ou moins nombreux suivant la nature et l'importance de la maison de commerce. Les principaux sont :

1° Le *compte Fonds de commerce*, qui représente la valeur d'acquisition de la maison de commerce ;

2° Le *compte Matériel ou mobilier*, qui intervient toutes les fois qu'il y a achat, vente ou amortissement du mobilier industriel (bureaux, casiers, chaises, rayons, etc.) ;

3° Le *compte Immeuble*, qui intervient toutes les fois qu'il y a vente, achat ou amortissement des immeubles ou des usines possédés par le négociant ;

4° Le *compte Outillage*, qui intervient toutes les fois qu'il y a vente, achat ou amortissement de l'outillage industriel ;

5° Le *compte Portefeuille de valeurs mobilières*, qui joue toutes les fois qu'il y a entrée ou sortie, achat ou vente de valeurs mobilières.

Dans cette seconde catégorie nous pouvons encore comprendre certains comptes d'attente, tels que :

1° Le *compte Créances douteuses*, ouvert collectivement à toutes les créances mauvaises et réputées perdues qui ne figurent plus à l'actif du commerçant ;

2° Le *compte Loyer d'avance*, qui enregistre la somme payée à l'avance au propriétaire comme garantie des termes à échoir.

En somme, cette deuxième catégorie comprend tous les comptes ouverts aux valeurs que possède le négociant, mais qui ne font pas partie du capital circulant.

Comptes courants.

En opposition aux comptes généraux et aux comptes de valeurs immobilisées qui représentent à différents titres le commerçant lui-même, nous trouvons les *comptes courants* ouverts aux correspondants, débiteurs ou créanciers, en relations d'affaires avec le commerçant.

Ces comptes, dont la nécessité s'explique aisément par l'intérêt qu'il y a pour le négociant à pouvoir suivre au jour le jour la situation des tiers à son égard, étaient les seuls dont s'occupait la tenue des livres en partie simple.

COMPTABILITÉ AUXILIAIRE

Théoriquement, les opérations d'une maison de commerce pourraient être immédiatement inscrites au livre-journal, dont la destination est de contenir, par ordre chronologique, toutes les transactions effectuées par le commerçant. Mais ce livre, exigé par la ' ', soumis à des prescriptions légales assez sévères qui ont pour but d'empêcher que sa rédaction ne soit frauduleusement altérée, tenu suivant certaine méthode, ne saurait se prêter à des écritures hâtives et de première main. Il est donc indispensable, dans la pratique, de rédiger d'abord au brouillon les articles que l'on reportera ensuite au net sur le journal. De là la création d'une *comptabilité auxiliaire* destinée à enregistrer, dès qu'elles se produisent, toutes les opérations du commerçant.

La comptabilité auxiliaire comprend encore, outre l'inscription des opérations sur un ou plusieurs registres, la vérification et la conservation des actes commerciaux. Son importance est considérable, puisqu'elle constitue la base de la comptabilité générale.

Vérification et conservation des documents commerciaux.

Toute opération commerciale doit être constatée par un document, ou *acte commercial*, qui sert de base à la rédaction des livres auxiliaires et sur l'autorité duquel on s'appuie en cas de contestation ou d'omission : de là le nom de pièce à l'appui, ou *pièce comptable*. Cette règle ne souffre pas d'exception.

Le comptable, avant d'en passer écriture, doit s'assurer de la sincérité et de l'exactitude de ces documents, c'est-à-dire les vérifier, et, après leur inscription, les ranger avec ordre à la place qui leur est assignée, c'est-à-dire les conserver.

Les principaux actes commerciaux sont: les actes de société, les engagements de toute nature, les reçus ou quittances, les factures de toute espèce, les notes de commission, les fiches de caisse, les carnets à souche, les extraits de comptes courants, les lettres des correspondants, les bordereaux, etc. (Voir Documents commerciaux, p. 9.)

Aucune pièce comptable ne doit sortir d'une maison de commerce sans avoir été au préalable vérifiée et inscrite sur les livres auxiliaires. Il faut donc que le comptable ait une parfaite connaissance de tous les actes commerciaux pour pouvoir en apprécier la validité. Les reçus, factures, bordereaux, etc., vérifiés doivent porter, apparent, le paraphe du vérificateur, qui certifie véritable la quantité, le prix, la nature, la date, etc., portés sur ces pièces, ainsi que le folio du livre où elles ont été inscrites. Les employés chargés d'adresser ces pièces à leurs destinataires doivent préalablement s'assurer qu'elles portent les parafes ou signatures voulues.

Les pièces comptables fournies par les correspondants sont aussi l'objet d'un examen attentif. Pour les reçus de versements d'espèces, de remise d'effets ou d'autres valeurs, on doit s'assurer de l'exactitude des sommes, du nombre et de la nature des articles remis, de la date et de la signature.

Lorsqu'on reçoit une facture de marchandises, on la compare d'abord à la lettre de commande pour s'assurer que celle-ci a bien été suivie; puis, en déballant le colis, on contrôle les quantités des marchandises énoncées dans la facture ; ensuite on compare les prix aux prix courants du correspondant, ou aux prix indiqués dans la commande; enfin, on s'assure de l'exactitude des sommes, en multipliant les quantités par les prix et en faisant l'addition du tout s'il y a lieu.

Dans les bordereaux d'effets et de valeurs de toute espèce, remis soit à l'encaissement, soit à l'escompte, on vérifie la somme, l'échéance, le lieu de payement, l'ordre, l'endossement, la date et le timbre, afin d'éviter qu'aucune valeur irrégulière n'entre dans la composition du bordereau. Lorsque celui-ci revient décompté de chez le banquier, il faut revoir les calculs des intérêts, changes et commissions et s'assurer que les tarifs et conditions débattus avec le banquier ont bien été appliqués. Au cas de retour d'effets impayés ou protestés, on devra prendre connaissance du motif du refus et de la date du protêt qui devra avoir été fait au lendemain de l'échéance.

Les lettres qui annoncent des traites ou des remises de valeurs pour solde de facture ou en compte, doivent être rapprochées de nos livres afin que nous puissions nous assurer que ces règlements sont d'accord avec nos écritures et conformes aux conditions arrêtées entre nos correspondants et nous. En lisant les lettres qui contiennent des indications d'écritures à passer, le chef de maison ou son représentant souligne au crayon rouge ou bleu les phrases et les sommes à inscrire, ou y appose un timbre destiné à recevoir le folio du registre où elles seront portées, afin d'y attirer l'attention du comptable.

Dans les extraits de comptes courants portant intérêts, il faut vérifier les sommes et leurs valeurs, l'époque, le nombre de jours, les intérêts, les changes, commissions et autres frais, ainsi que les additions. Pour indiquer qu'une pièce a été vérifiée, on met à côté de chaque somme trouvée exacte un point ou un signe quelconque; les chiffres erronés sont rectifiés à l'encre rouge.

Le classement et la conservation des actes commerciaux se font de la façon suivante :

Pendant l'année commerciale on place les lettres et pièces comptables dans un casier à compartiments rangés par ordre alphabétique. Lorsqu'on fait l'inventaire général, on réunit en liasses toutes les pièces d'un même correspondant, classées par ordre de dates ; puis on réunit en ordre alphabétique, dans un ou plusieurs cartons, ces différentes liasses sur lesquelles on a eu soin d'apposer des étiquettes qui indiquent leur contenu.

Comme il ne s'agit pas seulement de classer les pièces mais de les conserver, il faut remettre à leur place celles que l'on a eu besoin de consulter. Si on ne pouvait le faire immédiatement, ou si elles devaient sortir de nos mains, on les remplacerait par des notes indiquant entre les mains de qui elles se trouvent momentanément et le motif de leur déplacement.

Copie de lettres. Biblorhapte.

« Tout commerçant, dit l'article 8 du Code de commerce est tenu de mettre en liasse les lettres missives qu'il reçoit et de copier sur un registre celles qu'il envoie. » Les livres auxiliaires destinés à recevoir copie des lettres envoyées, ou à classer les lettres reçues, ont une importance d'autant plus grande que nombre de commerçants traitent toutes leurs affaires par correspondance, confirmant même, pour la bonne règle, leurs engagements verbaux par un échange de lettres.

Le livre sur lequel le commerçant copie les lettres qu'il adresse à ses correspondants se nomme le *copie de lettres*. C'était autrefois un registre sur lequel les apprentis de commerce transcrivaient les lettres; c'était là une excellente façon pour les jeunes gens de se former le style et le jugement. Mais depuis longtemps déjà, on a inventé un moyen qui dispense de copier les lettres à la main et qui a l'avantage d'être très expéditif. On se sert à cet effet d'un registre composé d'un certain nombre de feuilles numérotées, d'un papier transparent spécial, sur lesquelles on prend, au moyen d'une forte pression, l'empreinte des lettres écrites à l'encre communicative. A la fin du copie de lettres est annexé un *répertoire* dont une page au moins se trouve consacrée à chacune des lettres de l'alphabet, qui ressort à la tranche, au moyen d'un onglet. Le nom du destinataire de chaque lettre envoyée se trouve inscrit à la page affectée à la lettre de l'alphabet par laquelle commence son nom. A la suite de son nom on porte le numéro d'ordre de chacune des lettres qu'on lui a écrites.

Les lettres reçues sont classées soit en liasses, soit dans des cartons ou casiers, soit dans des reliures mobiles. Elles doivent, à leur réception, recevoir un numéro d'ordre susceptible de faciliter les recherches. Le classement peut être alphabétique, ou chronologique.

Le commerce a adopté depuis peu de temps un classeur assez ingénieux : c'est le *biblorhapte* qui permet de relier, au fur et à mesure de leur réception, toutes les lettres parvenues au négociant. A cette reliure est joint un répertoire qui doit être tenu comme celui du copie de lettres.

Brouillard.

Nous avons dit que la comptabilité auxiliaire est la partie de la comptabilité qui a pour mission d'enregistrer les opérations au fur et à mesure qu'elles se produisent. Pendant fort longtemps, et même bien après l'introduction en France de la partie double, toute la comptabilité auxiliaire était condensée dans un livre unique dont le nom indique assez bien la destination : le *brouillard* ou *main courante*.

Ce livre est maintenant fractionné, dans la pratique courante, en plusieurs brouillards ou *livres auxiliaires* dont nous allons avoir bientôt à nous occuper. Cependant comme la routine l'a fait persister chez bon nombre de négociants, et qu'il est, de par la loi, imposé à certains autres, tels que brocanteurs, marchands de métaux précieux, pharmaciens, etc., nous allons l'analyser brièvement.

Le brouillard est donc un registre sur lequel le commerçant inscrit, *dès qu'elles se produisent*, toutes les affaires qu'il traite, toutes les recettes ou payements qu'il fait pour quelque cause que ce soit. Il doit être l'historique complet de la maison de commerce. Sa rédaction n'est soumise à aucune méthode, ni à aucune règle fixe; elle est laissée tout entière à l'appréciation du teneur de livres, qui doit la rendre autant que possible simple et précise, et n'y inscrire aucun article sans s'autoriser de la *pièce comptable* qui le justifie. Des commerçants ont cependant cru devoir adopter certaines formes dans la rédaction des notes du brouillard : quelques-uns commencent toujours l'article par un participe passé exprimant la nature de la transaction opérée, comme : *Reçu, Expédié, Remis, Payé, Accepté*, etc. ; d'autres rédigent le brouillard dans les mêmes termes que le journal, qui devient seulement une copie au net. Cette seconde façon d'opérer est vicieuse, car elle ne permet la tenue du brouillard qu'à un comptable expérimenté, alors que le plus souvent ce registre est confié à un employé subalterne, n'ayant que d'imparfaites notions des méthodes comptables.

La réglure de la main courante varie nécessairement suivant le genre de commerce; cependant la réglure la plus usitée est celle que nous proposons dans le modèle qui suit. En tête de chaque page, on inscrit en grosses lettres le mois et l'année. Au milieu de la ligne suivante, on inscrit la date, à gauche et à droite de laquelle on tire un trait horizontal.

Tous les articles sont séparés entre eux par des traits semblables. Lorsqu'il y a plusieurs articles dans un même jour on peut remplacer la date par les mots « Du dit » ou « Dito ».

OPÉRATIONS DE COMMERCE INSCRITES AU BROUILLARD.

Folios du Journal	Avril 1901.				
25	*1er* *Acheté* à Vareilles de Lyon, 200 m. soie à 3 fr. 50 le m/.	700		700	
d°	*2* *Vendu* aux suivants : A Lacour, de Paris, 175 m. velours à 5 fr. le m/. A Catala de Reims, 300 m. d° à 4 fr. 50 le m/.	875 1 350		2 225	
d°	*dito* *Acheté* au comptant, 1 coupon soie mauve pour	25	50	25	50
d°	*5* *Reçu* de Lacour, en couverture de m/fr° du 2 c¹, une acceptation au 30 juin de fr. Escompte s/m/fr° 5 0/0.	831 43	25 75	875	
d°	*8* *Payé* diverses fournitures de bureau et timbres-poste.	30	75	30	75
d°	*10* *Retourné* à Vareilles, 10 m. soie de s/ fr° du 1 c¹, non conformes à l'échantillon.	35		35	
d°	*12* *Payé* un bureau en chêne pour mon cabinet.	150		150	
26	*15* *Versé* au propriétaire un trimestre de loyer échu.	410	10	410	10
	A reporter. . . .			4 451	35

Folios du journal					
	Report...		4 451	35
	Avril 1901 (*suite*).			
	—— 18 ——			
26	*Accepté* une traite tirée par Vareilles en couverture de s/fre du 1 ct, au 31 juillet prochain.	665	665	
	—— dito ——			
do	*Reçu* de Catala, en un billet de banque. Une acceptation au 31 juillet pr. (règlement de m/ fre du 2 ct).	1 000 350	1 350	
	—— 19 ——			
do	*Vendu* au comptant, 20 m. soie à 3 fr. 50 le m/.	70	70	
	—— 20 ——			
do	*Négocié* à MM. Lehideux et Cie, banquiers, le bordereau suivant : Paris. 500f » au 31 mai. Toul. 125,25 — Nevers. 300 » 15 juin. Paris. 831,25 30 — Reims. 350 » 31 juillet.	2 106	50	2 106	50
	—— 21 ——			
do	*Encaissé* chez MM. Lehideux et Cie un chèque n° 351 de fr.	1 500	1 500	
	—— 25 ——			
do	*Crédité* MM. Lehideux et Cie pour agio sur n/ rem/ du 20 ct de fr.	35	80	35	80
	—— 30 ——			
do	*Payé* appointements à nos employés et garçons.	1 220	1 220	
	Total du mois d'avril......		11 398	65

Livres auxiliaires.

En parlant du brouillard, nous avons dit que ce registre ne répondait plus aux besoins du commerce moderne. Le commerçant, en effet, veut et doit trouver dans ses livres, sans perte de temps et sans recherches fastidieuses, tous les renseignements qu'il juge utiles à la bonne marche de ses affaires. Or le brouillard, base unique de la comptabilité, était insuffisant et incommode, et on a songé à le subdiviser en attribuant à chaque valeur sur laquelle opère le négociant un brouillard spécial qui enregistre exclusivement les mouvements d'entrée et de sortie de cette valeur. Ces brouillards spéciaux ont pris le nom de *livres auxiliaires*.

Un commerçant s'établit pour acheter et vendre des marchandises : les premiers livres auxiliaires dont nous aurons à nous occuper concerneront donc les *marchandises*. Pour opérer ses transactions habituelles, il donne ou reçoit des espèces et des effets de commerce : nous ouvrirons des livres auxiliaires aux espèces, c'est-à-dire à la *caisse*, aux *effets à recevoir* et aux *effets à payer*. Enfin il peut se présenter telles opérations qui ne touchent à aucune de ces valeurs, comme des redressements de comptes, des pertes ou des profits, pour lesquelles nous tiendrons un livre auxiliaire spécial.

En résumé, nous trouvons que la comptabilité auxiliaire, ou de première main, doit noter tous les actes de commerce sur des registres ouverts aux valeurs ou aux opérations suivantes :

1° Marchandises ;
2° Espèces ;
3° Effets à recevoir ;
4° Effets à payer ;
5° Opérations diverses.

Livres auxiliaires concernant les marchandises.

On conçoit que les livres peuvent être plus ou moins nombreux suivant le genre ou l'importance du commerce ou de l'industrie exploitée. Telle maison se bornera à tenir un seul registre pour les achats et un seul pour les ventes, tandis qu'une autre, plus importante, aura autant de livres auxiliaires que de natures de marchandises. Certains commerçants ont même des livres de marchandises *pairs* et *impairs*, c'est-à-dire que les uns reçoivent l'inscription des achats ou des ventes effectués un jour pair, aux quantièmes du mois, 2, 4, 6, 8, etc., tandis que les autres n'enregistrent que les opérations traitées les jours impairs, aux quantièmes du mois 1, 3, 5, 7, etc. Cette façon de procéder permet au comptable de prendre connaissance des articles à passer au journal sans déranger le commis préposé à la rédaction de ces livres auxiliaires. Dans le même but, on peut encore fractionner les livres auxiliaires suivant les six jours ouvrables de la semaine, ou les tenir par 1re et 2e quinzaine, etc.

Il nous suffit d'indiquer ces dispositions, dont le comptable aura vite fait de sentir la nécessité ou le superflu pour le cas qui l'occupera. Nous allons nous borner à passer rapidement en revue les livres les plus connus et les plus usités.

1° *Livre d'achat ou de fournisseurs* (entrée des marchandises en magasin). — Ce livre, qu'on nomme encore *facturier*, n'est que la copie des factures qui accompagnent les marchandises adressées par les fournisseurs. Nombre de commerçants s'abstiennent de l'ouvrir et se contentent de garder et de classer soigneusement les factures à régler.

2° *Livre de vente* (sortie des marchandises du magasin). — Ce livre, qu'on nomme généralement *livre de débit*, est très important. Il doit être rédigé en même temps que la facture qui accompagne les marchandises. Dans les bonnes maisons de commerce, tandis qu'un employé s'occupe à reconnaître et à emballer les marchandises à expédier, qu'il annonce à voix haute, un deuxième commis les inscrit sur le livre de débit, et un troisième rédige la facture. La facture et le livre de débit sont ensuite rapprochés pour vérification. (V. tableau p. 95.)

3° *Livre de rendus ou d'avoir*. — Il arrive assez fréquemment que, pour certains motifs (non-conformité aux échantillons, avaries de voyage, mauvaise qualité, etc.) des marchandises débitées soient retournées au commerçant par le destinataire. Ces marchandises doivent être inscrites sur le *livre auxiliaire des rendus* ou des *avoir*.

4° *Livre des commissions*. — Ce livre enregistre les ordres de livraison donnés, soit par les voyageurs ou courtiers, soit par les clients eux-mêmes, avant que ne soient faites les expéditions, c'est-à-dire avant que les marchandises ne soient inscrites au *livre de débit*.

5° *Livre des références*. — Il est indispensable que le commerçant qui vend des marchandises confectionnées ou manufac-

LIVRE DE VENTES OU «DE DÉBIT»

Nos de références	DATES		NOM de L'ACHETEUR	DÉTAIL des MARCHANDISES VENDUES		SOMME		TOTAL	
1935	Novembre.	4	Honnorat,	3 dz. caleçons toile à	Fr. 35,50	106	50		
736			à Paris.	1 dz. gilets flanelle à	48 »	48			
1230				1/4 dz. gilets flanelle à	54 »	13	50	168	»
425	»	5	Laroche,	1/2 dz. parapluie soie à	Fr. 125 »	62	50		
1331			à Rouen.	1 dz. ombrelles fantaisie à	100 »	100			
1283				3 dz. cannes anglaises à	39,50	118	50	281	»
117	»	»	Aubert,	2 dz. chemises devant toile à	Fr. 37,25	75	50		
233			à St-Mandé.	1 dz. d° tussore à	127 »	127			
183				3 dz. d° zéphyr à	210,75	210	75	413	25
233	»	»	Comptant.	2 chemises tussore à	Fr. 127 »	21	15	21	15
660	»	6	A. Lévi,	2 dz. caleçons soie à	Fr. 95,25	190	50		
710			à Paris.	1 dz. gilets soie à	95,25	95	25	285	75
230	»	»	Comptant.	1 chemise toile à	Fr. 120 »	10			
1935				1 caleçon toile à	39 »	3	25	13	25

turées dans sa maison, connaisse d'une façon très exacte le prix de revient de chacune de ces marchandises. Il pourra seulement alors savoir à quel prix il peut s'en défaire pour gagner le tantième pour cent auquel il prétend. C'est le livre des références, classé par numéros dont chacun correspond à une sorte de marchandise, qui contiendra cet utile renseignement.

Livre des conditions. — La concurrence a imprimé aux transactions modernes un tour ingénieux que ne connaissaient certainement pas nos pères. C'est ainsi que nombre de commerçants exigent maintenant de leurs fournisseurs qu'ils leur confient des marchandises, dont ils ne veulent être débités que lorsqu'ils croiront en avoir la vente assurée; jusque-là, ces marchandises n'ont pas changé de propriétaire, et sont simplement en dépôt chez le client, qui les gardera ou les retournera suivant l'occurrence. On conçoit quel intérêt a le commerçant fournisseur à tenir bonne note des marchandises qui, sans être vendues, sont cependant sorties de ses magasins. C'est sur le *livre des conditions* qu'il inscrira et le nom du client et le détail des marchandises.

Nous nous bornons, pour le moment, à l'indication de ces quelques livres auxiliaires relatifs aux marchandises. Sans doute, ils peuvent être beaucoup plus nombreux; mais, comme nous le disions plus haut, un comptable expérimenté aura vite fait d'en discerner l'utilité et d'en ouvrir d'autres s'il le juge à propos.

La réglure de ces différents registres importe peu. En général, elle est la même que celle du livre de débit que nous donnons plus haut.

Livre auxiliaire concernant la caisse.

Le *livre de caisse* enregistre, dès qu'ils se produisent, les mouvements d'entrée et de sortie des espèces. Ce livre se tient sur double folio, par *doit* et *avoir*, ou par *recettes* et *dépenses*. On inscrit sur le folio de gauche, c'est-à-dire au *Doit*, toutes les recettes effectuées par la maison de commerce; on inscrit sur le folio de droite, c'est-à-dire à l'*Avoir*, toutes les dépenses ou payements occasionnés par les besoins du commerce. Il est nécessaire de *faire la caisse* le plus souvent possible, c'est-à-dire de vérifier si la différence entre les recettes et les dépenses portées sur ce registre concorde exactement avec le montant des espèces existant réellement en caisse. Pour procéder à cette vérification, on additionne, sur feuille volante, la colonne du Doit, puis celle de l'Avoir; la différence entre les deux sommes trouvées doit précisément donner le chiffre des espèces en caisse. Pour ne pas avoir à recommencer ces calculs, on *arrête la caisse* en portant à l'Avoir, sous la rubrique « balance », l'excédent du Doit sur l'Avoir; on tire ensuite un trait, à la même hauteur, au-dessus des totaux égaux des deux colonnes, et on ferme par un double trait. Il ne reste plus qu'à reporter *à nouveau*, au Doit, le solde en caisse.

OPÉRATIONS PORTÉES SUR LE LIVRE AUXILIAIRE DE CAISSE

Le 1 mars.		Solde en caisse, à nouveau............	3 479,25
3	—	Vendu au compt¹ 25 m. de soie, à fr. 5 le m.	125
4	—	Reçu de Cherpitel le montant de s/ fre du 10 février...............	679,10
»	—	Acheté meuble de bureau...........	113
5	—	Acheté au comptant un coupon faille....	168
».	—	Tiré et encaissé un chèque n° 3187 sur le Crédit Lyonnais.............	600
»	—	Payé traite Maillet, échéant ce jour.....	2 800
8	—	Paye hebdomadaire des ouvriers. (Suiv¹ livre spécial).................	337,75
»	—	Encaissé traite Kayser, échéant ce jour...	470
»	—	Payé fournitures de bureau.........	7,40
9	—	Reçu de Loriot, à compte...........	100
»	—	Envoyé à Mention, de Cahors, pour l'aider à payer m/ tte du 15 ct........	150
10	—	Versé à Testa, m/ employé, à valoir sur s/ appointements mensuels.........	100
11	—	Encaissé un chèque, envoyé par Dongé, sur Lazard ff., à Paris........	880
»	—	Reçu de Leblanc, à valoir sur m/ fre du 1 ct.	160
12	—	Prélevé pour m/ dépenses personnelles...	250
13	—	Acheté au comptant 1 coupon velours....	160
15	—	Paye hebdomadaire des ouvriers.......	348,90

Soit à porter ces opérations de caisse au livre auxiliaire spécial, à arrêter la caisse et à reporter le solde à nouveau :

7

LIVRE DE CAISSE

Recettes						Dépenses			
19.. Mars	1		Solde à nouveau	3 479	25	19.. Mars 4	Mobilier . . . . . Achat bureau	113	
	3	March. g^{les}	Vente au comptant	125		5	March. g^{les} . . . Achat au compt^t	168	
	4	Cherpitel	Facture du 10 c^t	679	10	»	Effets à payer . . . Traite Maillet	2 800	
	5	Crédit Lyonn.	Chèque n° 3187	600		8	Main-d'œuvre . . . Paye des ouvriers	337	75
	8	Effets à recev.	Enc^t traite Kayser	470		»	Frais généraux . . Fournitures de bureau	7	40
	9	Loriot	A valoir	100		9	Mention . . . . . . M/ envoi à Cahors	150	
	11	Dongé	S/ chèq. sur Lazard f^r.	880		10	Frais généraux . . A c^{te} appoint^{ts} Testa.	100	
	»	Leblanc	A c^{te} s/ fact. du 1 c^t	160		12	Dép^{ses} personn^{les}. M/ prê!^t	250	
						13	March. g^{les} . . . . Achat au compt^t	160	
						15	Main-d'œuvre . . . Paye des ouvriers	348	90
						15	Balance	2 058	30
				6 493	35			6 493	35
Mars	16		Solde à nouveau	2 058	30				

Comme on peut en juger par l'exemple ci-dessus, la tenue du livre auxiliaire de caisse ne présente aucune difficulté sérieuse.

Pour faciliter le report des écritures de caisse au journal, et pour éviter toute mauvaise interprétation d'une opération, il est toujours bon de faire précéder, sur le registre de caisse, le libellé de l'article de l'intitulé du compte à intervenir.

Petite caisse. — Avec le livre de caisse on tient généralement un autre livre dit « de petite caisse », chargé d'enregistrer les menues dépenses. Les opérations portées sur ce livre ne figurent pas à la comptabilité générale : le comptable se contente, en fin de mois, d'en inscrire le montant au débit de son livre de caisse.

Livre auxiliaire concernant les effets à recevoir.

Le livre des effets à recevoir est un registre sur lequel on prend note de tous les effets actifs que l'on reçoit, pour en constater ensuite la sortie.

Exemples :

J'ai reçu, le 6 mars, d'Honoré, de Paris, son acceptation de fr. 345,20 au 30 avril, en couverture de ma facture de même importance.

Le 10 mars, Félix, de Paris, souscrit à mon ordre un billet de fr. 1 000 payable le 31 mai.

Le 12 mars, Manoury, de Lyon, en payement des marchandises que je lui ai expédiées, m'adresse, après l'avoir endossé, un billet souscrit à son ordre par Legrand, de Tulle, de fr. 122,75, au 30 avril prochain.

Le 15 mars, je tire sur Lambert, à Paris, une traite payable à vue de fr. 1 500.

Le 16 mars, j'encaisse cette dernière traite.

Le 20 avril, je remets à l'escompte, au Crédit Lyonnais, les trois premiers effets.

Étant donnée la réglure que nous avons adoptée, voici comment se présentera notre livre des effets à recevoir, après l'inscription de ces quelques opérations :

LIVRE DES EFFETS A RECEVOIR

Nᵒˢ	DATE D'ENTRÉE ou de création.	SOMME		ÉCHÉANCE	TIRÉ ou souscripteur	SON DOMICILE	CÉDANT	SON DOMICILE	CONCES-SIONNAIRE	DATE DE SORTIE
101	6 mars	315	20	30 avril	Honoré	Paris	1/ m/.	»	Crédit Lyonn.	20 avril
102	10 —	1 000		31 mai	Félix	dᵒ	1/ m/.	»	dᵒ	20 avril
103	12 —	122	75	30 avril	Legrand	Tulle	Manoury	Lyon	dᵒ	20 avril
104	15 —	1 500		Vuo	Lambert	Paris	lui-même	»	Caisse.	16 mars

Nota. — Le cédant n'est pas toujours le tiré ou souscripteur. Un débiteur peut, en effet, se libérer au moyen de billets à ordre souscrits ou de traites acceptées par ses propres débiteurs (V. opération du 12 mars).

Carnet d'échéances actives. — Avec le livre des effets à recevoir on peut tenir un carnet d'échéances actives sur lequel on inscrit, *par ordre d'échéances*, tous les effets à recevoir, au fur et à mesure de leur inscription sur le livre de portefeuille.

Livre auxiliaire concernant les effets à payer.

Le livre des effets à payer est un registre sur lequel on inscrit les effets passifs, billets que l'on souscrit, et traites que l'on accepte.

Exemples :

Le 5 mars, j'accepte une traite de fr. 345,15 au 30 avril, tirée par Ravault, de Saint-Quentin.

Le 8 mars, je souscris à l'ordre de Morand, de Lyon, un billet de fr. 600, payable le 5 juin prochain.

Le 16 mars, je souscris à l'ordre de Léon, à Paris, un billet de fr. 1 400 au 31 mai.

Le 20 mars, Vernes, au Havre, m'avise qu'il dispose sur moi, pour fr. 710,60 au 31 mars, pour solde de sa facture.

Étant donnée la règle que nous avons adoptée, voici comment se présentera notre livre des effets à payer, après l'inscription de ces quelques opérations. Nous supposons payées les sommes à l'échéance du 31 mars et à celle du 30 avril.

LIVRE DES EFFETS A PAYER

Nos	DATE DE CRÉATION ou d'acception.	SOMME		ÉCHÉANCE	TIREUR OU BÉNÉFICIAIRE	DOMICILE	SOMME PAYÉE		OBSERVATIONS	
1	5 mars	345	15	30 avril	Ravault	St-Quentin	345	15	Payé	30-4
2	8 »	600		5 juin	Morand	Lyon				
3	16 »	1 400		31 mai	Léon	Paris				
4	20 »	710	60	31 mars	Vernes	Le Havre	710	60	Payé	31-3

Carnets d'échéances passives. — Avec le livre auxiliaire des Effets à payer on peut tenir un carnet d'échéances passives sur lequel on prend note des effets à payer *par ordre d'échéances*. — Ce carnet est souvent représenté par un agenda.

Livre auxiliaire des « opérations diverses ».

Le livre des Opérations diverses, auquel quelques comptables ont conservé le nom de *brouillard*, est destiné à enregistrer toutes les écritures de première main qui n'ont pu logiquement trouver leur place dans les différents livres que nous venons de passer en revue. C'est ainsi que nous devons principalement y faire figurer : les opérations concernant les profits et pertes, quand ces opérations ne se traduisent pas immédiatement par un mouvement de caisse ; la plupart des redressements de comptes, des contre-passations d'articles erronés ; d'une façon générale, tous les virements entre comptes courants, c'est-à-dire toutes les opérations dans lesquelles n'interviennent pas les comptes généraux ; etc.

Ce livre clôture et complète la série des livres auxiliaires. Le plus souvent, sa réglure est celle du brouillard, que nous connaissons déjà. Lorsqu'il est tenu par le comptable lui-même ou par un commis expérimenté, la réglure que nous préconisons dans nos exercices (page 151) est préférable parce qu'elle facilite davantage le report des écritures au journal.

COMPTABILITÉ GÉNÉRALE

La comptabilité auxiliaire, avons-nous dit, a pour but de noter ou d'enregistrer, dès qu'elles se produisent, les opérations effectuées par un commerçant. La *comptabilité générale*, en transcrivant méthodiquement ces opérations sur d'autres registres, en les groupant par comptes, en réglant, arrêtant et comparant ces comptes, donne au commerçant tous les renseignements qu'il lui est utile de connaître sur la marche de ses affaires et sur la direction qu'il importe de leur imprimer. Les principaux livres qui servent à établir la comptabilité générale sont : le journal, le grand-livre et le livre des inventaires.

JOURNAL

Tout commerçant est tenu, dit le Code de commerce, d'ouvrir un *livre journal* qui présente, jour par jour, ses dettes actives et passives, les opérations de son commerce et généralement tout ce qu'il reçoit et paye à quelque titre que ce soit. Ce livre doit être coté, c'est-à-dire numéroté, parafé et visé soit par un juge au tribunal de commerce, soit par le maire ou son adjoint, dans la forme ordinaire et sans frais.

Le numérotage a pour but d'empêcher la suppression ou l'addition d'un feuillet. Le parafe a pour but d'empêcher la substitution d'un feuillet à un autre. Le visa, formalité qui consiste à mettre sur le premier feuillet la mention que le registre a été vu par l'officier public qui appose sa signature, n'est que la sanction et le complément des précédentes formalités.

Le journal doit être tenu par ordre de dates, sans blancs, lacunes, ni transports en marge. Le commerçant est obligé de le conserver pendant dix ans au moins.

Réglure et rédaction du journal en partie double.

La réglure du journal en partie double ne diffère pas de celle du brouillard que nous avons donnée plus haut. Ce registre est tenu par page, avec une ou deux colonnes de références à gauche et deux colonnes de caisse à droite de la page. Les dates sont inscrites au milieu de la page et les articles séparés par des traits horizontaux.

Toute la méthode en partie double repose sur l'inscription rationnelle des opérations au journal. La rédaction de ce livre a donc une importance capitale, et nous devons nous appliquer à en saisir le mécanisme aussi simple qu'ingénieux.

Nous avons vu que le principe fondamental de la comptabilité en partie double pouvait se résumer dans cet axiome : *Tout compte qui reçoit doit au compte qui fournit ;* c'est-à-dire que dans toute transaction, nous devons rechercher et trouver le compte *débiteur* qui a reçu une valeur, et le compte *créditeur* qui a fourni cette même valeur, attendu qu'il ne peut y avoir de débit sans crédit, et vice versa.

Cette recherche constitue en somme la seule difficulté sérieuse de l'application de la méthode en partie double.

Avant d'inscrire un article au journal il faut se poser les questions suivantes :

1° *Qui est-ce qui reçoit ?* La réponse indique le compte *débiteur*.

2° *Qui est-ce qui fournit ?* La réponse indique le compte *créditeur*.

Exemple :

Soit à passer au journal l'opération suivante :

Vendu à Léon 100 mètres de velours à 3 francs le mètre, soit 300 francs.

Nous nous demanderons :

Qui est-ce qui reçoit ces marchandises ?

La réponse est : *Léon, compte débiteur.*

Qui est-ce qui fournit lesdites marchandises ?

La réponse est : le commerçant, représenté ici par son compte général *Marchandises, compte créditeur.*

Au journal, nous inscrirons cette opération en commençant par l'indication du compte débiteur, puis, sous-entendant le mot « Doit », nous écrirons la préposition *à* suivie de l'indication du compte créditeur.

Pour le cas qui nous occupe, nous aurons donc :

Léon à *Marchandises g^{les}.*

Mais l'article n'est pas encore complet ; il se compose, en

effet, de deux parties distinctes : 1° l'indication des comptes débiteurs et créditeurs; — 2° l'explication et le montant de l'opération.

Nous compléterons donc notre article par la mention claire et concise de la transaction effectuée — afin de nous éviter, le cas échéant, d'avoir recours aux documents commerciaux — et nous porterons dans les colonnes de caisse le prix de vente des marchandises.

Nous aurons alors :

Léon   à *Marchandises g^{les}*.
M/ f^{re} 100 m. velours   300

Nous voyons que la recherche des comptes débiteur et créditeur est facilitée par la nature des questions que nous nous posons, et aussi par ce que nous connaissons du rôle et du jeu de chacun de nos comptes.

Toutefois, lorsqu'il s'agit, non de la transmission d'une valeur, mais d'un gain, d'une perte ou de frais quelconques, c'est-à-dire lorsqu'on doit faire intervenir le compte général de *Profits et Pertes* ou ses subdivisions telles que : *frais généraux, dépenses personnelles, amortissements*, etc., il faut remplacer le questionnaire ci-dessus par celui-ci :

Qui est-ce qui, ou quel compte, supporte cette perte ou ces frais ?

La réponse donne le compte *débiteur*.

Qui est-ce qui, ou quel compte, fournit ou profite de ce gain, de ce bénéfice?

La réponse donne le compte *créditeur*.

Exemple :

Soit à passer au journal l'opération suivante :

Payé un mois d'appointements à mes employés, fr. 600.

Nous nous demanderons :

Quel est le compte qui doit supporter ces frais ?

La réponse est : *Frais généraux*, compte *débiteur*.

Quel compte fournit les espèces?

La réponse est : *Caisse*, compte *créditeur*.

Nous écrirons donc :

Frais généraux   à *Caisse*.

Et, libellant l'article en entier :

Frais généraux à *Caisse.*
App^{ts} à m/ employés.   600

Autre exemple :
Je consens à Antoine, mon client, une réduction de fr. 150 sur le montant de mes factures.

Cette opération constitue pour moi, commerçant, une perte sèche de fr. 150.

Nous nous demanderons :
Quel est le compte qui doit supporter cette perte ?
La réponse est : *Profits et Pertes*, compte *débiteur*.
Quel est le compte qui profite de cette réduction ?
La réponse est : *Antoine*, compte *créditeur*.
Nous écrirons alors, en complétant l'article :

Profits et Pertes à *Antoine.*
Réd^{on} s/ m/ f^{res}.   150

Chaque opération portée au journal peut donner lieu à quatre cas, savoir : 1° un seul compte débiteur pour un seul compte créditeur ; — 2° un seul compte débiteur pour plusieurs comptes créditeurs ; — 3° plusieurs comptes débiteurs pour un seul compte créditeur ; — 4° plusieurs comptes débiteurs pour plusieurs comptes créditeurs.

Dans le *premier cas* on dit que l'article passé au journal est simple ; il est collectif pour les trois autres cas.

Plusieurs opérations similaires, ayant rapport à un même compte général, effectuées le même jour, doivent être réunies en un seul article. Cette réunion se fait ordinairement pour les opérations de caisse (recettes et payements), pour l'entrée et la sortie des effets à recevoir, pour les achats et les ventes de marchandises, etc.

Le formulaire des questions que nous avons posées pour les articles simples ne varie pas pour les articles collectifs.

Exemple du *deuxième cas* :
Nous avons acheté le 24 février les marchandises suivantes :
A André, à Paris, 100 mètres de velours à fr. 4,50 le mètre, soit fr. 450.

A Garrelon, de Nantes, 60 mètres de drap à fr. 8 le mètre, soit fr. 480.

Nous dirons :
Qui est-ce qui reçoit ces marchandises ?
Réponse : Marchandises générales, compte débiteur.
Qui est-ce qui fournit lesdites marchandises ?
Réponse : André et Garrelon, comptes créditeurs.

Nous rédigerons alors au journal notre article dans la forme suivante :

——————————— 24 février ———————————

Marchandises g^{les}   à Divers :
   A *André, de Paris.*
   S/ f^{re} velours. 450
   A *Garrelon, de Nantes.*
   S/ f^{re} drap. 480   930

NOTA. — On remplace quelquefois le mot *Divers* par l'expression *Les suivants*, qui lui est équivalente. Cependant il y a un certain intérêt à conserver le mot « Divers » parce qu'on est obligé de l'employer au grand-livre, lors même qu'on se sert des mots « Les suivants » au journal.

Exemple du *troisième cas* :
Le 24 février également nous versons à Bonnamy, de Paris, 550 francs pour solde de sa facture du 10 courant.

Ce même jour, nous achetons pour 25 fr. 50 de timbres-poste et colis postaux.

Nous nous demanderons pour la première de ces opérations :
Qui est-ce qui reçoit ?
Réponse : *Bonnamy, de Paris, compte débiteur.*
Qui est-ce qui fournit ou paye ?
Réponse : *Caisse, compte créditeur.*
Nous pourrons alors écrire :

——————————— 24 février ———————————

Bonnamy, de Paris   à *Caisse.*
   M/ vers^t espèces 550

Pour la seconde opération où il s'agit de frais occasionnés par les besoins du commerce, nous nous poserons les questions suivantes :

A quel compte doit-on imputer ces frais?
Réponse : aux *Frais généraux, compte débiteur.*
Qui est-ce qui fournit ou paye?
Réponse : *Caisse, compte créditeur.*
Nous pourrons alors écrire :

——————————— 24 février ———————————

Frais généraux   à *Caisse.*
    Achat de timbres-poste et colis post^x . . . 25,50

Pour plus de clarté, nous avons commencé par passer, en deux articles simples, ces deux sorties de caisse faites en un même jour. Dans la pratique, il vaut mieux les réunir pour n'en former qu'un seul article dans la forme suivante :

——————————— 24 février ———————————

Divers   à *Caisse.*
   Bonnamy, de Paris
   M/ vers^t esp 550
   Frais généraux
   Achat timbres-poste et divers. . . 25,50   575,50

Exemple du *quatrième cas :*

L'article « Divers à Divers » n'est pas d'un usage fréquent. La plupart des comptables le tiennent pour embarrassant et obscur, sujet à erreurs, et préfèrent le subdiviser en deux ou plusieurs articles qui rentrent dans les trois premiers cas que nous connaissons. Cependant son usage s'impose lorsque l'on veut centraliser au journal, dans un article collectif, toutes les opérations effectuées en un même jour.

Pour éviter des erreurs ou des confusions, il faut avoir soin d'énumérer d'abord les comptes débiteurs et d'inscrire en regard de chacun d'eux la somme totale qu'ils doivent. Le total du débit est inscrit dans la première colonne de caisse. On énumère ensuite les comptes créditeurs et on porte en face de chacun d'eux la somme totale qui leur est due. Le total du crédit — qui doit nécessairement être égal au total du débit — est inscrit dans la seconde colonne de caisse. Le détail des opérations n'accompagne pas les comptes généraux qui figurent dans l'article, mais seulement les comptes de personnes.

Nous allons prendre notre exemple en fusionnant en un même article les opérations passées à la date du 24 février, et qui nous ont servi d'exemples pour les 2° et 3° cas.

Nous aurons alors, si nous nous conformons aux observations ci-dessus :

─────────────── 24 février ───────────────

Divers à Divers :			
Pour les opérations de ce jour.			
Marchandises g^{les}			
Suiv^t détail au livre aux^{res}			
spécial 930			
Frais généraux			
Suiv^t détail au livre de			
Caisse 25,50			
Bonnamy			
M/ vers^t espèces 550	1 505	50	
à *Caisse.*			
Suiv^t détail à ce livre . . . 575,50			
A *André de Paris.*			
S/ f^{re} velours 450			
A *Garrelon de Nantes.*			
S/ f^{re} de drap 480		1 505	50

Rédaction des articles du journal. Aperçu des principales opérations.

1. *Constitution du Capital.* — L'article initial de toute comptabilité commerciale est la *constitution du Capital.*

Le compte Capital, avons-nous vu, doit être crédité du montant de toutes les valeurs que le commerçant engage dans les affaires ; il doit être débité du montant des dettes contractées par ce commerçant à l'occasion de son établissement.

Exemple :

M. X, qui s'établit commerçant, constitue son apport commercial comme suit ; il apporte :

En marchandises . . . .   fr. 10 000
En espèces 3 000
En mobilier et agencement . . .   2 000
En loyer payé d'avance   600

JOURNAL.

Il doit, suivant lettre de change acceptée par lui à l'ordre de son prédécesseur, une somme de fr. 5 000.

Nous passons d'abord écriture de son actif :

Divers   à *Capital.*
Marchandises g^{les}
  M/ apport marchandises. 10 000
Caisse
  M/ mise en caisse 3 000
Matériel
  Prix d'achat. 2 000
Loyer d'avance
  Payé six mois au pp^{re}.   600   15 600

Nous passons ensuite écriture de son passif.

Capital   à *Effets à payer.*
  M/ accep^{on} au 5 000

Opérations concernant plus spécialement le compte général de Marchandises. — (Report des livres auxiliaires de Marchandises : livres d'achat, de débit, d'avoir, etc.)

Entrée de marchandises en magasin. — Apport marchandises (Voir ex. n° 1).

2. *Achat au comptant.* — Acheté au comptant diverses marchandises pour fr. 600.

Cette opération constitue une simple transformation d'actif. Nous échangeons une valeur espèces contre une valeur marchandises. Il n'y a pas lieu de retenir sur nos livres le nom du vendeur puisque nous le réglons immédiatement. Nous écrirons :

Marchandises g^{les}   à *Caisse.*
  M/ achat au comp^t.   600

3. *Achat à terme.* — Acheté à Collin 250 mètres soie à fr. 5 le mètre, fr. 750.

Nous abordons ici la catégorie des opérations de crédit. Collin, qui a confiance en notre solvabilité, nous livre des marchandises sans en exiger le payement immédiat. Remarquons que notre situation commerciale ne se trouve pas modifiée par cette transaction : notre actif s'est bien augmenté de fr. 750 au

compte Marchandises; mais, par contre, notre passif s'est augmenté de la même somme que nous devons à Collin.
Nous écrirons :

    Marchandises g^{les}   à *Collin.*
        S/ f^{re} 250 m. soie.   750

4. *Achat à terme augmenté de divers frais* — Acheté à Veneziani, de Florence (Italie), un coupon soie au prix de fr. 350. Payé droits d'entrée et frais de transport à ma charge se montant à fr. 45,90.

Nous nous rappelons que c'est au compte Marchandises que doivent être imputés tous les frais accessoires d'achat, et nous libellons au journal notre article comme suit :

    Marchandises g^{les}   à Divers :
        A *Veneziani.*
        S/ f^{re} soie.   350
        A *Caisse.*
        Droits d'entrée et transport   45,90   395,90

5. *Retour de marchandises.* — Berger, notre client, nous retourne 25 mètres de toile à fr. 0,90 le mètre, non conforme à l'échantillon.

Il ne s'agit ici que de l'annulation, en tout ou partie, d'une écriture précédemment portée sur nos livres. Nous avions livré à un de nos clients des marchandises qu'il refuse pour un motif plausible. Nous reprenons nos marchandises et nous contrepassons l'écriture qui constatait la vente par l'article d' « avoir » suivant :

    Marchandises g^{les}   à *Berger.*
        S/ avoir sur f^{re} du.   22,50

Sortie de marchandises du magasin. — 6. *Vente au comptant.* — Vendu au comptant 100 mètres velours à fr. 6,50 le mètre, fr. 650.

Toute vente de marchandises constitue, non pas seulement une transformation de capitaux (marchandises contre espèces, créances ou effets de commerce), mais enregistre encore un bénéfice acquis. Le prix de vente se compose, en effet, de deux

éléments : 1° le prix d'achat ou de revient des marchandises;
— 2° le bénéfice du commerçant.

D'où il ressort que nous pourrions passer toute opération de vente en deux parties : 1° faire la sortie des marchandises au prix d'achat ou de revient; — 2° porter immédiatement au compte Profits le bénéfice acquis par suite de cette vente.

Dans la pratique on n'opère pas ainsi et l'on se contente de passer au crédit du compte Marchandises le total de la vente. Nous nous bornons pour l'instant à cette simple observation sur un sujet des plus importants et qui divise d'excellents esprits. Nous le reprendrons plus tard, lorsque nous donnerons notre opinion sur la permanence de l'inventaire.

Pour le cas qui nous occupe, nous nous conformerons à la pratique courante. Remarquons que pour la vente au comptant on peut se dispenser de noter le nom de l'acheteur puisqu'il a payé de suite les marchandises qui lui ont été livrées. Nous écrirons donc :

  Caisse   à *Marchandises g^{les}*.
   Vte c^t 100 m. velours 650

7. *Vente à terme.* — Vendu le même jour :

A Tellier, de Nîmes, 3 douzaines parapluies à fr. 55 la douzaine, fr. 165.

A Roch, de Besançon, 250 mètres flanelle à fr. 1,50 le mètre, fr. 375.

Ici c'est nous, commerçant, qui faisons crédit à Tellier et à Roch dont nous connaissons la bonne réputation commerciale, ou sur le compte desquels nous avons pris de suffisants renseignements. Sous le bénéfice des observations que nous avons déjà faites à propos des ventes au comptant, nous passons écriture :

  Divers   à *Marchandises g^{les}*.
   Tellier
  M/ f^{re} 3 dz. parapl 165
   Roch
  M/ f^{re} 250 m. flanelle 375 540

En terminant les principaux articles tirés des livres auxiliaires de marchandises, nous ferons remarquer que le commerçant doit toujours ouvrir un compte sur ses livres aux clients et aux fournisseurs avec lesquels il opère à crédit. Cela doit être un principe absolu pour un comptable sérieux, surtout pour les ventes à terme. Nous n'admettons donc pas, pour notre part, les articles que donnent en exemple nombre de traités de comptabilité, tels que :

    Marchandises générales   à *Effets à payer*
pour un achat de marchandises en retour d'une acceptation,
ou   *Effets à recevoir*   à *Marchandises générales*
pour une vente à terme réglée immédiatement par une traite.

Il faut toujours faire intervenir le nom du fournisseur ou celui du client.

Opérations concernant plus spécialement le compte de Caisse. — (Report du livre auxiliaire de Caisse.)

Entrée d'espèces en caisse (recettes). — Apport d'espèces (voir exemple n° 1).

Vente au comptant (voir exemple n° 6).

8. *Versement d'un débiteur.* — Tellier nous règle en espèces n/ f^{re} du... soit fr. 165.

    Caisse   à *Tellier.*
        S/ vers^t espèces.   165

9. *Encaissement d'un chèque tiré sur n/ banquier.* — Nous tirons sur Vernes et Cie, n/ banquiers, un chèque de fr. 500, que n/ encaissons ce jour.

Le chèque qui, en d'autres circonstances que nous examinerons, peut être considéré comme un effet à recevoir au point de vue comptable, n'est ici qu'un bon de caisse destiné à retirer les fonds déposés chez un banquier. C'est donc le compte de Caisse que nous faisons jouer.

    Caisse   à *Vernes et Cie.*
        Enc^t de m/ ch/ n°.   500

10. *Encaissement d'un chèque reçu en payement.* — En cou-

verture de n/ facture, Roch n/ adresse un chèque de fr. 375 sur le Crédit Lyonnais, que n/ encaissons immédiatement.

Nous pouvons considérer le règlement de Roch comme une simple recette, puisqu'il nous est loisible, sans grand dérangement, de convertir son chèque en espèces. Nous écrirons :

<blockquote>
Caisse   à *Roch.*
 Enc^t de s/ ch/ s/ le C^t Lyonnais 375
</blockquote>

Nota. — Nous passerions la même écriture si Roch nous avait adressé un mandat-poste.

11. Encaissement d'un effet à recevoir. — Encaissé chez Martin, n/ client, une traite acceptée de fr. 650, échéant ce jour.

L'encaissement d'un effet de commerce est une simple transformation d'actif. Nous possédions, dans notre portefeuille, une valeur de 650 francs représentée par une traite venant à échéance. Nous échangeons cette valeur contre une valeur équivalente espèces. Le tiré n'a pas à intervenir sur nos livres pour cette opération. Nous passons écriture :

<blockquote>
Caisse   à *Effets à recevoir.*
 Enc^t de m/ t^{te} échéant ce jour. 650
</blockquote>

12. Encaissement d'un profit. — X, notre client failli qui est en instance de réhabilitation, nous verse le montant intégral de sa dette, soit fr. 775.

Il s'agit ici d'une créance que nous avions jugée perdue, et que nous avions fait disparaître de nos livres. Nous devons considérer comme un profit cette rentrée imprévue. Nous écrirons :

<blockquote>
Caisse   à *Profits et Pertes.*
 Recouvrement de m/ créance sur X. 775
</blockquote>

Sortie d'espèces de la caisse. — Achat au comptant (v. exemple n° 2).

13. Payement d'une facture. — Payé à G. Mathieu le montant de s/ f^{re} du... 800 francs.

<blockquote>
G. *Mathieu*   à *Caisse.*
 M/ vers^t esp. p^r solde de s/ f^{re} du. 800
</blockquote>

14. Payement d'une facture sous déduction d'escompte. — Payé à Robert 388 francs pour solde de s/f^{re} du... de fr. 400, sur laquelle il nous consent un escompte de 3 pour 100, soit fr. 12 pour payement anticipé.

Les 12 francs d'escompte constituent pour nous un profit. Ils doivent donc se trouver au crédit de Profits et Pertes. Nous libellons l'article :

Robert   à Divers :
 A *Caisse.*
 M/ vers^t esp. p^r solde f^{re}. 388
 A *Profits et Pertes.*
 Esc/ 3 % sur s/ f^{re}. 12   400

15. *Envoi de fonds pour aider au payement d'une traite.* — Nous adressons par la poste à Mme Sorin, de Nancy, fr. 200 pour l'aider à payer n/traite de fr. 500, échéant fin courant. Frais d'envoi et de retraite, fr. 5.

Mme Sorin nous doit non seulement les 200 francs que nous lui avons envoyés pour l'obliger, mais encore nos déboursés à la poste, ainsi que les frais de négociation de la nouvelle traite (ou retraite) que nous tirerons sur elle pour nous couvrir de cet envoi. Nous devons porter en profit les 5 francs, que nous considérerons, lorsque nous les payerons à la poste et au banquier, comme perte. Nous écrirons :

Mme Sorin   à Divers :
 A *Caisse.*
 M/ envoi fonds p^r la poste. 200
 A *Profits et Pertes.*
 Frais d'envoi et de retraite. 5   205

NOTA. — Pour cet article et pour le précédent, c'est du livre auxiliaire des Opérations diverses que nous reportons ce qui concerne le compte Profits et Pertes.

16. *Achat au comptant de titres et d'immeuble.* — Acheté un immeuble situé... conformément à l'acte d'achat passé devant M^e X, not^{re}, fr. 18160,50.

Ce même jour, acheté par l'intermédiaire de Laurent, ag^t de change, 300 francs rente 3 pour 100 au cours de 101,60, soit, avec les frais, fr. 10170,70.

Il est assez rare qu'un commerçant fasse figurer dans son

actif commercial les titres, terres ou immeubles qu'il possède. Il n'y a guère que les sociétés, où la propriété est collective, qui agissent ainsi. Quoi qu'il en soit, nous devons ouvrir un compte à Immeuble et à Portefeuille valeurs mobilières. Nous transcrirons au journal :

  Divers   à *Caisse.*
    Immeubles
  Achat suiv^t contrat, etc. 18 160,50
    Portefeuille valeurs mobilières
  Achat 300 fr. r. 3%. 10 170,70   28 331,20

NOTA. — Pour les loyers perçus par suite de la location de nos immeubles et les coupons détachés de nos titres, nous pouvons, soit en porter le montant au crédit du compte de Profits et Pertes, soit, pour plus de clarté, ouvrir sur nos livres deux nouvelles subdivisions du compte Profits et Pertes qui seront intitulées, par exemple : *Loyers perçus* et *Intérêts du portefeuille.*

17. *Achat de mobilier et matériel.* — Acheté au comptant pour nos bureaux trois casiers en chêne pour fr. 60.

  Matériel   à *Caisse.*
    Acheté trois casiers chêne   60

N'oublions pas que le compte Matériel ou Mobilier, de même que les comptes Immeubles, Outillage industriel, Machines, etc., qui font partie de la catégorie des « valeurs immobilisées », sont susceptibles d'amortissement à chaque inventaire.

18. *Payement de frais de premier établissement.* — Payé à M. X, architecte, pour installation de nos locaux commerciaux, son mémoire se montant à fr. 2 875.

Nous pourrions porter immédiatement à Frais généraux le montant de ce mémoire ; mais pour ne pas faire supporter à un seul exercice des frais aussi considérables, nous ouvrirons un compte Frais de premier établissement que nous amortirons tous les ans d'un tantième pour cent. Nous passons écriture :

  Frais de premier établissement   à *Caisse.*
    Payé mémoire de l'architecte. 2 875

19. *Payement d'intérêts divers.* — Payé à Vernes et Cie, nos banquiers, savoir :

Agio sur bordereau d'escompte remis le...   16,50
Intérêts en leur faveur sur c^{te} c^t arrêté ce jour...   24,75
Nous écrivons :

Profits et Pertes   à Caisse.
  Agio s/ remise à l'escompte.   16,50
  Int^س s/ c^{te} c^t.   24,75   41,25

20. *Menus frais.* — Remboursé à X, notre employé, les dépenses de petite caisse pour le mois (timbres, voitures, omnibus, pourboires, éclairage, etc.), fr. 56,50.

Frais généraux   à *Caisse.*
  Menus frais du mois suivant détail au livre de
   petite caisse.   56,50

21. *Employés, main-d'œuvre, loyer, prélèvements personnels.*
— Nous payons ce jour :
A nos employés un mois échu d'appointements. . . . fr. 750
A nos ouvriers leur quinzaine suivant relevé   510,25
Au propriétaire un terme de loyer.   419,75
Nous prélevons pour nos besoins personnels.   600
  Nous passons l'article :

Divers   à *Caisse.*
  Frais généraux
  Payé un mois à m/ employés.   750
  Payé trois mois au pp^{re}. . . .   419,75   1 169,75
   Main-d'œuvre
  Payé quinzaine aux ouvriers. .   510,25
   Dépenses personnelles
  M/ prélèvement.   600   2 280

22. *Payement d'un effet à payer.* — Nous payons à la Banque de France le montant d'une traite échéant ce jour, tirée sur nous par Bloch et Cie, en couverture de l/f^{re}, fr. 1 000.

Cette opération constitue encore un simple déplacement de capitaux. Notre passif était grevé d'une somme de fr. 1 000, montant de l'engagement pris envers Bloch et Cie. Nous éteignons cette dette en diminuant notre actif espèces d'une même somme. Le tireur ne doit donc pas intervenir dans cette écriture. Nous libellons :

 Effets à payer   à *Caisse.*
  Payement de m/ acceptation n°. 1 000

Opérations concernant plus spécialement le compte des Effets à recevoir. — (Report du livre auxiliaire des Effets à recevoir.)

 Entrée des effets en portefeuille. — 23. *Traite et billet à ordre.* — Pour nous couvrir de n/ fre du... nous disposons sur Lepage, au Havre, en une traite de fr. 340,50 à fin prochain. Ce même jour, Mouchette n/ adresse pour solde de compte un billet souscrit à n/ ordre de fr. 210, au... Nous passons écriture :

 Effets à recevoir   à Divers :
  A *Lepage.*
  M/ traite à fin prochain 340,50
  A *Mouchette.*
  S/ billet à o/ au. 210   550,50

<small>Nota. — L'article ne varie pas si, au lieu d'être tireur ou bénéficiaire, nous sommes endosseur, c'est-à-dire si notre débiteur nous paye au moyen d'un effet tiré de son propre portefeuille d'Effets à recevoir ou d'un *warrant* endossé à notre ordre.</small>

 24. *Entrée de chèques.* — Contet, de Saint-Quentin, nous adresse le montant de n/fre du... en un chèque payable à la succursale de la Banque de France à Saint-Quentin, fr. 150.

 Nous avons vu que nous pouvions considérer le chèque comme espèces lorsqu'il est possible de le convertir instantanément en monnaie (ex. n° 9). Ici, il est évident que nous ne nous rendrons pas à Saint-Quentin pour en faire l'encaissement. Notre intention est de le faire figurer dans une remise à notre banquier ou de le donner en payement à un de nos créanciers; aussi en ferons-nous l'inscription sur notre livre auxiliaire des Effets à recevoir, et nous passons l'article :

 Effets à recevoir   à *Contet.*
  S/ ch/ s/ St-Quentin 150

<small>Nota. — En certains cas on peut même faire figurer comme Effets à recevoir les factures acquittées, par exemple lorsqu'on les remet d'avance au banquier qui est chargé d'en faire l'encaissement.</small>

Sortie des effets du portefeuille. — *Encaissement d'un effet à l'échéance* (voir exemple n° 11).

25. *Négociation à un banquier.* — Nous remettons à l'escompte au Crédit Lyonnais un bordereau, dont détail au copie de lettres, se montant à fr. 4758,25.

Nous écrivons :

   Crédit Lyonnais   à *Effets à recevoir.*
     M/ bordereau d'escompte dont détail au copie
     de lettres.   4758,25

26. *Remise d'un effet en payement.* — Nous adressons en compte, à G. Léon, de Royan, une traite sur Lepage, du Havre, que n/ endossons à son o/, de fr. 340,50.

   G. Léon, de Royan   à *Effets à recevoir.*
     M/ remise Le Havre   340,50

27. *Annulation d'un effet en portefeuille.* — Apprenant la faillite de Monmarché, de Blois, nous annulons son acceptation en portefeuille de fr. 450.

   Monmarché   à *Effets à recevoir.*
     Annulation de s/ acceptation au.   450

28. *Remise d'un chèque sur notre banquier.* — Nous envoyons à André Dubois un chèque que n/ tirons sur le Crédit Lyonnais, n/ banquier, du montant de s/ f^{re} du..., soit fr. 375,25.

Nous passons écriture :

   André Dubois   à *Crédit Lyonnais.*
     Envoi de m/ chèque n° 424.   375,25

Remarque : Pratiquement, cette opération se passe ainsi. Théoriquement, on peut la scinder et faire intervenir le compte Effets à recevoir. Nous aurons alors un premier article pour la création du chèque, que nous inscrirons sur notre livre des Effets à recevoir :

   Effets à recevoir   à *Crédit Lyonnais.*
     Ch/ n° 424.   375,25

et un second article pour l'envoi que nous en faisons à Dubois :

   André Dubois   à *Effets à recevoir.*
     M/ envoi ch/ n° 424.   375,25

29. *Annulation d'un effet passé à un tiers.* — Vilu, du Havre, désireux de nous régler à son prochain passage à Paris, nous prie de retirer la traite tirée sur lui que nous avions négociée au Crédit Lyonnais.

Nous libellons l'article :

   Vitu, au Havre   à *Crédit Lyonnais.*
      Annul/ de m/t^{te} passée au Crédit Lyonn. . .   250

REMARQUE : Théoriquement, nous pourrions scinder l'article et écrire :

   Effets à recevoir   à *Crédit Lyonnais.*
      Retrait d'un effet sur Le Havre   250
   Vitu   à *Effets à recevoir.*
      Annulation de m/ t^{te} s/ Le Havre.   250

NOTA. — Ces deux derniers articles (ex. 28 et 29), qui ne sont que des virements entre comptes personnels, sont extraits du livre des *Opérations diverses.* Nous les avons néanmoins laissés figurer à cette place parce qu'ils intéressent plus spécialement le compte Effets à recevoir.

Opérations concernant plus spécialement le compte des Effets à payer. — (Report du livre auxiliaire des Effets à payer.)

Engagements pris par le commerçant. — 30. *Acceptation d'une traite.* — Nous acceptons une traite tirée par Gavignet en couverture de s/f^{re} du... se montant à fr. 335,50.

   Gavignet   à *Effets à payer.*
      M/ acceptation au   335,50

NOTA. — Même écriture si, au lieu d'accepter une traite, nous souscrivions un effet à l'ordre de Gavignet.

Payement des engagements. — Payement d'un effet à payer (voir exemple n° 22).

Opérations relatives aux pertes, rabais, commissions, amortissements, escomptes, bénéfices, virements, contre-passements, etc. — (Report du livre auxiliaire des Opérations diverses.)

Pertes. — **31.** *Rabais, escomptes.* — Nous consentons à Ricquier, notre client, un rabais de fr. 40 sur n/fre du... pour retard dans l'expédition.

Profits et Pertes   à *Ricquier.*
    Rabais s/ fre du   40

32. *Agio.* — Le Crédit Lyonnais n/avise qu'il n/débite de fr. 19,40, montant de l'agio sur notre dernière remise à l'escompte.

Profits et Pertes   à *Crédit Lyonnais.*
    Agio s/ n/ rem. à l'escompte du   19,40

33. *Amortissement.* — Nous amortissons de 10 pour 100 notre outillage évalué au dernier inventaire à fr. 1 680; et de 5 pour 100 notre matériel évalué à fr. 3 400 sur nos livres.

Profits et Pertes   à Divers :
    A *Outillage industriel.*
    Amortissement 10 %.   168
    A *Matériel.*
    Amort^t 5 %.   170   338

34. *Faillite.* — La liquidation judiciaire de Vincent, qui nous devait 370 fr. 50, est terminée. Le liquidateur n/avise qu'elle donne en tout un dividende de 10 pour 100.

Si nous ne recevons que 10 pour 100 de dividende, il nous faut enregistrer une perte sèche de 90 pour 100 de n/créance, soit 333 fr. 45.

Nous passons écriture :

Profits et Pertes   à *Vincent.*
    90 % perte s/ m/ créance   333,45

35. *Compte de commissions.* — Arrêté ce jour le compte de commissions de Lambert, n/ voyageur, se montant à fr. 468,25.

Profits et Pertes   à *Lambert m/ voyageur.*
    S/ c^{te} de comm^{ons} arrêté ce jour   468,25

Profits. — 30. *Escompte sur facture.* — Pauly nous consent un escompte de 5 pour 100 s/s/f^{re} du... de fr. 500, soit 25 francs.

 Pauly   à *Profits et Pertes.*
  5 % esc/ sur s/ f^{re}   25

37. *Commission ou courtage sur achat ou vente pour le compte de tiers.* — Nous plaçons pour le compte de la maison Bargues, de Bordeaux, 3 fûts de vin à fr. 200. Commission de vente 10 pour 100 soit 60 francs.

 Bargues   à *Profits et Pertes.*
  C^{on} 10 % s/ vente trois fûts.   60

Virements entre comptes courants (voir exemples n°s 28 et 29), *contre-passements, rectifications* (voir pages 130 et suivantes).

Nota. — Le compte Profits et Pertes peut toujours être remplacé, suivant le cas, par une des nombreuses subdivisions dont il est susceptible, telles que : *Escomptes et rabais, agio, amortissement, commissions,* etc.

GRAND-LIVRE

Nous savons déjà, par ce qu'il nous en a été dit plus haut, que le grand-livre, qu'on appelle encore *livre d'extraits* ou *livre de raison*, n'est autre chose que le recueil de tous les comptes, qu'ils soient ouverts aux personnes ou aux valeurs.

Les opérations inscrites sur les livres auxiliaires et reportées au journal sont classées dans l'ordre chronologique : il s'agit maintenant de les rassembler au grand-livre dans des groupements logiques, c'est-à-dire par comptes. Cette façon de procéder permettra au commerçant de connaître rapidement sa situation à l'égard des tiers, ainsi que des transformations subies par les valeurs qu'il a engagées dans le commerce.

Les opérations inscrites au grand-livre sont généralement reportées du livre-journal. Nous avons vu qu'il fallait raisonner, et raisonner juste, pour rédiger les écritures du journal; ici rien de pareil, le report se fait, pour ainsi dire, mécaniquement, et il n'est besoin que d'y apporter de l'ordre et de l'attention.

Disposition du grand-livre. — Le grand-livre est réglé sur deux pages placées en face l'une de l'autre et formant un folio. (On se sert quelquefois d'une seule page partagée par un fort trait vertical.) Le nom du compte ouvert est écrit en grosses lettres au milieu du folio. A gauche, et au sommet de la page gauche, on inscrit le mot *Doit*, ce qui signifie que sur cette page figurera le débit du compte ; à droite, et au sommet de la page droite, on inscrit le mot *Avoir*, ce qui signifie que sur cette page figurera le crédit du compte.

La page du débit au grand-livre contient : 1° une colonne pour indiquer la date de l'opération ; — 2° une colonne pour indiquer le nom du créancier, et quelquefois la nature de l'opération ; — 3° une colonne de références pour marquer le numéro de la page du journal d'où a été tiré l'article qu'il s'agit de reporter ; — 4° une colonne de caisse pour inscrire la somme.

La même disposition se retrouve au crédit, sauf, bien entendu, qu'on y porte le nom du débiteur à la deuxième colonne.

Exemple :

CAISSE

Doit					Avoir			
Juin.	11	à Schwab.	4	2 250	Juin.	15	par Georges.	5	2 000
	17	à Métaux.	6	150					

Report des articles du journal au grand-livre.

Pour reporter un article du journal au grand-livre, si l'article est simple, c'est-à-dire s'il ne comporte qu'un débiteur et un créancier, on se reporte d'abord au folio du grand-livre sur lequel est ouvert le compte débiteur. Si ce compte ne figure pas encore sur nos écritures, il faut l'*ouvrir*, c'est-à-dire lui attribuer un folio sur lequel on l'inscrira. Ayant le grand-livre ouvert au folio du compte débiteur, on inscrit *au débit :* 1° la date de l'opération ; — 2° le nom du créancier précédé de la préposition *à*, ce qui signifie que le compte *doit* à ce créancier ; — 3° le folio du journal d'où l'article a été tiré ; — 4° la somme.

On se reporte ensuite au folio du grand-livre sur lequel se trouve le compte créancier et on inscrit au *crédit* de ce compte : 1° la date ; — 2° le nom du débiteur précédé de la préposition *par*, ce qui signifie *il est dû* par ce débiteur ; — 3° le folio du journal ; — 4° la somme.

Lorsque, dans un article collectif, il y a un seul débiteur pour plusieurs créanciers, on commence également par le compte débiteur, que l'on débite en une seule fois de la totalité des sommes qu'il doit à divers ; on continue ensuite par chacun des comptes créanciers, que l'on crédite des sommes qui leur sont particulièrement dues.

Lorsque, dans un article collectif, il y a un seul créancier pour plusieurs débiteurs, comme le compte créancier est le premier énoncé quand on lit l'article, c'est par lui que l'on commence, et on le crédite en une seule fois de la totalité des sommes qui lui sont dues par divers. On continue par chacun des comptes débiteurs, que l'on débite des sommes qu'ils doivent particulièrement.

Toutes les fois que l'on reporte un compte au grand-livre, il faut, dans la colonne de références qui se trouve à l'extrême gauche du journal, inscrire le folio du compte reporté au grand-livre.

REMARQUE. On ne doit extraire du journal, pour les reporter au grand-livre, que les renseignements indispensables : il est donc d'usage de n'inscrire dans la seconde colonne, la colonne du libellé, que le nom du débiteur ou celui du créancier, ce qui, la plupart du temps, suffit à désigner l'opération engagée. Néanmoins, pour certains comptes spéciaux qui ont plus particulièrement besoin d'être surveillés, comme les comptes de *Profits et Pertes* et *Frais généraux*, nous conseillons de faire suivre le nom du compte débiteur ou créancier d'une brève indication qui renseigne clairement sur la nature de la dépense, de la perte ou du profit. Il est aussi très utile d'inscrire l'échéance des effets de commerce afin qu'en consultant le compte courant d'un client on puisse se rendre compte s'il a fait, ou non, honneur à tous ses engagements.

Répertoire. — Pour éviter les recherches, on a soin de dresser un répertoire ou table alphabétique de tous les comptes ouverts au grand-livre. Chaque lettre, suivant son importance ordinaire, occupe un certain nombre de pages et ressort à la tranche au moyen d'un onglet.

La plupart des teneurs de livres, pour ne pas être obligés de s'arrêter à consulter leur répertoire à chaque compte, inscrivent à l'avance, dans la colonne spéciale du journal, les folios des comptes qu'ils doivent reporter sur leur grand-livre; pour éviter les erreurs, omissions ou doubles emplois, ils pointent alors, au fur et à mesure, chaque compte reporté.

Exemple. — Soit à reporter au grand-livre les articles suivants du journal :

	——— 10 avril 19.. ———					
15	*Caisse*	à *Marchandises* g^{les}.				
3	Vente au comptant 100 m. soie à 2,50 le m.		250	»	250	»
	12 d°					
3	*Marchandises* g^{les}	à *Billarant.*				
135	S/ f^{re}, 250 m. lainage à 2,50 le m.		625	»	625	»
	d°					
155	*Billarant*	à *Divers :*				
15	A *Caisse.*					
	M/ vers^t espèces		125	»		
27	A *Effets a payer.*					
	M/ acceptation fin mai.		500	»	625	»
	——— 13 d° ———					
3	*Divers*	à *Marchandises* g^{les}.				
139	*Albert*					
	M/ f^{re}, 50 m. velours à 2,25. . . .		112	50		
143	*De Castro*					
	M/ f^{re}, 15 m. soie à 3,25		48	75	161	25
	15 d°					
24	*Effets à recevoir*	à *Divers :*				
139	A *Albert.*					
	M/ traite fin mai		112	50		
143	A *de Castro.*					
	M/ traite fin juin		48	75	161	25

Doit			F° 3.			Marchandises générales.				Avoir	
19.. avril	12	A Billarant.		10	625	»	19.. avril	10	Par Caisse.	10	250	»
								13	Par Divers,	»	161	25

			F° 15.			Caisse.					
19.. avril	10	A March. g^{les}.		10	250	»	19.. avril	12	Par Billarant.	10	125	»

			F° 24.			Effets à recevoir.					
19.. avril	15	A Divers.		10	161	25						

			F° 27.			Effets à payer.					
							19.. avril	12	Par Billarant.	10	500	»

			F° 139.			Albert.					
19.. avril	13	A March. g^{les}.		10	112	50	19.. avril	15	Par Eff. à recev. fin mai.	10	112	50

			F° 143.			De Castro.					
19.. avril	13	A March. g^{les}.		10	48	75	19.. avril	10	Par Eff. à recev. fin juin.	10	48	75

			F° 155.			Billarant.					
19.. avril	12	A Divers.		10	625	»	19 . avril	12	Par March. g^{les}.	10	625	»

Grand-livre à double colonne de caisse. — Depuis quelques années on se sert dans le commerce d'un grand-livre qui comporte deux colonnes de caisse : les sommes sont portées dans la première et totalisées, à la fin de chaque mois, dans la seconde. Cette disposition facilite la vérification mensuelle des écritures et permet de comparer plus rapidement le total du débit et celui du crédit.

Applications ou rencontres. — Dans les comptes des clients ou des fournisseurs, et dans quelques-uns des comptes généraux, une ou plusieurs sommes portées au débit doivent nécessairement correspondre à une ou plusieurs sommes portées au crédit, ou vice versa. C'est ainsi que lorsqu'un client a, dans un même mois, réglé tout ou partie de ses factures en différentes fois et de différentes façons, il y a intérêt pour le commerçant à pouvoir constater d'un simple coup d'œil à quelles factures doivent s'appliquer les règlements enregistrés, et quelles sont les factures qui restent à régler. Cette application d'un ou plusieurs débits à un ou plusieurs crédits, ou inversement, peut se constater au moyen d'un point placé devant les sommes qui se rencontrent et se soldent, tant au débit qu'au crédit. Il est cependant préférable d'employer certains signes conventionnels, par exemple les lettres de l'alphabet placées dans leur ordre habituel, pour désigner la succession des sommes qui doivent rencontrer leur application du côté opposé du compte. (V. tableau p. 127, *Grand-livre à double colonne de caisse avec rencontres alphabétiques.*)

Balance de vérification.

Nous venons de constater que lorsqu'on reporte au grand-livre un article quelconque du journal qui comprend, pour une même somme, un ou plusieurs comptes débiteurs contre un ou plusieurs comptes créanciers, cette somme est portée, en totalité ou en fractions, deux fois au grand-livre : une fois au débit d'un ou plusieurs comptes, une seconde fois au crédit d'un ou plusieurs autres comptes.

Par exemple, si je considère l'article suivant :

Divers   à *Caisse.*
   Loriot, de Paris, m/ vers^t. 3 000
   Testa, de Nantes,   d° 1 000   4 000

GRAND-LIVRE A DOUBLE COLONNE DE CAISSE AVEC RENCONTRES ALPHABÉTIQUES

Doit — Hattat, à Paris. — Avoir

19..								19..						
Févr.	10	A March. g^les	a	137	2 413	15		Févr.	16	Par Caisse......	b	147	160	»
	13	A d°	b	143	160	»			29	Par d°	a	165	1 000	»
	21	A d°	c	158	1 410	90	3 983 35		»	Par Eff. à recev. fin mars......	a	166	1 413	15	2 373 15
Mars.	4	A d° ...	d	180	348	95		Mars.	2	Par March. g^les (retour fin fév.) ...	c	175	320	50
	18	A d°	e	199	768	10	1 117 05		5	Par Caisse......	d	181	348	95
									6	Par Eff. à recev. fin avril......	c	183	1 089	70
									24	Par Eff. à recev. fin mai........	e	206	768	10	2 327 25

J'inscrirai 4000 francs au débit et 4000 francs au crédit sur mon grand-livre, savoir : au débit, 3000 francs au compte Loriot et 1000 francs au compte Testa; au crédit, 4000 francs au compte de Caisse.

Il résulte de cette façon de procéder, spéciale à la comptabilité en partie double, qu'au grand-livre le total de tous les débits doit être égal au total de tous les crédits, et ce total commun doit encore être égal au total du journal.

La balance de vérification a pour objet de constater cette triple égalité, c'est-à-dire de démontrer que tous les articles inscrits au journal ont été fidèlement reportés au grand-livre. Elle n'est autre chose qu'un relevé, suivant l'ordre des folios, de tous les comptes du grand-livre, soldés ou non soldés.

BALANCE DE VÉRIFICATION AU 30 AVRIL 19..

FOLIOS	COMPTES	SOMMES		SOLDES	
		DÉBIT	CRÉDIT	DÉBITEURS	CRÉDITEURS
1	Capital........	»	22 536 90	»	22 536 90
3	Marchandises g^les..	30 372 »	17 958 95	12 413 05	»
7	Caisse.........	25 434 25	23 250 15	2 184 10	»
9	Effets à recevoir...	19 635 »	14 762 20	4 872 80	»
15	Effets à payer	3 449 75	11 360 10	»	7 910 35
17	Matériel	7 860 »	»	7 860 »	»
20	Profits et pertes...	129 20	345 15	»	215 95
21	Frais généraux....	1 425 30	»	1 425 30	»
27	Frais de maison...	2 003 10	»	2 003 10	»
29	Laporte, à Paris...	1 000 »	3 123 15	»	2 123 15
31	Société générale...	3 435 15	2 113 10	1 322 05	»
35	Bonvallet, au Mans..	2 113 20	4 944 15	»	2 830 95
40	Carpentier, à Lille..	3 000 »	3 000 »	»	»
43	Banlande, à Paris...	4 305 15	4 305 15	»	»
49	Gavignol, à Paris...	1 805 20	1 305 20	500 »	»
60	Divers débiteurs...	8 471 15	5 434 25	3 036 90	»
		114 438 45	114 438 45	35 617 30	35 617 30

En plus du contrôle des écritures, la balance de vérification est susceptible de fournir quelques indications utiles sur la marche de certains comptes.

Elle permet de constater la régularité des livres auxiliaires de la Caisse, des Effets à recevoir, des Effets à payer qui doivent être en concordance avec les comptes ouverts à ces valeurs au grand livre. Le compte de Profits et Pertes et ses subdivisions telles que : Frais généraux, Main-d'œuvre, Personnel, Frais de maison, etc., donnent un état exact des frais, dépenses et pertes occasionnés par le commerce durant l'exercice. Le compte de Marchandises donne à son débit, si l'on en retranche la valeur des marchandises estimées au dernier inventaire, le chiffre des marchandises achetées pendant l'exercice courant; à son crédit le montant des ventes, c'est-à-dire le chiffre d'affaires. Enfin, il y a toujours intérêt pour le commerçant à consulter les comptes ouverts aux clients et aux fournisseurs et à constater, s'il y a lieu, le solde créditeur de ceux-ci et le solde débiteur de ceux-là.

Pointage. — Lorsque la balance de vérification est exacte, c'est-à-dire lorsque le total des sommes inscrites au débit du grand-livre est égal au total des sommes inscrites à son crédit et que, d'autre part, l'addition du journal donne le même résultat, il est à peu près certain, sauf une erreur de compensation, très rare heureusement, que les écritures ont été fidèlement reportées du journal au grand-livre.

Si cette concordance n'existe pas, au contraire, c'est qu'il s'est glissé dans le report des écritures, soit des erreurs, soit des omissions ou des doubles emplois qu'il s'agit de rechercher. Pour les découvrir on a recours au pointage, opération pour laquelle il convient d'être au moins deux : tandis que l'un appelle à voix haute tous les articles portés au journal depuis la dernière balance, en ayant soin d'indiquer le folio au grand-livre de chaque compte, l'autre, qui tient le grand-livre, met un point à côté de chaque somme vérifiée; de là le nom de pointage.

Balance de vérification par soldes. — Dans certaines maisons où les comptes courants sont très nombreux, quelques comptables, pour gagner du temps, font la balance par soldes, c'est-à-dire qu'ils ne relèvent au grand-livre que les comptes *non soldés*, les comptes soldés n'ayant plus beaucoup d'importance. Cette façon d'opérer a l'avantage d'abréger le contrôle des écritures, mais offre l'inconvénient d'une vérification incomplète. En effet, le total du débit est bien égal au total du crédit, mais ce total commun ne peut plus se comparer au total du journal. En suivant cette méthode on peut, par exemple, oublier de reporter tout un article au grand-livre sans que la balance attire l'attention sur cette omission.

Chiffrier. — Le pointage est une opération parfois assez compliquée et surtout très longue. Pour éviter les erreurs de reports au grand-livre on a imaginé, depuis quelques années, de créer un petit cahier tenu, comme le grand-livre, par débit et crédit, mais qui ne possède que la colonne de caisse. Chaque jour, après avoir reporté les écritures au grand-livre, on feuillette ce registre et on inscrit sur le chiffrier toutes les sommes passées dans la journée. De cette façon il suffit de constater la concordance du total des sommes portées au débit et au crédit sur le chiffrier, de s'assurer que ce total commun est aussi égal au total du journal pour la journée que l'on considère, pour qu'on soit certain qu'aucune erreur de report n'est à craindre.

Rectification des erreurs au journal.

Malgré tout le soin que le comptable doit apporter dans la rédaction du journal, il peut arriver, et il arrive qu'il commette quelque erreur dans le report des livres auxiliaires. Dès qu'il s'en aperçoit, il faut qu'il redresse l'erreur commise afin de mettre son journal d'accord avec ses livres auxiliaires et surtout avec la réalité des faits. Comment s'y prendra-t-il? N'oublions pas que la loi, en vue de prévenir les procédés frauduleux, interdit toute rature ou surcharge sur ce livre. Il devra alors avoir recours à une contre-écriture, c'est-à-dire qu'au moyen d'une écriture spéciale il annulera l'article erroné et rétablira les comptes en l'état où ils doivent être.

Examinons quelques cas qui peuvent se présenter.

1° *Article passé en double, ou article passé à tort, la transaction n'ayant pas eu lieu.* — Nous avons reporté au journal une vente enregistrée trop hâtivement au livre de débit, le client n'ayant pas donné suite à l'affaire, par exemple :

 Richard   à *Marchandises g^{les}*.
  M/ fact^{re} du 360

Nous passons contre-écriture :

 Marchandises g^{les}   à *Richard*.
  Annulation de m/ vente du 360

2° *Inversion des comptes débiteur et créditeur.* — Nous avons passé l'article suivant au journal :

 Juglar   à *Caisse*.
  Son vers^t espèces 150

Nous annulons cette écriture au moyen d'un contrepassement et en même temps nous créditons Juglar de la somme qu'il a versée.

 Caisse   à *Juglar*.
  Contrep^t de m/ art. du 150
  S/ vers^t esp. du 150 300

3° *Erreur dans l'intitulé du compte débiteur ou créditeur.* — Exemple : Berthomier nous a remis un billet à ordre de fr. 1 000, et nous en avons crédité à tort le compte Noël, c'est-à-dire que nous avons inscrit au journal :

 Effets à recevoir   à *Noël*.
  S/ B/ à o/ au 1 000

Lorsque nous nous apercevons de l'erreur, il nous faut annuler le crédit, donné à tort au compte Noël, pour le porter au compte Berthomier, nous passons l'article rectificatif :

 Noël   à *Berthomier*.
  Rectification de m/ art. du . . . .
  B/ à o/ Berthomier au 1 000

Il ne sera pas inutile, au compte ouvert au grand-livre à Berthomier, d'expliquer brièvement pourquoi le crédit est donné par le débit du compte Noël, au lieu de l'être par le débit du compte Effets à recevoir.

Nous serions arrivés au même résultat en annulant simplement l'article erroné au moyen de la contre-écriture :

Noël   à *Effets à recevoir.*
   Annulation de m/ article du 1 000

et en enregistrant à la suite l'article convenable :

Effets à recevoir   à *Berthomier.*
   S/ B/ à o/ du 1 000

Cette seconde façon de procéder a le mérite d'être plus claire, mais a l'inconvénient d'être plus longue et de faire intervenir une seconde fois le compte Effets à recevoir.

4° *Erreur dans la somme.* — Exemple : Mendès nous a versé 600 francs espèces et nous ne l'avons crédité que de 400 francs par l'article suivant :

Caisse   à *Mendès.*
   S/ vers^t espèces.   400

Nous passons l'article complémentaire :

Caisse   à *Mendès.*
   Comp^t de s/ vers^t du   200

Si, au contraire, nous l'avions crédité de 800 francs au lieu de 600, nous rectifierions comme suit :

Mendès   à *Caisse.*
   Rect^{on} de m/ art. du . . . .
   Vers^t 600 fr. au lieu de 800 fr. portés.   200

Ces quelques exemples sont suffisants pour démontrer qu'avec un peu de réflexion et de bon sens il est facile de rectifier n'importe quelle erreur au journal, tout en observant les prescriptions du Code de commerce relatives à ce registre. Enfin nous rappelons que si l'on veut obtenir la concordance du journal avec l'ensemble des livres auxiliaires — ce qui est toujours désirable — lorsqu'il y a lieu de le faire, tout article rectificatif doit être porté au livre auxiliaire des *Opérations diverses.*

Rectification des erreurs au grand-livre.

Le report du journal au grand-livre doit être fait avec d'autant plus d'attention qu'il est facile de se tromper dans ce travail quelque peu ingrat et méticuleux, et que les erreurs qui s'y sont glissées demandent généralement une perte de temps considérable pour être retrouvées. Les principales erreurs sont : l'omission d'un débit ou d'un crédit; le double emploi; un compte débité ou crédité pour un autre; un compte débité au lieu d'être crédité ou vice versa; une erreur dans la somme, etc. Nous sommes avertis de ces irrégularités soit par l'inspection d'un compte qui ne présente pas un solde conforme à nos prévisions, soit par la réclamation d'un tiers, soit enfin par notre balance de vérification qui se trouve faussée. Lorsque nous nous sommes aperçus de l'erreur, il faut mettre notre grand-livre d'accord avec nos écritures au journal. Ici nous ne sommes plus arrêtés par des prescriptions légales, le grand-livre n'étant pas exigé par la loi. La rectification est très simple : elle consiste uniquement à gratter ou à biffer l'article porté en trop, à changer la somme erronée, à interligner l'opération omise. Il va sans dire que tout cela doit se faire le plus proprement possible, et de façon que l'aspect de notre grand livre n'ait pas trop à en souffrir. Néanmoins, il n'y a pas d'inconvénient à ce que la rature ou la surcharge soit apparente, puisque nous avons pour justifier la rectification, notre journal qui, lui, reste invariable.

INVENTAIRE

Les avantages que retire tout commerçant à être exactement renseigné sur l'état de ses affaires n'ont pas besoin d'être discutés; nous pouvons même ajouter qu'une bonne comptabilité est un des meilleurs et des plus sûrs auxiliaires de la prospérité d'une maison. Or, la balance de vérification que nous venons d'examiner donne certes au commerçant d'intéressants et d'utiles renseignements sur les mouvements et la position de ses comptes généraux et de ses comptes courants, mais elle omet malheureusement un point essentiel : elle ne lui indique pas le chiffre de ses bénéfices ou de ses pertes.

En effet, un commerçant s'établit pour acheter ou fabriquer des marchandises, et les revendre plus cher que le prix d'achat ou de revient. La différence entre le prix d'achat ou de revient d'une part, et le prix de vente d'autre part, est le bénéfice. Ce bénéfice ne peut ressortir qu'en réglant le compte Marchandises, c'est-à-dire en lui restituant le solde débiteur qu'il doit logiquement avoir, à savoir : la valeur des marchandises restant en magasin.

Règlement du compte Marchandises générales.

Il importe de remarquer tout d'abord que le compte Marchandises est le seul qui, à la balance de vérification, ne présente pas un solde conforme à la réalité; son débit donne le montant des achats effectués, son crédit le montant des ventes opérées; mais les marchandises entrées au débit pour un certain prix en sortent au crédit pour un prix supérieur, de sorte que la différence entre le débit et le crédit, ou vice versa, si toutes les marchandises ne sont pas vendues, ne donne aucune indication utile.

Pour connaître le chiffre des bénéfices, il faut y adjoindre ce troisième facteur : la valeur des marchandises en magasin.

Pour dresser un inventaire, il convient donc, avant toute chose, d'établir un état estimatif et descriptif des marchandises invendues. Cet état demande à être fait avec la plus grande exactitude ; on ne doit jamais attribuer aux marchandises une valeur supérieure au prix d'achat, et il faut surtout tenir compte de la dépréciation que peuvent subir certaines marchandises avariées, défraîchies, passées de mode ou de saison. Ce résultat atteint, pour obtenir le bénéfice réalisé par les ventes, on raisonne de la sorte :

Soit 25 000 francs le total du débit de notre compte Marchandises, ce qui veut dire que nous avons acheté pour 25 000 francs de marchandises; comme l'inventaire des marchandises en magasin s'élève à 9 000 francs, nous pouvons dire que les marchandises vendues nous ont coûté 25 000 — 9 000 soit 16 000 fr. D'autre part, nous trouvons que le crédit du compte de Marchandises est de 21 000 francs, ce qui signifie que nous avons vendu 21 000 francs les marchandises qui nous ont coûté 16 000 ; notre bénéfice brut ressort donc à 21 000 — 16 000 soit 5 000 fr.

On trouverait le même résultat en raisonnant autrement et en disant : puisque les marchandises en magasin ont été inventoriées à leur prix réel, nous pouvons légitimement les considérer vendues à ce prix, c'est-à-dire sans bénéfice et même quelquefois avec perte, et en ajouter la valeur au montant du crédit de notre compte Marchandises, soit 21 000 + 9 000 = 30 000. Nous avons donc vendu 30 000 francs les marchandises qui nous ont coûté 25 000 francs, notre gain sera de 30 000 — 25 000, soit 5 000 francs.

Quelle que soit la marche adoptée, on voit que le raisonnement est des plus simples.

Qu'allons-nous faire des bénéfices que nous venons de faire ressortir de la vente des marchandises ? Tout simplement les faire virer au compte créé pour les recevoir, au compte Profits et Pertes. Il faut, en somme, que l'écriture que nous allons passer au journal, puis au grand-livre, mette le solde débiteur du compte Marchandises en concordance avec le chiffre des marchandises en magasin, en même temps qu'elle versera au compte Profits et Pertes les bénéfices réalisés. Pour l'exemple que nous venons de prendre nous aurons :

Marchandises g^{les} à *Profits et Pertes.*
Bénéfices bruts réalisés p^r l'exercice. 5 000

Règlement des comptes Profits et Pertes et Capital.

Nous savons que, pour plus de clarté, afin qu'il nous indique mieux la nature des diverses dépenses engagées pour les besoins du commerce, nous avons donné au compte Profits et Pertes plusieurs subdivisions telles que *Frais généraux*, *Frais de maison*, etc. A l'inventaire, ces subdivisions viennent se fondre dans le compte principal. Nous portons en outre au compte Profits et Pertes le montant des amortissements que nous croyons devoir opérer sur notre matériel, notre outillage, nos meubles, nos immeubles, etc.

Si nous supposons que le compte Frais généraux présente un solde débiteur de fr. 3 500, que le compte Frais de maison — ou frais personnels — présente un solde débiteur de fr. 1 800, et que nous voulons faire un amortissement de 10 pour 100 sur notre matériel qui, au dernier inventaire, était évalué 2 500 fr., nous écrirons :

Profits et Pertes   à Divers :
  A *Frais généraux.*
  Pour solde de ce compte 3 500
  A *Frais de maison.*
  Pour solde de ce compte 1 800
  A *Matériel.*
  Amortiss^t de 10 %.   250   5 550

Lorsque nous aurons passé cet article au journal et au grand-livre, le compte Profits et Pertes qui aura reçu à son débit, sans aucune exception ni réserve, tous les frais et les pertes, et qui aura reçu à son crédit tous les bénéfices, nous indiquera exactement les résultats de notre gestion : s'il présente un solde débiteur, nous sommes en perte; nous sommes au contraire en bénéfice s'il présente un solde créditeur.

Mais le compte Profits et Pertes lui-même doit être considéré comme une subdivision du compte Capital et ne peut à l'inventaire rester débiteur ou créditeur. C'est donc, en définitive, le compte Capital qui se trouvera augmenté des bénéfices ou diminué des pertes.

Si nous supposons que le compte Profits et Pertes présente un solde créditeur de fr. 1 200, nous passerons l'écriture suivante, qui a pour but de solder le compte Profits et Pertes et de porter le bénéfice en augmentation du capital.

Profits et Pertes   à *Capital.*
  Bénéfices bruts p^r l'exercice 1 200

Balance d'inventaire.

On appelle *articles d'inventaire* les écritures que nous venons d'examiner, et qui ont pour objet de transformer une balance de vérification en balance d'inventaire, c'est-à-dire les articles qui règlent les comptes Marchandises, Capital, Profits et Pertes et ses subdivisions.

Soit à établir la balance d'inventaire, d'après la balance de vérification au 30 avril, donnée en exemple plus haut, et sachant :

1° Que l'inventaire des marchandises en magasin au 30 avril se monte à fr. 14 728,25 ;

2° Que le matériel est amorti de 1/8 de sa valeur à chaque inventaire,

Nous dirons :

Si, du débit du compte Marchandises, nous diminuons le prix des marchandises en magasin, nous constatons que les marchandises, vendues 17 958 fr. 95, nous ont coûté 30 372 — 14 728,25 soit 15 643 fr. 75. Notre bénéfice brut ressort donc à 17 958,95 — 15 643,75 soit à 2 315 fr. 20.

Nous le constatons par l'écriture :

Marchandises g^{les}   à *Profits et Pertes.*
    Bénéfices bruts pour l'exercice. 2 315,20

Nous soldons ensuite les subdivisions de Profits et Pertes par le débit de ce compte, et nous tenons compte de l'amortissement de 1/8 fait sur le matériel.

Nous passons article :

Profits et Pertes.   à Divers :
    A *Frais généraux.*
    Pour solde de ce compte. 1 425,30
    A *Frais de maison.*
    Pour solde de ce compte. 2 003,10
    A *Matériel.*
    Amort^t 1/8.   982,50   4 410,90

Ces articles reportés au grand-livre, nous voyons que notre compte Profits et Pertes présente un solde débiteur de 1 879 fr. 75, ce qui signifie que nous sommes en perte de pareille somme. Nous n'avons plus qu'à enregistrer cette diminution de notre capital par l'article final :

Capital   à *Profits et Pertes.*
    Perte pour l'exercice. 1 879,75

Après avoir ainsi modifié la balance de vérification au moyen de ces articles d'inventaire, le nouveau relevé que nous ferons de nos comptes au grand-livre nous donnera la *balance d'inventaire* suivante :

BALANCE D'INVENTAIRE AU 30 AVRIL 19...

FOLIOS	COMPTES	SOMMES		SOLDES	
		DÉBIT	CRÉDIT	DÉBITEURS	CRÉDITEURS
1	Capital	1 879 75	22 536 90	»	20 657 15
3	Marchandises g^{les}. .	32 687 20	17 958 95	14 728 25	»
7	Caisse.	25 434 25	23 250 15	2 184 10	»
9	Effets à recevoir. . .	19 635 »	14 762 20	4 872 80	»
15	Effets à payer.	3 449 75	11 360 10	»	7 910 35
17	Matériel.	7 860 »	982 50	6 877 50	»
20	Profits et Pertes. . .	4 540 10	4 540 10	»	»
21	Frais généraux. . . .	1 425 30	1 425 30	»	»
27	Frais de maison . . .	2 003 10	2 003 10	»	»
29	Laporte, à Paris. . .	1 000 »	3 123 15	»	2 123 15
31	Société générale . .	3 435 15	2 113 10	1 322 05	»
35	Bonvallet, au Mans .	2 113 20	4 944 15	»	2 830 95
40	Carpentier, à Lille. .	3 000 »	3 000 »	»	»
43	Baulande, à Paris. .	4 305 15	4 305 15	»	»
49	Gavignol, à Paris . .	1 805 20	1 305 20	500 »	»
60	Divers débiteurs. . .	8 471 15	5 434 25	3 036 90	»
		123 044 30	123 044 30	33 521 60	33 521 60

Certifié véritable et conforme à mes livres.
Paris, le 30 avril 19 .
N...

Livre d'inventaire.

La loi prescrit formellement l'usage de ce livre, qui sert à enregistrer les résultats donnés par la balance d'inventaire. Il doit contenir une énumération détaillée :

1° Des marchandises en magasin évaluées à leur valeur réelle, sans que cette valeur puisse être supérieure au prix de revient.

2° Des effets à recevoir restant en portefeuille ;
3° Des effets à payer en circulation ;
4° Des créances actives et passives du commerçant.

Chaque inventaire est certifié véritable, daté et signé par le commerçant.

Bilan.

La balance d'inventaire une fois faite, on dresse un bilan, qui ne comprend que les soldes débiteurs et créditeurs recueillis dans la balance d'inventaire. Les soldes débiteurs représentent naturellement l'*actif* du commerçant, et les soldes créditeurs, son *passif*. C'est en somme un résumé de l'inventaire.

Exemple (tiré de la balance d'inventaire précédente) :

BILAN DE M. X... AU 30 AVRIL 19..

Actif.		Passif.	
Marchandises en magasin. .	14 728,25	Capital	20 657,15
Espèces en caisse.	2 184,10	Effets en circulation. . .	7 910,35
Effets en portefeuille . . .	4 872,80	Divers créanciers	4 954,10
Matériel, après amort^t. . . .	6 877,50		
Divers débiteurs	4 858,95		
	33 521,60		33 521,60

Certifié véritable et conforme à mes livres.
Paris, le 30 avril 19 .
  N...

Arrêté des écritures et reports « à nouveau ».

La balance d'inventaire établie et le bilan dressé, il ne reste plus qu'à arrêter les écritures sur nos registres et à reporter « à nouveau » les soldes débiteurs et créditeurs.

Cet arrêté, dont on pourrait se passer à la rigueur, présente cependant certains avantages : il met en évidence la position de chaque compte ; il simplifie les calculs ; il permet au comptable de baser le nouvel exercice sur des chiffres dont il a reconnu l'exactitude.

Nous n'avons pas à nous occuper de ceux des comptes du grand-livre qui sont soldés : il suffit pour ceux-là de tirer, sous les totaux égaux du débit et du crédit, un double trait qui indique la clôture de l'exercice. Nous n'avons à considérer que ceux qui présentent un solde débiteur ou créditeur, et il nous faut imaginer des écritures qui balancent momentanément ces soldes et les rétablissent aussitôt après l'arrêté.

Pour arriver à ce résultat nous conseillons d'employer les écritures suivantes, qui ont l'avantage de ne créer aucun compte d'ordre.

Exemple : si nous avons à arrêter les comptes non soldés figurant sur la balance d'inventaire précédente, nous passerons l'article suivant au journal :

——————————————— 30 avril 19 . ———————————————

	Divers comptes créditeurs	à	Divers comptes débiteurs.		
	Pour solder ces comptes :				
1	Capital...............		20 657,15		
15	Effets à payer..........		7 910,35		
29	Laporte................		2 123,15		
35	Bonvallet..............		2 830,95	33 521	60
3	A March^{les}........		14 728,25		
7	A Caisse.............		2 184,10		
9	A Effets à recev....		4 872,80		
17	A Matériel.........		6 877,50		
31	A Société g^{le}......		1 322,05		
49	A Gavignol........		500		
60	A div. débit........		3 036,90	33 521	60

Cet article reporté au grand-livre, nous pouvons totaliser et arrêter le journal pour l'exercice, et solder, dans la forme ordinaire, tous nos comptes au grand-livre, c'est-à-dire additionner le débit et le crédit de chacun des comptes qui doivent présenter des totaux égaux, et tirer un double trait sous chaque total.

Ceci fait, au moyen de l'article contraire, nous rétablissons les soldes que nous reportons au grand-livre à la date du 1er mai, valeur 30 avril :

INVENTAIRE.

1ᵉʳ mai 19 .

Divers comptes   à   Divers comptes
débiteurs   créditeurs.
         Pour rétablir les soldes :

 3   *March. g*ˡᵉˢ............ 14 728,25
 7   *Caisse*............... 2 184,10
 9   *Effets à recevoir*........ 4 872,80
17   *Matériel*............. 6 877,50
31   *Société g*ˡᵉ............. 1 322,05
49   *Gavignol*............   500
60   *Div. débiteurs*......... 3 036,90   33 521   60
 1   A *Capital*........ 20 657,15
15   A *Effets à payer*..... 7 910,35
29   A *Laporte*........ 2 123,15
35   A *Bonvallet*....... 2 830,95   33 521   60

REMARQUE. — Pour arriver au résultat que nous venons d'obtenir beaucoup de comptables ont conservé l'habitude de faire intervenir deux comptes d'ordre qu'ils nomment *balance de sortie* et *balance d'entrée*.

Ils soldent les comptes au moyen des deux articles suivants :
    Balance de sortie   à Divers comptes débiteurs
         pour solder les comptes débiteurs,
et Divers comptes créditeurs   à Balance de sortie
         pour solder les comptes créditeurs,
et ils les rétablissent au moyen de deux autres articles :
    Divers comptes débiteurs   à Balance d'entrée
         pour rétablir les soldes débiteurs,
et Balance d'entrée   à Divers comptes créditeurs,
         pour rétablir les soldes créditeurs.

D'autres comptables ont imaginé de créer un seul compte qu'ils appellent *Bilan*, *Inventaire* ou *Exercice*. Ce compte sert tout à la fois à solder les comptes débiteurs et créditeurs et à les rouvrir. Il joue dans les mêmes conditions que les comptes Balance de sortie et Balance d'entrée.

Ces diverses façons de procéder ont l'inconvénient d'exiger la création de comptes d'ordre dont il est facile de se passer en opérant comme nous l'avons fait.

EXERCICES

Soit à inscrire sur les livres auxiliaires, à reporter au journal, puis au grand-livre les opérations ci-après énoncées; à établir la balance de vérification, la balance d'inventaire et le bilan; enfin à arrêter les livres et les comptes et à les rouvrir.

Opérations commerciales de la Maison *** du 1 au 31 janv. 19 .

Janv. 2. Je verse en caisse pour les besoins de m/ commerce fr. 20 000.
— d°. Payé à m/ prédécesseur le montant des march. en magasin, suiv^t inventaire, fr. 13 478,15, ainsi que le matériel existant évalué à fr. 3 000.
— 3. Payé au propriétaire six mois de loyer d'avance, fr. 910,10.
— d°. Acheté aux suivants :
A Lacour, de Paris, 800 m. toile, à fr. 1,15 le m., 920.
A Léveillé, de Nancy, 180 m. velours, à fr. 5 le m., 900.
— 4. Payé diverses fournitures de bureau pour fr. 130,50.
— d°. Vendu au comptant 50 m. dentelle, à fr. 2,75 le m., 137,50.
— 6. Vendu à Loreau, de Lyon, layettes et trousseaux d'enfant pour fr. 568,25.
— d°. Je retourne à Leveillé, 12 m. velours de s/ f^{re} du 3 c^t, soit fr. 60.
Payé frais de retour à ma charge, 1,80.
— 7. J'accepte une traite tirée par Lacour au 31 c^t pour se couvrir de s/ f^{re} du 3 c^t, fr. 920.
— 8. Vendu aux suivants :
A Duhamel, de Versailles, 20 dz. caleçons à fr. 39 la dz., 780.
A Chenu, de Meaux, 60 dz. chemises, à fr. 45,50 la dz., 2 730.
A Félix, de Charenton, 250 m. flanelle, à fr. 1,10, 275.
— d°. Je verse au Crédit Lyonnais, fr. 1 000 espèces.
— 9. Reçu de Félix, de Charenton, fr. 261,25, pour solde de m/ f^{re} du 8 c^t, sur laquelle je lui fais 5 % d'escompte, soit 13,75, pour payement comptant.
— d°. Acheté au comptant un bureau chêne pour m/ bureaux, fr. 120.
— 10. Je fais traite sur les suivants, en couverture de m/ f^{res} : sur Loreau, de Lyon, pour fr. 568,25, au 28 févr. prochain.
Sur Duhamel, de Versailles, pour fr. 780, au 31 mars prochain.

Janv. 12. Vendu à Vareilles, de Nantes, 12 coupons surah, à fr. 115 l'un, fr. 1 380.
— 14. Pour garantir Léveillé de s/ f⁰ du 3 c¹, je lui adresse :
1° Une acceptation Duhamel, de Versailles, de fr. 780.
2° Un chèque sur le Crédit Lyonnais, m/ banquier, de fr. 60.
— d°. Acheté au comptant 50 m. ruban soie, à fr. 0,75 le m., 37,50.
— 15. Vareilles me retourne franco 2 coupons surah de m/ f⁰ du 12 c¹, fr. 230.
— d°. Reçu de Chenu, de Meaux, en payement de m/ f⁰ du 8 c¹ :
1 effet de commerce sur Manent, de Paris, à fin c¹, de fr. 800.
1 effet de commerce sur Milliet, de Fontenay, au 15 février proch., de fr. 1 150.
1 effet de commerce sur Mention, de Cahors, au 31 mars proch., de fr. 720.
Et un chèque sur la Banque de France à Paris, que j'encaisse immédiatement, de fr. 60.
— 16. Acheté aux suivants :
A Lacour, de Paris, 300 m. toile, à 0 fr. 80 le m., 240.
A Morelle, de Paris, 3 dz. de vêtements confectionnés d'enfants pour fr. 780.
— 17. Remis au Crédit Lyonnais le bordereau d'escompte suivant :

Paris.   800   fin courant.
Fontenay. . . . . 1 150   15 févr.
Lyon. . . . .   568,25 28 févr.
Cahors.   720   31 mars.

— 18. En payement de m/ f⁰ du 15 c¹, Vareilles, de Nantes, m'adresse un chèque payable chez MM. Cherpitel et C¹⁰, à Nantes, de fr. 1 115,50.
Je lui consens 3 % d'escompte sur m/ f⁰, soit fr. 34,50.
— d°. Payé divers frais et fournitures de bureaux, fr. 37,75.
— 19. Je verse espèces à Morelle, en couverture de s/ f⁰ du 17, fr. 741.
Escompte sur s/ f⁰ pour avance de payement, 5 %, soit 39.
— d°. J'accepte une traite tirée par Lacour au 28 févr. de fr. 240.
— 20. Le Crédit Lyonnais m'avise qu'il me débite de fr. 43,65 pour agio sur ma remise du 17, et il me retourne par le même courrier un effet de fr. 800 à fin c¹, revenu faute d'acceptation (de m/ remise du 17 c¹).

Janv. 20. J'encaisse, au moyen d'un chèque tiré sur le Crédit Lyonnais, fr. 2 000.
— 22. Vendu aux suivants :
A Loreau, de Lyon, une pièce de drap d'Elbeuf de fr. 980
Au même, une pièce de drap de Sedan de fr. 570   1 550

A Foreau, de Poitiers, 500 m. toile, à fr. 1,05 le m., 525.
A Roch, de Besançon, trois dz. complets cyclistes, à fr. 360 la dz., 1 080.
— 24. Acheté au comptant et en solde un lot de layettes d'enfant, pour fr. 875.
— d°. Chenu, de Meaux, m'adresse, en remplacement d'un effet de fr. 800 revenu faute d'acceptation, un billet à ordre de même somme sur la Banque de France, que j'encaisse immédiatement.
— 25. Acheté aux suivants :
A Lacour, de Paris, 1 000 m. toile, à fr. 1,15 le m., 1 150.
A Riboud, de Bourg, 100 m. dentelle, à fr. 1,75, 175.
— d°. Je fais traite sur Loreau de Lyon, pour 1 550 au 31 mars.
— 27. Je remets à Lacour, de Paris, en payement de s/ fre du 25 ct, un chèque sur MM. Cherpitel et Cie, à Nantes, de fr. 1 115,50
En espèces 34,50   1 150
— 28. Roch, de Besançon, me retourne franco une dz. complets cyclistes non conformes aux échantillons envoyés. En même temps, il m'adresse pour solde trois billets à ordre de fr. 240 chacun, aux échéances du 15 février, 15 mars et 15 avril.
— 29. Vendu au comptant une layette, fr. 50.
— d°. Vendu à Chenu, trois dz. chemises batiste femme, à fr. 300 la dz., 900.
— 30. Payé à une agence commerciale fr. 30 pour diverses renseignements commerciaux fournis.
— d°. Acheté au comptant 30 m. ruban bleu à fr. 0,60 le m., 18.
— 31. Payé une traite Lacour, venant à échéance ce jour, de fr. 920.
— d°. Payé mon comptable, ainsi que mon garçon de bureau, fr. 450.
— d°. Payé pour dépenses de petite caisse, fr. 45,75.
— d°. Je prélève pour mes besoins personnels, fr. 400.

LIVRE AUXILIAIRE DES ACHATS DE MARCHANDISES

DATE		NOM du VENDEUR	DOMICILE	DÉTAIL DES MARCHANDISES	SOMMES			
					ACHATS au comptant.		ACHATS à terme.	
19.. Janvier	3	Lacour.	Paris.	800 m. toile à 1 fr. 15 le m.			920	»
	»	Léveillé.	Nancy.	180 m. velours à 5 fr.			900	
	14	Comptant.	»	50 m. ruban soie à 0 fr. 75.	37	50		
	16	Lacour.	Paris.	300 m. toile à 0 fr. 80.			240	»
	»	Morelle.	Paris.	3 dz. confections enfants.			780	»
	24	Comptant.	»	Lot layettes en solde.	875	»		
	25	Lacour.	Paris.	1 000 m. toile à 1 fr. 15.			1 150	»
	»	Riboud.	Bourg.	100 m. dentelle.			175	»
	30	Comptant.	»	30 m. ruban bleu à 0 fr. 60.	18	»		
				Totaux du mois de janvier...	930	50	4 165	»

Nota. — Les marchandises achetées au comptant étant déjà inscrites sur le livre de caisse, pour ne pas faire double emploi, on ne reporte au journal que les marchandises achetées à terme.

LIVRE AUXILIAIRE DE DÉBIT (vente des marchandises).

DATES		NOM de L'ACHETEUR	DOMICILE	DÉTAIL DES MARCHANDISES	Nos de RÉFÉRENCE	SOMMES			
						VENTES au comptant.		VENTES à terme.	
Janvier.	4	Comptant.	»	50 m. dentelle à 2 fr. 75.		137	50		
	6	Loreau.	Lyon.	2 dz. layettes laine et soie.	3 417			568	25
	8	Duhamel.	Versailles.	20 dz. caleçons à 39 fr.	710			780	»
	»	Chenu.	Meaux.	60 dz. chemises devant toile à 45,50	1 017			2 730	»
	»	Félix.	Charenton.	250 m. flanelle à 1 fr. 10.				275	»
	12	Vareilles.	Nantes.	12 coupons surah à 1 fr. 15.				1 380	»
	22	Loreau.	Lyon.	1 pièce drap d'Elbœuf. 980 1 — Sedan. 570				1 550	»
	»	Foreau.	Poitiers.	500 m. toile à 1 fr. 05.				525	»
	»	Roch.	Besançon.	3 dz. complets cyclistes.	1 816			1 080	»
	29	Comptant.	»	1 layette soie.	3 413	50	»		
	»	Chenu.	Meaux.	3 dz. chemises batiste femme.	716			900	»
				Totaux du mois de janvier.		187	50	9 788	25

Nota. — Les marchandises vendues au comptant étant déjà inscrites sur le livre de caisse, pour ne pas faire double emploi, on ne reporte au journal que les marchandises vendues à terme.

LIVRE AUXILIAIRE D'«AVOIR» (retour des marchandises).

DATE du RETOUR		NOM de L'ACHETEUR	DOMICILE	DATE de LA FACTURE		DÉTAIL des MARCHANDISES RETOURNÉES	N° de RÉFÉRENCE	SOMME	
Janvier.	15	Vareilles.	Nantes.	Janvier.	12	2 coupons surah à 115 fr.		230	»
	28	Roch.	Besançon.	Janvier.	28	1 dz. confections cyclistes.	1816	360	»
						Total du mois de janvier.		590	»

LIVRE AUXILIAIRE DE CAISSE

Doit (ou recettes)

Janv.	2	A *Capital*, m/ apport espèces . .	20 000	»
	4	A *March. g^les*, vente au comptant 50 m. dentelle	137	50
	9	A *Félix*, de Charenton, m/ f^re 8 c^t.	261	25
	15	A *Chenu*, de Meaux, encaissement ch/ Banque de France	60	»
	20	A *Crédit Lyonnais*, chèque n° 94	2 000	»
	24	A *Chenu*, de Meaux, encaissement ch/ Banque de France	800	»
	29	A *March. g^les*, vente layette . .	50	»
			23 308	75
Févr.	1	Solde à nouveau	1 078	70

Avoir (ou payements)

Janv.	2	*March. g^les* en magasin, payées à m/ prédécesseur (suiv. invent.).	13 478	15
	»	*Matériel*, évaluation, payé à m/ prédécesseur	3 000	»
	3	*Loyer d'avance*, au propriétaire . .	910	10
	4	*Frais généraux*, fournitures de bureau	130	50
	6	*Profits et Pertes*, frais de retour f^re Leveillé	1	80
	8	*Crédit Lyonnais*, m/ versement . .	1 000	»
	9	*Matériel*, bureau chêne	120	»
	14	*March. g^les*, f^re ruban soie	37	50
	18	d° frais divers . . .	37	75
	19	*Morelle*, à Paris, solde f^re du 17 c^t.	741	»
	24	*March. g^les*, achat lot layettes . .	875	»
	27	*Lacour*, à Paris, pour complément f^re 25 c^t	34	50
	30	*Frais généraux*, renseignements commerciaux	30	»
	»	*March. g^les*, f^re ruban bleu	18	»
	31	*Effets à payer*, traite Lacour . .	920	»
	»	*Frais génér^x*, employés et garçon .	450	»
	»	d° petite caisse	45	75
	«	*Dépenses personn^les*, m/ prélèvem^t.	400	»
		Balance	1 078	70
			23 308	75

LIVRE AUXILIAIRE DES EFFETS A RECEVOIR

	Entrée							Sortie		
N⁰ˢ	DATE D'ENTRÉE ou de CRÉATION	SOMME		ÉCHÉANCE	TIRÉ ou SOUSCRIPTEUR	DOMICILE	CÉDANT	DOMICILE	CONCESSIONNAIRE	DATE de SORTIE	OBSERVATIONS
101	10 janv.	568	25	28 févr.	Loreau.	Lyon.	Lui-même.	»	Crédit Lyonnais.	17 janv.	
102	»	780	»	31 mars.	Duhamel.	Versailles.	d⁰	»	Léveillé.	14 janv.	
104	15 janv.	800	»	31 janv.	Manent.	Paris.	Chenu.	Meaux.	Crédit Lyonnais.	17 janv.	Non accepté par le tiré.
105	»	1 150	»	15 févr.	Milliet.	Fontenay.	d⁰	d⁰	d⁰	d⁰	
106	»	720	»	31 mars.	Mention.	Cahors.	d⁰	d⁰	d⁰	d⁰	
107	18 janv.	1 115	50	Chèque à vue.	Cherpitel et Cⁱᵉ.	Nantes.	Vareilles.	Nantes.	Lacour.	27 janv.	
108	25 janv.	1 550	»	31 mars.	Loreau.	Lyon.	Lui-même.	»			
109	28 janv.	240	»	15 févr.	Roch.	Besançon.	d⁰	»			
110	»	240	»	15 mars.	d⁰	d⁰	d⁰	»			
111	»	240	»	15 avril.	d⁰	d⁰	d⁰	»			

Entrées : 7 403 75   (Sorties : 5 133 75)

LIVRE AUXILIAIRE DES EFFETS A PAYER

N°°	DATE DE CRÉATION OU D'ACCEPTATION	SOMME		ÉCHÉANCE	TIREUR OU BÉNÉFICIAIRE	DOMICILE	SOMMES PAYÉES		OBSERVATIONS
1	7 janvier.	920	»	31 janvier.	Lacour.	Paris.	920	»	31 janvier.
2	19 d°	240	»	28 février.	Lacour.	Paris.			
		1 160	»	total pour le mois de janvier.					

LIVRE AUXILIAIRE DES OPÉRATIONS DIVERSES

DATES		COMPTE DÉBITEUR	COMPTE CRÉDITEUR	NATURE DE L'OPÉRATION	SOMMES	
Janvier.	6	Leveillé.	March. g^{les}.	M/ retour 12 m. velours.	60	»
	9	Profits et pertes.	Félix, de Charenton.	5 % escompte sur m/ f^{re} du 8 c^t.	13	75
	14	Leveillé.	Crédit Lyonnais.	Remise de m/ chèque n° 101.	60	»
	18	Profits et Pertes.	Vareilles, de Nantes.	Escompte sur m/ f^{re} du 12 c^t.	34	50
	19	Morelle.	Profits et Pertes.	5 % escompte sur s/ f^{re} du 16 c^t.	39	»
	20	Profits et Pertes.	Crédit Lyonnais.	Agio sur m/ remise du 17 c^t.	43	65
	»	Chenu, de Meaux.	d°	Retour faute d'accept^{on} d'un effet fin c^t.	800	»
				Total pour le mois de janvier...	1 050	90

Récapitulation des opérations portées sur les livres auxiliaires, à passer au journal.

Livres auxiliaires de :

Marchandises....	Achats à terme............	4 165 »
	Ventes à terme............	9 788 25
	Avoir ou retours..........	590 »
Caisse........	Recettes................	23 308 75
	Payements..............	22 230 05
Effets à recevoir..	Entrée en portefeuille.......	7 403 75
	Sortie du portefeuille........	5 133 75
Effets à payer, montant des effets souscrits ou acceptés..		1 160 »
Opérations diverses...................		1 050 90
Au total............		74 830 45

EXERCICES.

*JOURNAL DE LA MAISON ***

19.. Janvier

	——— 2 ———				
15	*Caisse*	à *Capital.*			
2	M/ apport espèces..........		20 000	20 000	
	——— dito ———				
15	Divers	à *Caisse.*			
10	March. g^{les}				
	March. en mag^{in} suiv^t inventaire.		13 478	15	
39	*Matériel*				
	suiv^t évaluation amiable......		3 000	16 478	15
	——— 3 ———				
43	*Loyer d'avance*	à *Caisse.*			
10	6 mois au pp^{re}..............		910	10	910	10
	——— dito ———				
10	*March. g^{les}*	à Divers :			
101	à Lacour, de Paris.				
	s/ f^{re} 800 m. toile..........		920		
103	à Léveillé, de Nancy.				
	s/ f^{re} 180 m. velours.........		900	1 820	
	——— 4 ———				
35	*Frais généraux*	à *Caisse.*			
10	Diverses fournitures bureaux...		130	50	130	50
	——— dito ———				
15	*Caisse*	à *March. g^{les}.*			
10	Vente au comptant 50 m. dentelle.		137	50	137	50
	——— 6 ———				
10	Divers	à *March. g^{les}.*			
103	Léveillé, de Nancy				
	m/ retour sur f^{re} du 3 c^t.....		60		
150	Loreau, de Lyon				
	m/ f^{re} layettes et trousseaux....		568	25	628	25
		Reporté......	40 104	50	

	(1)	Report......		40 104	50
	———————— 6 ————————				
35	Profits et Pertes à Caisse.				
15	Payé retour LÉVEILLÉ à m/ charge.		1	80	1	80
	———————— 7 ————————				
101	LACOUR à Effets à payer.				
19	M/ accept^{on} à fin c^t........		920		920	
	———————— 8 ————————				
10	Divers à March. g^{les}.				
152	DUHAMEL, de Versailles m/ f^{re} caleçons.............		780			
155	CHENU, de Meaux m/ f^{re} chemises............		2 730			
160	FÉLIX, de Charenton m/ f^{re} flanelle.............		275		3 785	
	———————— dito ————————				
85	Crédit Lyonnais à Caisse.				
15	M/ versement.............		1 000		1 000	
	———————— 9 ————————				
160	Divers à FÉLIX, de Charenton.				
15	Caisse S/ versement p^r solde........		261	25		
29	Profits et Pertes 5 % d'esc/ sur m/ f^{re}........		13	75	275	
	———————— dito ————————				
39	Matériel à Caisse.				
15	Achat d'un bureau chêne......		120		120	
	———————— 10 ————————				
24	Effets à recevoir à Divers :				
150	à LOREAU, de Lyon. m/ t^{te} 28 févr.............		568	25		
152	à DUHAMEL, de Versailles. m/ t^{te} 31 mars...........		780		1 348	25
		Reporté......		47 554	55

	(3)	Report.....	47 554	55
	———— 12 ————			
130	VAREILLES, de Nantes, à March. g^{les}.			
10	M/ f^{re} surah.............	1 380	1 380	
	———— 14 ————			
103	LÉVEILLÉ, de Nancy, à Divers :			
24	à *Effets à recevoir.*			
	m/ remise Versailles 31 mars...	780		
125	à *Crédit Lyonnais.*			
	m/ chèque n° 101...........	60	840	
	———— dito ————			
10	March. g^{les} à *Caisse.*			
15	Achat 50 m. rubans........	37	50	37	50
	———— 15 ————			
10	March. g^{les} à VAREILLES, de Nantes.			
130	S/ avoir f^{ro} 12 c^{t}...........	230	230	
	———— dito ————			
155	Divers à CHENU, de Meaux.			
24	*Effets à recevoir*			
	s/ remise Paris, fin c^{t}..... 800			
	d° Fontenay, 15 janv. 1 150			
	d° Cahors, 31 mars.. 720	2 670		
15	*Caisse*			
	s/ ch/ Banque de France encaissé.	60	2 730	
	———— 16 ————			
10	March. g^{les} à Divers :			
101	à LACOUR, de Paris.			
	s/ f^{ro} 300 m. toile...........	240		
109	à MORELLE, de Paris.			
	s/ f^{ro} confections...........	780	1 020	
	Reporté.....	53 792	05

		(4)	Report.		53 792	05
		——— 17 ———				
125	Crédit Lyonnais	à *Effets à recevoir*.				
24		M/ remise à l'escompte, dont détail au copie de lettres. . .	3 238	25	3 238	25
		——— 18 ———				
130	Divers	à VAREILLES, de Nantes.				
24		*Effets à recevoir* s/ chèque sur Nantes.	1 115	50		
29		*Profits et Pertes* esc/ sur m/ f^{re}.	34	50	1 150	
		——— dito ———				
35	*Frais généraux*	à *Caisse*.				
15		Fournitures de bureaux	37	75	37	75
		——— 19 ———				
109	MORELLE, à Paris,	à Divers :				
15		à *Caisse*. m/ versement.	741			
29		à *Profits et Pertes*. esc/ s/ s/ f^{re}, 5 %.	39		780	
		——— dito ———				
101	LACOUR	à *Effets à payer*.				
19		M/ accept^{on}, 28 févr.	240		240	
		——— 20 ———				
125	Divers	à *Crédit Lyonnais*.				
29		*Profits et Pertes* agio sur m/ remise du 17 c/. . . .	43	65		
155		CHENU, de Meaux retour d'un effet faute d'accept^{on}.	800		843	65
		——— dito ———				
15	*Caisse*	à *Crédit Lyonnais*.				
125		Encaissé chèque n° 102.	2 000		2 000	
			Reporté.		62 081	70

EXERCICES.

	(5)	Report.....	62 681	70
	———— 22 ————			
10	Divers à *March. g^{les}*.			
150	LOREAU, de Lyon			
	m/ f^{re} drap d'Elbeuf et Sedan...	1 550		
135	FOREAU, de Poitiers			
	m/ f^{re} toile...............	525		
163	ROCH, de Besançon			
	m/ f^{re} confections..........	1 080	3 155	
	———— 24 ————			
10	*March. g^{ies}* à *Caisse.*			
15	Achat en solde layettes......	875	875	
	———— dito ————			
15	*Caisse* à CHENU, de Meaux.			
155	Enc^{t} de s/ billet à ordre......	800	800	
	———— 25 ————			
10	*March. g^{les}* à Divers :			
101	A LACOUR, de Paris..			
	s/ f^{re} toile...............	1 150		
114	A RIBOUD, de Bourg.			
	s/ f^{re} dentelle.............	175	1 325	
	———— dito ————			
24	*Effets à recevoir* à LOREAU, de Lyon.			
150	M/ traite au 31 mars.........	1 550	1 550	
	———— 27 ————			
101	LACOUR à Divers :			
24	à *Effets à recevoir.*			
	m/ remise chèque sur Nantes...	1 115	50	
15	à *Caisse.*			
	m/ versement.............	34	50	1 150
		Reporté.....	70 936	70

	(6)		Report......		70 936	70
	— 28 —					
163	Divers	à Roch, de Besançon.				
10	March. g^{les}					
	son *avoir*, 1 dz. confections....		360			
24	*Effets à recevoir*					
	s/ accept^{on}, 15 févr......	240				
	s/ d° 15 mars......	240				
	s/ d° 15 avril......	240	720		1 080	
	— 29 —					
10	Divers	à March. g^{les}.				
15	*Caisse*					
	vente comptant 1 layette......		50			
155	Chenu					
	m/ f^{re} chemises batiste......		900		950	
	— 30 —					
15	Divers	à *Caisse*.				
35	*Frais généraux*					
	frais de renseignements comm^{aux}.		30			
10	*March. g^{les}*					
	achat comptant ruban.......		18		48	
	— 31 —					
15	Divers	à *Caisse*.				
19	*Effets à payer*					
	payé traite Lacour.........		920			
35	*Frais généraux*					
	employés et garçons...	450 »				
	dépenses de petite caisse.	45 75	495	75		
60	*Dépenses personnelles*					
	m/ prélèvement..........		400		1 815	75
		A reporter......		74 830	45	

Nota. Lorsque le comptable a passé au journal, puis au grand-livre, les opérations d'un mois, d'un trimestre, d'un semestre ou d'une année, il doit, avant de faire son inventaire, s'assurer que les reports du journal au grand-livre n'ont pas été entachés d'erreurs. Normalement, ce serait donc ici que devrait se présenter la balance de vérification qui a pour but de faire cette constatation. Cependant, pour ne pas interrompre la suite des articles du journal, nous donnons immédiatement les écritures d'inventaire, puis les articles destinés à solder les comptes débiteurs et créditeurs du grand-livre et à les rouvrir à nouveau.

EXERCICES.

Pour la compréhension des écritures d'inventaire, il est nécessaire de savoir :
1º Que les marchandises en magasin, évaluées à leur prix d'achat, ou à un prix inférieur s'il y a eu dépréciation, se montent à 11 823 fr. 75 ;
2º Qu'au jour de l'arrêté des écritures, le loyer payé à l'avance n'est plus de six, mais de cinq mois seulement, puisque le commerçant a eu la jouissance de son magasin pendant le mois de janvier. Pour la justesse des résultats, il convient de tenir compte de cette situation.
3º Que la maison décide d'amortir son matériel de 1/10.

ÉCRITURES D'INVENTAIRE

	(7)	Report.....	74 830	45
	——— 31 janv. 19.. ———			
10	*March. g^{les}* à *Profits et Pertes.*			
29	Bénéfices bruts pr l'exercice....	2 695 85	2 695	85
	——— dito ———			
35	*Frais généraux* à *Loyer d'avance.*			
43	Évaluation pour le mois de janvier.	151 70	151	70
	——— dito ———			
29	*Profits et Pertes* à *Divers :*			
35	à *Frais généraux.* pour solde de ce compte......	845 70		
60	à *Dépenses personnelles.* pour solde de ce compte......	400		
39	à *Matériel.* amortiss^t de 1/10..........	312	1 557	70
	——— dito ———			
29	*Profits et Pertes* à *Capital.*			
2	Bénéfices nets pr l'exercice.....	1 083 45	1 083	45
		A reporter......	80 319	15

	(8)		Report.....	80 319	15
	——— 31 janv. 19.. ———				
	Divers comptes à *Divers comptes*				
	créditeurs *débiteurs*				
	pour balancer ces comptes :				
2	*Capital*............	21 083	45		
19	*Effets à payer*......	240			
114	Riboud, à Bourg.......	175		21 498	45
10	à *March. g^{les}*........	11 823	75		
15	à *Caisse*............	1 078	70		
24	à *Effets à recevoir*.....	2 270			
39	à *Matériel*...........	2 808			
43	à *Loyer d'avance*......	758	40		
125	à *Crédit Lyonnais*.....	1 334	60		
135	à Foreau, à Poitiers....	525			
155	à Chenu, à Meaux.....	900		21 498	45
	Total du journal p^r janv. 19			101 817	60

19.. Février.

——— 1 février. ———

	Divers comptes à *Divers comptes*				
	débiteurs *créditeurs*				
	p^r rétablir les soldes :				
10	*Marchandises g^{les}*......	11 823	75		
15	*Caisse*...............	1 078	70		
24	*Effets à recevoir*........	2 270			
39	*Matériel*.............	2 808			
43	*Loyer d'avance*........	758	40		
125	*Crédit Lyonnais*........	1 334	60		
135	Foreau, à Poitiers......	525			
155	Chenu, à Meaux........	900		21 498	45
2	à *Capital*............	21 083	45		
19	à *Effets à payer*.......	240			
114	à Riboud, à Bourg.....	175		21 498	45

GRAND-LIVRE

Doit						1		Capital.				Avoir	
Janv.	31	A divers, *pr balance*.		8	21 083	45	Janv.	2	Par Caisse.		1	20 000	»
								31	Par Profits et Pertes, bénéf. nets.		7	1 083	45
					21 083	45						21 083	45
							Févr.	1	Par Divers, *solde à nouveau*.		8	21 083	45

10 — Marchandises générales.

Janv.	2	A Caisse.		1	13 478	15	Janv.	4	Par Caisse.		1	137	50
	3	A Divers.		1	1 820	»		6	Par Divers.		1	628	25
	14	A Caisse.		3	37	50		8	Par Divers.		2	3 785	»
	15	A Vareilles.		3	230	»		12	Par Vareilles.		3	1 380	»
	16	A Divers.		3	1 020	»		22	Par Divers.		5	3 155	»
	24	A Caisse.		5	875	»		29	Par d°		6	930	»
	25	A Divers.		5	1 325	»		31	Par Divers, *pr balance*.		8	11 823	75
	28	A Roch.		6	360	»							
	30	A Caisse.		6	18	»							
	31	A Profits et Pertes, bénéf. bruts.		7	2 695	85							
					21 859	50						21 859	50
Févr.	1	A Divers, *solde à nouveau*.		8	11 823	75							

Doit		15		Caisse.			Avoir	
Janv.	2	A Capital.	1	26 000 »	Janv.	2	Par Divers.	1	16 478	15
	4	A March. g^les.	1	137 50		3	Par Loyer d'avance.	1	910	10
	9	A Félix.	2	261 25		4	Par Frais généraux.	1	130	50
	15	A Chenu.	4	60 »		6	Par Profits et pertes.	2	1	80
	20	A Crédit Lyonnais.	4	2 000 »		8	Par Crédit Lyonnais.	2	1 000	»
	25	A Chenu.	5	800 »		9	Par Matériel.	2	120	»
	29	A March. g^les.	6	50 »		14	Par March. g^les.	3	37	50
						15	Par d°	4	37	75
						18	Par Morelle.	4	741	»
						19	Par March. g^les.	5	875	»
						24	Par Lacour.	5	34	50
						27	Par Divers.	6	48	»
						30	Par d°	6	1 815	75
						31	Par Divers, p^r balance.	8	1 078	70
				23 308 75					23 308	75
Févr.	1	A Divers, solde à nouveau.	8	1 078 70						

		19		Effets à payer.				
Janv.	31	A Caisse.	6	920 »	Janv.	7	Par Lacour.	2	920	»
	»	A Divers, p^r balance.	8	240 »		19	Par d°	4	240	»
				1 160 »					1 160	»
					Févr.	1	Par Divers, solde à nouveau.	8	240	»

Doit			24		Effets à recevoir.			Avoir	
Janv.	10	A Mivers.	2	1 348 25	Janv.	14	Par Léveillé.	3	780 »
	15	A Chenu.	4	2 670 »		17	Par Crédit Lyonnais.	4	3 238 25
	18	A Vareilles.	4	1 115 50		27	Par Lacour.	5	1 115 50
	25	A Loreau.	5	1 550 »		31	Par Divers, pr *balance*.	8	2 270 »
	28	A Roch.	6	720 »					
				7 403 75					7 403 75
Févr.	1	A divers, *solde à nouveau*.	8	2 270 »					

			29		Profits et Pertes.				
Janv.	6	A Caisse, frais de retour march.	2	1 80	Janv.	19	Par Morelle, escompte.	4	39 »
Janv.	9	A Félix, escompte.	2	13 75		31	Par March. g^{les}, bénéf. bruts.	7	2 695 85
	18	A Vareilles, d°	4	34 50					
	20	A Crédit Lyonnais, agio.	4	43 65					
	31	A Divers.	7	1 537 70					
	»	A Capital, solde créditeur.	7	1 083 45					
				2 734 85					2 734 85

Doit			35		Frais généraux.				Avoir	
Janv.	4	A Caisse, fournitures bureau.	1	130 50	Janv.	31	Par Profits et Pertes.	7	845	70
	18	A d° frais divers.	4	37 75						
	30	A d° renseignem. comm^{aux}.	6	30 »						
	31	A d° personnel et petite caisse.	6	495 75						
	»	A loyer d'avance.	7	151 70						
				845 70					845	70

			39		Matériel.					
Janv.	2	A Caisse.	1	3 000 »	Janv.	31	Par Profits et Pertes, amort^t 1/10.	7	312	»
	9	A Caisse, bureau.	2	120 »		»	Par Divers, *p^r balance*.	8	2 808	»
				3 120 »					3 120	»
Févr.	1	A Divers, *solde à nouveau*.	8	2 808 »						

			45		Loyer d'avance.					
Janv.	3	A Caisse.	1	910 10	Janv.	31	Par frais généraux.	7	151	70
				910 10			Par Divers, *p^r balance*.		758	40
Févr.	1	A Divers, *solde à nouveau*.	8	758 40					910	10

Doit			60		Dépenses personnelles.				Avoir	
Janv.	31	A Caisse.		6	400	»	Janv.	31	Par Profits et Pertes.	7	400	»

			101		Lacour, à Paris.					
Janv.	7	A Effets à payer (31 ct).	2	920	»	Janv.	3	Par March. gles.	1	920	»
	19	A do (28 févr.).	4	240	»		16	Par do	3	240	»
	27	A Divers, chèque et verst.	5	1 150	»		25	Par do	5	1 150	»
				2 310	»					2 310	»

			105		Léveillé, à Nancy.					
Janv.	6	A March. gles (avoir).	1	60	»	Janv.	3	Par March. gles.	1	900	»
	14	A Divers, effets à recev. et chèque.	3	840	»						
				900	»					900	»

			109		Morelle, à Paris.					
Janv.	19	A Divers, caisse, 5 °/₀ escompte.	4	780	»	Janv.	16	Par March. gles.	3	780	»

Doit			114		Riboud, à Bourg.				Avoir	
Janv.	31	A Divers, *pr balance*.	7	175	»	Janv.	25	Par March. g^{les}.	5	175	»
						Févr.	1	Par Divers, *solde à nouveau*.	8	175	»

Doit			125		Crédit Lyonnais.				Avoir	
Janv.	8	A Caisse.	2	1 000	»	Janv.	14	Par Léveillé, chèque n° 101.	3	60	»
	17	A Effets à recevoir.	4	3 238	25		20	Par Divers.	4	843	65
						»	Par Caisse.	4	2 000	»
							31	Par Divers, *pr balance*.	8	1 334	60
				4 238	25					4 238	25
Févr.	1	A Divers, *solde à nouveau*.	8	1 334	60						

Doit			130		Vareilles, à Nantes.				Avoir	
Janv.	12	A March. g^{les}.	3	1 380	»	Janv.	15	Par March. g^{les}.	3	230	»
							18	Par Divers, chèque esc. 3 %.	4	1 150	»
				1 380	»					1 380	»

Doit			135			Foreau, à Poitiers.			Avoir	
Janv.	22	A March. g^{les}.		5	525	»	Janv.	31	Par Divers, p^r balance.	8	525	»
Févr.	1	A Divers, *solde à nouveau*.		8	525	»					

			150			Loreau, à Lyon.				
Janv.	6	A March. g^{les}.		1	568	25	Janv.	10	Par Effets à recev. 28 févr.	2	568	25
	22	A d°		5	1 550	»		25	Par d° 31 mars.	5	1 550	»
					2 118	25					2 118	25

			152			Duhamel, à Versailles.				
Janv.	8	A March. g^{les}.		2	780	»	Janv.	10	Par Effets à recev. 31 mars.	2	780	»

			155			Chenu, à Meaux.				
Janv.	8	A March. g^{les}.		2	2 730	»	Janv.	15	Par Divers, s/ remises.	3	2 730	»
	20	A Crédit Lyonnais.		4	800	»		24	Par Caisse.	5	800	»
	29	A March. g^{les}.		6	900	»		31	Par Divers, p^r balance.	8	900	»
					4 430	»					4 430	»
Févr.	1	A Divers, *solde à nouveau*.		8	900	»					

Doit			160			Félix, à Charenton.			Avoir	
Janv.	8	A March. g^{les}.		2	275	»	Janv.	9	Par Divers, s/ vers^t, esc. 5 %.	2	275	»

			163			Roch, à Besançon.				
Janv.	22	A March. g^{les}.		5	1 080	»	Janv.	23	Par Divers.	6	1 080	»

Répertoire du grand-livre.

Capital	f° 1	Léveillé, à Nancy	f° 103
Marchandises générales	10	Morelle, à Paris	109
Caisse	15	Riboud, à Bourg	114
Effets à payer	19	Crédit Lyonnais	125
Effets à recevoir	24	Vareilles, à Nantes	130
Profits et Pertes	29	Foreau, à Poitiers	135
Frais généraux	35	Loreau, à Lyon	150
Matériel	39	Duhamel, à Versailles	152
Loyer d'avance	43	Chenu, à Meaux	155
Dépenses personnelles	60	Félix, à Charenton	160
Lacour, à Paris	101	Roch, à Besançon	163

EXERCICES.

BALANCE DE VÉRIFICATION AU 31 JANVIER 19..

FOLIOS DU GRAND-LIVRE	COMPTES	SOMMES				SOLDES			
		DÉBIT		CRÉDIT		DÉBITEURS		CRÉDITEURS	
2	Capital.........			20 000				20 000	
10	Marchses gles.....	19 163	65	10 035	75	9 127	90		
15	Caisse.........	23 308	75	22 230	05	1 078	70		
19	Effets à payer.....	920		1 160				240	
21	Effets à recevoir...	7 403	75	5 133	75	2 270			
29	Profits et Pertes...	93	70	30		54	70		
33	Frais généraux....	694				694			
39	Matériel........	3 120				3 120			
43	Loyer d'avance....	910	10			910	10		
60	Dépenses personnles.	400				400			
101	Lacour, à Paris....	2 310		2 310					
103	Léveillé, à Nancy..	900		900					
109	Morelle, à Paris...	780		780					
114	Riboud, à Bourg...			175				175	
125	Crédit Lyonnais....	4 238	25	2 903	65	1 334	60		
130	Vareilles, à Nantes..	1 380		1 380					
135	Foreau, à Poitiers..	525				525			
150	Loreau, à Lyon....	2 118	25	2 118	25				
152	Duhamel, à Versailles	780		780					
155	Chenu, à Meaux...	4 430		3 530		900			
160	Félix, à Charenton..	275		275					
163	Roch, à Besançon..	1 080		1 080					
		74 830	45	74 830	45	20 415		20 415	

BALANCE D'INVENTAIRE AU 31 JANVIER 19..

FOLIOS DU GRAND-LIVRE	COMPTES	SOMMES		SOLDES	
		DÉBIT	CRÉDIT	DÉBITEURS	CRÉDITEURS
2	Capital..........		21 083 45		21 083 45
10	March. g^{les}......	21 859 50	10 035 75	11 823 75	
15	Caisse.........	23 308 75	22 230 05	1 078 70	
19	Effets à payer.....	920	1 160		240
24	Effets à recevoir...	7 403 75	5 133 75	2 270	
29	Profits et Pertes...	2 734 85	2 734 85		
35	Frais généraux....	845 70	845 70		
39	Matériel........	3 120	312	2 808	
43	Loyer d'avance....	910 10	151 70	758 40	
60	Dépenses personn^{les}.	400	400		
101	Lacour, à Paris....	2 310	2 310		
103	Léveillé, à Nancy..	900	900		
109	Morelle, à Paris...	780	780		
114	Riboud, à Bourg...		175		175
125	Crédit Lyonnais...	4 238 25	2 903 65	1 334 60	
130	Vareilles, à Nantes..	1 380	1 380		
135	Foreau, à Poitiers..	525		525	
150	Loreau, à Lyon....	2 118 25	2 118 25		
152	Duhamel, à Versailles	780	780		
155	Chenu, à Meaux...	4 430	3 530	900	
160	Félix, à Charenton..	275	275		
163	Roch, à Besançon..	1 080	1 080		
		80 319 15	80 319 15	21 408 45	21 408 45

EXERCICES.

BILAN AU 31 JANVIER 19..

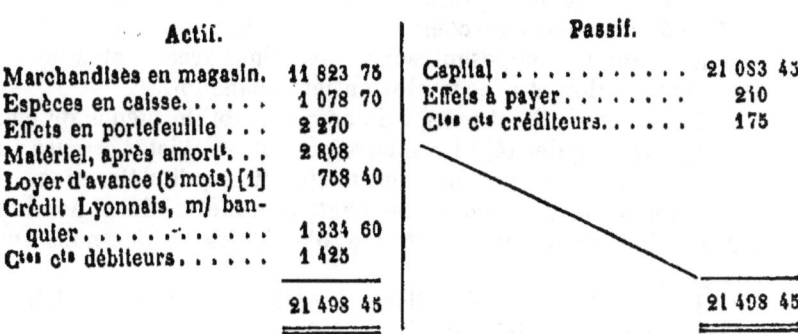

Actif.		Passif.	
Marchandises en magasin.	11 823 75	Capital............	21 083 45
Espèces en caisse......	1 078 70	Effets à payer........	240
Effets en portefeuille...	2 270	C^{tes} c^{ts} créditeurs......	175
Matériel, après amort^t...	2 808		
Loyer d'avance (5 mois) (1)	758 40		
Crédit Lyonnais, m/ banquier.............	1 334 60		
C^{tes} c^{ts} débiteurs.......	1 425		
	21 498 45		21 498 45

Certifié véritable et conforme à mes livres.
31 janvier 19..
X...

(1) On ne modifie le chiffre du loyer payé d'avance qu'au cas d'inventaire. Au payement du terme échéant les 1er avril il faudra rétablir le chiffre primitif par l'écriture suivante :

Divers   à Caisse
  Frais généraux
    2 mois de loyer......... 303,40
  Loyer d'avance
    1 mois de loyer p^r compl^t... 151,70 — 455,10

SINCÉRITÉ DES INVENTAIRES

L'inventaire doit présenter, en fin d'exercice, la *situation réelle* d'une maison de commerce. Il convient donc que tous les articles qui le composent soient examinés avec la plus minutieuse attention et avec la plus entière bonne foi.

Même lorsqu'il est extrait d'une comptabilité bien établie et tenue avec régularité, l'inventaire peut être l'objet d'erreurs ou de fraudes qui rendent illusoire la situation qu'il détermine.

L'erreur la plus communément reproduite dans nombre d'inventaires est une exagération d'actif. Entendons-nous sur ce point :

Le compte de Marchandises générales, par exemple, doit, à l'inventaire, être débiteur du prix des marchandises en magasin. Celles-ci sont généralement évaluées au prix d'achat. Mais il arrive fréquemment que cette estimation est inexacte et arbitraire, car les articles invendus sont avariés, défraîchis ou passés de mode. Il aurait fallu les évaluer, non pas à leur prix coûtant, mais bien à leur valeur réelle, c'est-à-dire au-dessous du prix d'achat. On ne l'a pas fait. Pourquoi ? Par ignorance ou mauvaise foi : parce que le négociant s'est fait de dangereuses illusions sur l'écoulement de ces marchandises; parce qu'il lui a répugné d'avouer qu'il est en perte ou qu'il fait peu de bénéfices; ou enfin parce qu'il a cru avoir intérêt à faire paraître sur ses livres des profits fictifs, par exemple pour trouver un meilleur prix de sa maison de commerce qu'il désire céder.

Ce que nous disons pour le compte Marchandises nous pouvons le répéter pour les comptes Immeubles, Matériel, Usines, Outillage, etc., auxquels le commerçant maintient leur valeur d'acquisition alors qu'ils devraient, chaque année, être amortis de la dépréciation qu'amènent nécessairement le temps et l'usage.

Nous ferons cependant exception à cette règle pour le compte Portefeuille de titres mobiliers et pour toutes autres valeurs qui ont un prix courant et connu sur les marchés et bourses du pays. Celles-ci peuvent être inventoriées au cours du jour, bien qu'il soit plus prudent de les laisser à leur prix d'achat si celui-ci est inférieur à la valeur actuelle

SINCÉRITÉ DES INVENTAIRES.   173

Une autre cause fréquente d'erreurs dans l'inventaire est la mauvaise appréciation des créances actives. Beaucoup de commerçants, en effet, hésitent à passer par Profits et Pertes les créances qu'ils possèdent sur des clients dont l'insolvabilité est notoire, et ne consentent pas à amortir les créances dont le recouvrement est douteux. Ils faussent ainsi leur bilan, qui présente un actif parfaitement irréalisable.

Si l'exagération d'actif est l'erreur la plus répandue, on voit cependant quelquefois, mus par des mobiles différents, des commerçants qui exagèrent leurs pertes, c'est-à-dire qui amortissent dans de trop fortes proportions leurs marchandises, leurs immeubles, leur matériel, etc., ou qui font disparaître comme perdues des créances encore recouvrables.

Soit qu'il pèche par ignorance, soit qu'il se livre à des manœuvres coupables, le commerçant dont l'inventaire ne présente pas la situation réelle et justifiée s'expose aux plus graves ennuis. Mais que doit-on penser lorsque ce sont de grandes sociétés industrielles ou financières qui, dans un but toujours condamnable, présentent à leurs bailleurs de fonds des bilans qui ne reposent sur aucune réalité tangible ? Nous en avons malheureusement trop souvent vu de ces sociétés ou de ces compagnies qui publient des inventaires aussi alléchants qu'illusoires, distribuent de superbes dividendes et, tout d'un coup, cessent leurs payements et sombrent dans une lamentable et retentissante banqueroute. On s'aperçoit alors du néant de l'actif qu'ils faisaient miroiter aux yeux des naïfs : le portefeuille n'était gonflé que de titres tombés subitement aux plus bas cours ; les débiteurs étaient plus que douteux et on avait exagéré à plaisir la valeur de tout ce qui composait l'actif : marchandises, fonds de commerce, brevets, usines, etc. Au total la ruine pour ceux qui avaient placé leur confiance dans les belles promesses de quelques aigrefins, et la méfiance semée dans le public qui hésite alors, faute de pouvoir discerner, à porter ses capitaux, dans les entreprises les plus recommandables.

Pour nous résumer, nous dirons que les commerçants — et ils sont heureusement l'immense majorité — qui entendent tenir leurs écritures avec tout le respect de la vérité, doivent veiller à ce que l'inventaire qu'ils font à la fin de chaque exercice soit absolument conforme à la réalité de leur situation.

PERMANENCE DE L'INVENTAIRE

Lorsque à n'importe quel moment de l'année, soit en cours, soit en fin d'exercice, il semble utile à un commerçant de faire le relevé des comptes inscrits à son grand livre, en d'autres termes d'établir une balance de vérification, si cette balance se trouve juste, le commerçant ne pourra néanmoins, à l'aide des seules indications fournies par ce relevé, connaître exactement sa situation. Il lui manque, en effet, ce renseignement essentiel : le chiffre des bénéfices réalisés sur les ventes qu'il a opérées. Ce chiffre, il ne saurait le demander à son compte Marchandises générales où les marchandises entrent pour un certain prix et sortent pour un prix supérieur. Pour que ce compte pût le lui fournir il faudrait, circonstance qui n'arrive pour ainsi dire jamais, qu'il ne restât plus de marchandises en magasin, et, dans ce cas extrêmement rare seulement, le solde créditeur du compte Marchandises indiquerait les profits réalisés. Il y a donc, pour le commerçant qui procède par les méthodes comptables ordinaires, impossibilité flagrante de connaître immédiatement, et sans se livrer au travail souvent très long et très pénible du récolement des objets invendus, ses bénéfices nets ou ses pertes sèches.

Remarquons en passant qu'en plus du compte Marchandises la balance de vérification peut contenir d'autres comptes présentant un solde inexact ; tels sont la plupart des comptes composant le capital fixe d'une entreprise : immeubles, usines, matériel, outillage, fonds de commerce, brevets, etc., qui demandent à être périodiquement amortis dans une proportion convenable. Mais cet amortissement se fait rapidement et sans grande peine, de sorte qu'on peut avancer qu'il n'y a vraiment que le compte Marchandises générales qui nous empêche d'aboutir à cette solution si désirable à tous points de vue : la permanence de l'inventaire.

On entend par *permanence de l'inventaire* le moyen pour un

PERMANENCE DE L'INVENTAIRE.

commerçant de connaître, dès qu'il le désire et par le seul examen des comptes ouverts sur son grand-livre, sa situation véritable, le montant de ses profits ou de ses pertes. La permanence de l'inventaire est-elle en principe chose chimérique et irréalisable? Évidemment non, et nous allons démontrer que, théoriquement, et pour une certaine catégorie de commerçants tout au moins, rien n'est plus aisé que d'arriver à tenir constamment réglé le compte Marchandises.

Nous avons déjà vu que lorsque nous opérons une vente, au comptant ou à terme, deux éléments entrent dans la composition du prix de vente : 1° le prix d'achat; — 2° le bénéfice réalisé par la vente.

Or ne pouvons-nous pas, à chacune de ces opérations relatées sur notre journal, distinguer, dans l'article que nous créons, le prix de revient ou d'achat du bénéfice? Les marchandises sont, à l'achat, entrées pour un certain prix dans nos magasins; nous allons, à la vente, les faire sortir pour le même prix et nous verserons le profit réalisé à un compte spécial, subdivisionnaire de Profits et Pertes, que nous appellerons, si vous voulez, Bénéfices en cours.

Prenons un exemple :

Il est entré dans nos magasins, entre autres marchandises, un coupon de 50 mètres de soie que nous avons payé à Guillaume, notre fournisseur, 2 fr. 50 le mètre, soit au total 125 francs. Nous avons, à cette occasion, passé l'article :

March. g^{les}   à *Guillaume.*
  S/ f^{re} 50 m. soie, à 2 fr. 50............ 125

Nous vendons ce coupon en deux fois, savoir : 20 mètres au comptant à 3 fr. 25 le mètre et 30 mètres à Baur à raison de 3 fr. 10 le mètre.

Nous passons alors les articles suivants :
Pour la vente au comptant,

Caisse   à Divers :
  A *March.* g^{les}.
  Vente 20 m. soie, revenant à fr. 2,50 le m.   50
  A *Bénéfices en cours.*
  Bénéf. 0 fr., 75 par m............... 15   65

Pour la vente à terme,

Baur   à Divers :
    A *March. g^{les}*.
    Vente 30 m. soie, rev^t à fr. 2,50 le m.   75
        A *Bénéfices en cours*.
    Bénéf. 0 fr., 60 par m.   18   93

Autre exemple :

Un vigneron a établi, sur ses livres, le prix de revient de son vin blanc, récolte 1893, à 45 fr. l'hectolitre.

Il vend :

1° À Brendel, marchand de vin, à Paris, 6 barriques de 225 lit. chacune, au prix de 140 fr. la barrique, soit 840 fr.

2° Au comptant, 1 barrique au prix de 150 fr.

Pour la première de ces opérations, nous écrivons au journal :

Brendel   à Divers :
    A *Vin blanc (récolte 1893)*.
    6 barr., soit 1 350 lit., à fr. 45 l'Hl.,
        prix de revient   607,50
        A *Bénéfices en cours*.
    Bénéf. sur la vente.   232,50   840

Nous mentionnons ensuite la seconde opération de la façon suivante :

Caisse   à Divers :
    A *Vin blanc (récolte 1893)*.
    1 barr., soit 225 l., à fr. 45 l'Hl.,
        prix de revient   101,25
        A *Bénéfices en cours*.
    Bénéf. sur la vente.   48,75   150

Exceptionnellement, il peut arriver qu'un commerçant soit obligé, par une raison quelconque, de vendre une marchandise à perte. L'écriture portée au journal à cette occasion doit, au même compte de résultat, enregistrer la perte, ainsi que les écritures précédentes ont enregistré les profits.

PERMANENCE DE L'INVENTAIRE.

Si nous supposons que ce même vigneron a vendu à Peigne deux barriques de son vin blanc (récolte 1893) légèrement piqué, au prix de 80 fr. la pièce de 225 lit., nous devons passer l'article :

Divers   à *Vin blanc (récolte 1893).*
   E. Peigne
   2 barr., à fr. 80 l'une   160
   Bénéfices en cours
   Perte sur cette transaction.   42,50   202,50

Au cas « d'avoir » ou de retour de marchandises, nous devons naturellement ristourner, par le débit du compte Bénéfices en cours, les profits enregistrés au crédit de ce compte lors de la vente.

C'est ainsi que si Brendel retourne à notre vigneron une pièce de vin qui lui est parvenue avariée, nous écrirons :

Divers   à *Brendel.*
   Vin blanc (récolte 1893)
   Avoir 1 barr. retournée   101,25
   Bénéfices en cours
   Ristourne des profits enregistrés . .   38,75   140

Pour plus de clarté, et lorsque le genre de l'entreprise s'y prête, nous pouvons supprimer le compte général Marchandises pour ouvrir un compte à chacune des spécialités de notre maison. Nous pouvons même ouvrir autant de comptes « Bénéfices en cours » que nous avons de spécialités à placer. Les écritures y gagneront d'être plus claires et nous indiqueront mieux et le chiffre d'affaires fait sur chacune de nos marchandises et les profits tirés de chacune d'elles.

Nous venons d'examiner la méthode la plus simple, et peut-être aussi la plus expéditive, pour arriver à la permanence de l'inventaire. Il en existe d'autres, plus ou moins ingénieuses, que nous ne pouvons aborder ici, dans le cadre restreint de ce précis ; il suffira de dire que toutes procèdent du même principe, savoir : distraire dans chaque vente le prix d'achat ou de revient du bénéfice inhérent à cette vente.

Avantages. — En procédant de la même façon pour toutes les sorties ou retours de marchandises donnant lieu à bénéfices, ou accidentellement à perte, nous voyons que les principaux avantages qui résultent de l'application pratique de cette méthode sont les suivants :

1° *Connaissance permanente, au prix de revient, du montant de l'existant en magasin.* Le compte Marchandises, qui n'est jamais crédité que de la valeur, au prix coûtant, des marchandises sortant du magasin, présente constamment un solde débiteur précisément égal au prix d'acquisition des marchandises invendues. Au moyen d'une simple soustraction, le commerçant peut donc, à tout moment, connaître la valeur, au prix de revient, de l'existant en magasin.

Cette constatation donne au commerçant d'utiles indications sur la proportion qui existe entre les marchandises qui sont vendues et celles qui restent à écouler. Nous ne devons cependant pas perdre de vue que dans un grand nombre de cas le stock en magasin, évalué à son prix d'achat, ne l'est pas à son prix réel : de nombreuses catégories de marchandises sont, en effet, susceptibles d'une dépréciation parfois considérable et dont il faut tenir compte. Dans ces circonstances, et malgré la méthode rationnelle qui a présidé au jeu du compte Marchandises, on ne peut prétendre que celui-ci se trouve constamment réglé, puisque, seul, un inventaire estimatif des marchandises invendues pourrait nous renseigner exactement sur leur valeur réelle. Nous ne faisons qu'indiquer ici cette importante considération, que nous développons plus loin ;

2° *Inscription immédiate des bénéfices réalisés sur les ventes.* L'inscription immédiate, au fur et à mesure qu'ils se produisent, des bénéfices réalisés sur les ventes au comptant ou à terme a une certaine importance : elle permet au négociant de se rendre compte, à tout moment, si les bénéfices bruts acquis sont ou ne sont pas en proportion avec les dépenses et les frais de toutes sortes occasionnés par les besoins du commerce. Ici encore, il nous faut faire une restriction : le compte Profits et

Pertes ne sera réglé d'une façon permanente, c'est-à-dire son solde ne présentera le chiffre exact des bénéfices ou des pertes, que si la valeur réelle des marchandises en magasin n'est pas inférieure au prix de revient de ces marchandises.

Nous constatons en somme que la méthode dite « permanence de l'inventaire » se présente comme un très sérieux progrès comptable et qu'elle est d'une conception des plus facile. Il nous reste à traiter des difficultés et inconvénients que rencontre son application pratique et générale.

Difficultés et inconvénients. — 1° *Perte de temps.* Chaque vente donne lieu au moins à un double article, d'où perte de temps apparente. Mais nous nous empressons d'ajouter que c'est là un inconvénient négligeable et que compense amplement le procédé rationnel qui préside à l'élaboration de l'article. D'ailleurs y a-t-il vraiment perte de temps, la méthode employée devant avoir pour effet de nous dispenser de ce travail si pénible et si long de l'inventaire des marchandises en magasin?

2° *Difficulté de connaître exactement le prix de revient.* Nous étudierons dans un prochain chapitre à quels calculs compliqués et délicats aboutit la recherche des prix de revient pour certaines industries. Nous déclarons tout de suite, ce que nous répéterons plus loin, à savoir : que tout commerçant ou fabricant, même en s'imposant beaucoup de peine et beaucoup de travail, doit être renseigné sur ses prix de revient, ne fussent-ils qu'approximatifs, car c'est la condition essentielle de la bonne marche de ses affaires. Nous négligerons donc encore cette difficulté, certes très réelle, mais qui doit à tout prix être surmontée.

3° *Inconvénient de marquer sur les livres et sur les marchandises le prix de vente en regard du prix de revient.* Le prix de revient une fois trouvé, avec plus ou moins de peine, il faut compter avec la répugnance que nombre de patrons éprouvent à placer sous les yeux de leur personnel, vendeurs, caissiers ou comptables, le prix de revient accolé au prix de vente, à lui faire constater le bénéfice réalisé sur chaque transaction.

Sans doute le prix de revient sera marqué en lettres, à l'aide d'une clef secrète, au moins pour les vendeurs, mais il est bien rare que ceux-ci ne la possèdent rapidement; et quand bien même elle resterait ignorée des vendeurs il faudrait encore compter avec la discrétion des comptables.

4° *Discussion sur la valeur réelle de l'existant en magasin.* Nous supposons les difficultés aplanies, les inconvénients disparus, les répugnances vaincues; nous avons tenu le ou les comptes de Marchandises suivant la bonne formule, opéré les amortissements d'usage sur les comptes d'Immeubles, de Matériel, d'Outillage, des débiteurs douteux, et nous nous disposons à procéder à notre balance annuelle ou semestrielle. Nous allons donc pouvoir jouir du fruit de nos pénibles labeurs, et connaître notre situation véritable à la seule inspection des comptes de notre grand-livre. Hélas! ici encore, une autre difficulté se dresse, difficulté d'autant plus redoutable qu'elle remet tout en question. C'est que si le solde débiteur du compte Marchandises nous indique la valeur au prix coûtant du reliquat en magasin, la plupart du temps, il ne donne pas du tout la *valeur réelle au cours du jour* de ce reliquat. En effet, dans le plus grand nombre d'industries ou de commerces, de quoi se compose une notable partie des marchandises invendues? Elle se compose de marchandises passées de mode ou de saison; de marchandises défraîchies par le temps, par la manipulation des vendeurs et des clients et par l'exposition en vitrine; de marchandises ayant de constantes fluctuations de cours, etc. Cela est si vrai que presque tous les grands magasins de détail, et beaucoup de magasins de gros, ont accoutumé, à époques fixes, de solder à prix réduits les marchandises qui se présentent dans les conditions que nous venons d'énumérer. Or, comment savoir le rabais, la perte qu'il convient de consentir sur chacun des articles à liquider, sinon en faisant le fastidieux inventaire des marchandises en magasin auquel on croyait pouvoir échapper? Et il ne s'agit plus ici de le faire rapidement, au prix coûtant, mais il faut examiner chaque pièce, chaque article, et lui attribuer le prix auquel on peut le solder. Ainsi tous nos travaux, toutes nos peines n'ont pu aboutir au résultat espéré, et la permanence de l'inventaire, but de nos louables efforts, nous échappe encore.

Nous ne voulons pas cependant tomber dans l'exagération pessimiste et nous devons dire que certaines maisons peuvent arriver aisément à la permanence de l'inventaire. Il est remarquable seulement que les maisons qui peuvent le plus facilement jouir de l'amélioration apportée par les méthodes nouvelles sont celles-là précisément qui, par la nature de leurs marchandises, n'éprouvaient aucune difficulté à en faire le relevé à n'importe quel moment.

Résumé. — En résumé, la permanence de l'inventaire est d'une conception aisée et se présente sous les dehors engageants d'une ingénieuse formule mathématique. Elle relève le niveau de la tenue des livres en lui donnant occasion de s'affirmer comme une véritable science des comptes claire et précise. Si nous sommes forcé d'avouer que son application n'est pas possible dans un grand nombre de comptabilités, nous pensons qu'elle peut et doit être essayée dans tous les cas où sa mise en pratique ne rencontre pas de difficultés insurmontables ou de répugnances invincibles.

JOURNAL-GRAND-LIVRE

Le journal-grand-livre tel, ou à quelques variantes près, que nous le présentons ci-après est employé, depuis une vingtaine d'années dans un nombre assez restreint de maisons de commerce.

Sa disposition lui permet de recevoir à la fois et les écritures du journal et celles du grand-livre. Ces dernières sont résumées dans six colonnes qui correspondent aux six comptes généraux et dans une septième qui contient les comptes courants et les comptes de valeurs immobilisées. Il est indispensable, pour suivre les mouvements des comptes courants, de tenir, en même temps que le journal-grand-livre, un grand-livre ordinaire sur lequel on ne reporte que les comptes qui figurent à la septième colonne.

JOURNAL

DATES	FOLIOS	OPÉRATIONS	DÉTAIL	TOTAUX	MARCHANDISES GÉNÉRALES	
					DÉBIT	CRÉDIT
18.. Janvier	2	Caisse à Capital. M/ apport espèces.......		20 000		
»	30	Divers à Caisse. March. g^les march. en mag., s^t inventaire.. Matériel suiv^t évaluation.........	13 478 15 3 000	16 478 15	13 478 15	
3	43	Loyer d'avance à Caisse. 6 mois au pp^te		910 10		
»	101 103	March. g^les à Divers : A Lacour, de Paris. s/ f^re toile............ A Léveillé, de Nancy. s/ f^re velours..........	920 900	1 820	1 820	
4		Frais gén^x à Caisse. Fournitures de bureaux.....		130 30		
»		Caisse à March. g^les. Vente au comptant........		137 50		137 50
6	103 150	Divers à March. g^les. Léveillé, de Nancy m/ retour f^re du 3 ...... Loreau, de Lyon m/ f^res layettes	60 568 25	628 25		628 25
7	101	Lacour à Effets à payer. M/ accept^on fin c^t........		920		
		A reporter....		41 024 50	15 298 15	765 75

GRAND-LIVRE

CAISSE		EFFETS A RECEVOIR		EFFETS A PAYER		PROFITS ET PERTES		CAPITAL		COMPTES COURANTS ET DIVERS	
DÉBIT	CRÉDIT	DÉBIT	CRÉDIT	DÉBIT	CRÉDIT	DÉBIT	CRÉDIT	DÉBIT	CRÉDIT	DÉBIT	CRÉDIT
20 000									20 000		
	16 478 15									3 000	
	910 10									910 10	
											920
											900
	130 30									130 30	
137 50											
										60	
										568 25	
					920					920	
20 137 50	17 518 75	»	»	»	920	»	130 30	»	20 000	5 158 35	1 820 »

Le plus grand avantage du journal-grand-livre est d'offrir au commerçant un contrôle permanent de ses écritures. On constate au bas de chaque page que les articles ont bien été passés en s'assurant que la somme des débits du grand-livre est égale à la somme des crédits, et que ce total commun est aussi égal au total du journal. C'est donc une balance de vérification que nous faisons à chaque page.

Malheureusement, la rédaction longue et minutieuse de ce registre ne lui permet pas d'être employé dans les maisons où les opérations très nombreuses nécessiteraient une perte de temps trop considérable. D'autre part, beaucoup de commerçants estiment très justement qu'il est indispensable, pour la clarté de leur comptabilité, de créer nombre de comptes généraux subdivisionnaires, et ils ne peuvent faire usage du journal-grand-livre dont on ne saurait multiplier le nombre de colonnes sans le rendre impraticable.

Pour ces raisons, l'emploi de ce registre doit être limité à certains commerces qui n'ont que peu d'écritures à y inscrire et n'ont pas besoin de subdivisionner les comptes généraux; il ne saurait convenir à la plupart des maisons de commerce importantes.

Pour faire mieux saisir l'ingénieux mécanisme du journal-grand-livre nous en donnons un modèle (v. page 182-183) qui relate les premières opérations de la maison X.

BALANCE DE FIN DE PAGE DU JOURNAL-GRAND-LIVRE

	DÉBIT	CRÉDIT
Totaux de la colonne Marchandises.....	15 208,15	765,75
— Caisse.........	20 137,50	17 518,75
— Eff. à payer......		920
— Profits et Pertes...	130,50	
— Capital.........		20 000
— C^{tes} c^{ts} et divers....	5 458,35	1 820
Totaux égaux au total de la colonne du journal.....................	41 024,50	41 024,50

DIFFICULTÉS COMPTABLES

Ouverture et organisation d'une comptabilité.

C'est une entreprise très délicate, et qui exige de la part de celui qui en assume la direction beaucoup d'expérience jointe à de sérieuses aptitudes professionnelles, que celle qui consiste à déterminer comment et dans quelles conditions, il convient de procéder à l'enregistrement méthodique des opérations d'une maison de commerce. Plus souvent qu'on ne le pense généralement la prospérité des affaires est intimement liée à l'organisation rationnelle des écritures. Pas de bonne maison sans une bonne comptabilité, telle devrait être la devise de tout commerçant qui a souci de ses intérêts. Ce n'est donc qu'à un praticien consommé que doit être confiée la mission d'organiser une tenue de livres.

Nous savons que le commerce se divise en commerce intérieur et commerce extérieur, en commerce de gros et commerce de détail ; or, chacune de ces grandes divisions comprend une infinité de branches, de catégories, de spécialités qui, toutes, ont des usages particuliers et des coutumes consacrées par le temps. La comptabilité ne devra-t-elle pas distinguer entre ces différents genres de commerce, et leur imposera-t-elle à tous des règles immuables, sans se soucier de leurs habitudes et de leurs besoins ? La réponse est aisée : comme l'entreprise ne peut modifier sa façon de procéder sans s'exposer aux plus graves préjudices, c'est à la science des comptes à se plier aux exigences de l'entreprise, à lui rendre, en définitive, les services qu'elle est en droit d'en attendre.

Sur un seul point, mais sur un point essentiel, le comptable a le devoir de se montrer intransigeant : c'est sur la méthode à employer pour l'enregistrement des écritures. Seule, la « partie double » peut, par le contrôle sérieux et efficace qu'elle offre, lui donner une sécurité qu'il ne saurait trouver dans aucune autre méthode. L'application de la partie double s'impose donc dans tous les cas.

Le comptable chargé de l'organisation d'une comptabilité, s'il veut se montrer à la hauteur de la tâche qui lui incombe, doit, avant toute chose, étudier suffisamment l'entreprise commerciale, pour être à même d'en saisir tous les rouages, d'en pénétrer tous les besoins. Ceci fait, son attention se porte principalement sur les points suivants :

1° Il choisit les livres nécessaires à l'enregistrement des écritures ; il détermine leur nombre, leur format et leur réglure de telle façon que la rédaction en soit aisée, concise et suffisamment claire ; il tient la main à ce qu'une pièce comptable appuie toujours l'inscription d'une opération sur les livres auxiliaires ; dans les maisons de quelque importance, les livres de première main seront assez subdivisés pour que leur tenue n'éprouve aucun retard ni aucune gêne du fait de la transcription au journal. Cette transcription se fera naturellement suivant les principes de la partie double. Les comptes du grand-livre, notamment les comptes courants, devront constamment être à jour ; — 2° si le comptable n'est pas seul à s'occuper de la tenue de tous les registres, il répartit la besogne entre ses subordonnés de telle sorte qu'un contrôle mutuel soit toujours possible, qu'une fraude ne puisse se produire qu'avec la complicité de plusieurs commis, ce qui la rend beaucoup plus difficile. Il peut y avoir, dans une même maison, incompatibilité entre deux postes : c'est ainsi que la prudence conseille de ne pas confier à un caissier le soin de s'occuper des écritures comptables qui contrôlent sa gestion. Généralement le chef comptable se charge lui-même de libeller les articles du journal, seul livre dont la rédaction offre quelque difficulté. Avons-nous besoin de dire qu'un comptable sérieux doit, en toute circonstance, garder scrupuleusement les secrets professionnels et exiger de ses collaborateurs la même discrétion ; — 3° il combine les écritures de manière à faire ressortir clairement certains résultats et certaines indications que le commerçant juge plus particulièrement nécessaires à la bonne administration de ses affaires.

Telles sont les considérations les plus propres à guider le comptable dans l'établissement d'une tenue de livres. Ajoutons pour terminer qu'il fera toujours bien de s'inspirer des désirs et des conseils du commerçant dont il n'est que l'historien fidèle et sincère.

Réorganisation d'une comptabilité en cours d'exercice.

Il arrive assez fréquemment qu'en cours d'exercice un professionnel soit appelé à reprendre la suite d'une comptabilité. S'il y a eu interruption dans la passation des écritures, son premier soin sera de les mettre à jour; puis, quelque opinion qu'il ait de la régularité des livres et des comptes, il dressera au plus tôt une balance de vérification à la date de son entrée en fonctions. Cette balance ajustée, avec ou sans le secours du pointage, il établira son contrôle de la façon suivante :

Il constatera que le montant des espèces en caisse correspond exactement avec le solde débiteur du compte de Caisse. Il examinera un à un, au double point de vue du fond et de la forme, les billets, les mandats et les traites qui composent le portefeuille des effets à recevoir; il s'assurera que le montant total de ces papiers de crédit coïncide avec le solde débiteur du compte qui leur est ouvert au grand-livre. Il recherchera si les obligations en cours, souscrites par le commerçant représentent bien une somme égale au solde créditeur du compte Effets à payer.

Le montant des factures des fournisseurs, augmenté de la valeur du stock en magasin au dernier inventaire, donnera le chiffre du débit du compte Marchandises générales; le crédit de ce compte correspondra exactement avec le total du livre des ventes (ou livre de débit).

Si ces concordances ne se produisaient pas, il devrait trouver les différences en collationnant successivement le journal avec les livres auxiliaires, et les livres auxiliaires avec les pièces comptables.

Son attention se portera encore sur le compte Profits et Pertes et ses subdivisions, telles que frais généraux, dépenses personnelles, etc.; il examinera attentivement la nature des dépenses enregistrées depuis le dernier inventaire. Si les comptes du capital fixe de l'entreprise (valeurs immobilisées) n'ont pas été amortis dans la proportion convenable, il en prendra note afin de réparer cette omission au prochain inventaire.

Des comptes généraux il passera aux comptes courants.

Il s'assurera que les factures des fournisseurs ont été effectivement soldées par le crédit de la caisse, des effets à payer ou de toute autre façon. Il recherchera quels sont ceux des clients qui n'ont pas réglé le prix des marchandises qui leur ont été livrées.

Ces clients peuvent se diviser en trois catégories : 1° ceux dont la facture est toute récente et sur lesquels le commerçant n'a pu encore disposer; — 2° ceux qui, par convention expresse, ont obtenu un délai de payement qui n'arrive pas encore à l'expiration; — 3° ceux qui n'ont pas rempli leurs promesses ou leurs engagements : par exemple, ceux qui ont laissé retourner, faute d'acceptation ou de payement, les traites tirées sur eux.

Pour ces derniers, le comptable s'enquerra de leur solvabilité, et jugera dans quelle mesure il convient de les laisser figurer à l'actif de la maison. Il prendra, en tous cas, les mesures propres à faire rentrer toutes les créances douteuses.

Enfin, si la chose est possible, il hâtera l'époque de l'inventaire des marchandises, afin de posséder au plus tôt une situation absolument exacte, une base solide et connue sur laquelle il pourra étayer les écritures subséquentes.

Si la méthode employée par son prédécesseur lui semble défectueuse sur quelques points, rien n'empêche le nouveau comptable de la modifier, même en cours d'exercice, après l'établissement d'une simple balance de vérification; c'est ainsi qu'il lui est loisible de changer le mode d'inscription des articles du journal, ou de subdiviser certains comptes du grand-livre.

Il est cependant des cas où l'inventaire est de rigueur : c'est lorsqu'il y a défaut absolu d'écritures, ou lorsque les livres sont si mal tenus qu'il est impossible d'en tirer aucune indication utile. Dans ces conditions, le comptable dressera de son mieux, par actif et passif, un bilan qui donnera la situation, sinon absolument exacte, du moins très approximative, de la maison de commerce. Cet état estimatif se fera assez aisément quant à ce qui concerne les valeurs disponibles et les valeurs immobilisées. Pour ce qui touche à la position des tiers sur les livres, la besogne sera beaucoup plus ardue. Le comptable pourra s'en tirer cependant en compulsant les documents commerciaux et en faisant appel à la mémoire du commerçant et à celle de ses commis.

Clôture des écritures par suite de cession de fonds de commerce.

Après avoir étudié la façon de procéder à l'ouverture et à la réorganisation d'une comptabilité, nous allons successivement passer en revue les différents cas qui en déterminent la clôture.

Lorsque, pour une raison quelconque, un négociant se résout volontairement à quitter les affaires, il cherche naturellement à tirer le meilleur parti de la situation. Presque toujours, plutôt que de liquider à vil prix les valeurs qui composent son actif et de fermer boutique, il trouve préférable de céder son fonds à un successeur qui reprendra la suite de ses affaires. Il s'agit, il est vrai, de trouver acheteur, ce qui n'est souvent pas facile. S'il se présente un acquéreur, la transaction semblera d'autant plus avantageuse à notre commerçant que non seulement il rentrera dans tout ou partie des déboursés que lui ont coûté ses marchandises, son matériel, son agencement, mais encore qu'il pourra tirer profit, en vendant le fonds de commerce proprement dit, de la valeur morale même de sa maison commerciale.

Le *fonds de commerce*, au sens comptable du mot, s'entend de la valeur intrinsèque d'un établissement de commerce, c'est-à-dire de la valeur que représentent sa bonne réputation, le crédit dont il jouit, son achalandage, l'enseigne sous laquelle il est connu, le droit au bail, toutes choses susceptibles de s'apprécier et de se transmettre assez aisément.

En raison de ces éléments si divers, l'estimation d'un fonds de commerce est très variable; généralement il s'évalue :

1º Suivant son ancienneté. Il est assez naturel qu'une maison qui a pu résister et se maintenir durant de nombreuses années soit mieux réputée qu'un établissement tout récent;

2º Suivant le genre de commerce. Certains commerces peuvent faire hésiter un acquéreur pour des raisons différentes : parce qu'ils ne prospèrent que grâce à une mode, à une vogue qui peut être de courte durée ; parce qu'ils exigent une surveillance trop active ou un travail trop pénible; parce qu'ils peuvent, à un moment donné, subir de fortes pertes; parce que la concurrence des maisons rivales s'accentue sans cesse; etc. D'autres commerces, au contraire, attirent davantage les capitaux : parce qu'ils répondent à des besoins permanents ; parce qu'un brevet ou un secret de fabrication semble les mettre pour quelque temps à l'abri des contrefaçons ; parce qu'ils sont plus faciles à tenir et à surveiller, etc. ;

3° Enfin suivant la proportion qui s'établit entre le chiffre, dûment constaté sur les livres, des bénéfices nets et l'importance du capital engagé dans l'affaire.

Ces explications fournies, nous allons examiner, au point de vue des écritures comptables, le cas du commerçant qui vend son fonds. Nous prenons un exemple qui en rendra la compréhension plus aisée.

M. X, négociant, avait, au jour de la cession de sa maison, établi un bilan qui présentait la situation suivante :

Actif.		Passif.	
Marchandises en magasin..,......	20 435	Capital.........	27 420,70
Effets en portefeuille.	3 431,25	Effets à payer en circulation.......	345
Caisse..........	550	Divers créanciers...	420,30
Matériel........	1 845		
Loyer d'avance....	500		
Divers débiteurs...	1 424,75		
	28 186		28 186

Suivant acte de vente sous seing privé, X cède sa maison à Y pour une somme globale, payée comptant, de francs 28 500 qui se décompose comme suit :

Fonds de commerce (achalandage, enseigne, droit au bail)...............	10 000
Marchandises en magasin (à dire d'expert) .	17 000
Loyer d'avance (trois mois au propriétaire) .	500
Matériel et agencement (estimation amiable).	1 000
Au total.	28 500

Ici, l'intention évidente du vendeur est de transformer en espèces les diverses valeurs qui composent son actif, de solder en espèces également les comptes créditeurs qui composent son passif. C'est donc le compte Caisse qui va successivement balancer tous les autres comptes. Mais avant toute chose, X doit tenir compte des bénéfices et des pertes qu'entraîne pour lui la vente qu'il vient de consentir.

C'est ainsi qu'il a gagné 10 000 francs, en cédant à ce prix un fonds qu'il n'avait pas jusqu'ici songé à faire figurer sur ses livres, parce qu'il était le propre fondateur de la maison qu'il dirigeait. (Notons qu'il n'en sera pas de même pour son successeur, qui comprendra le fonds dans son actif, pour sa valeur d'achat, sauf amortissements ultérieurs.) D'autre part, X a perdu : sur ses marchandises 3 435 francs, sur son matériel 845 francs, différences entre les chiffres du dernier inventaire et les prix d'expertise. Nous enregistrons ces résultats au moyen des articles suivants :

Pour les bénéfices :

Fonds de commerce à *Profits et Pertes.*
  Estimation de m/ fonds. 10 000

Pour les pertes :

Profits et Pertes à Divers :
  A *March. g^{les}*.
    Perte à l'expertise. 3 435
  A *Matériel.*
    Perte à l'expertise.   845   4 280

Nous réglons ensuite la vente elle-même par une écriture qui aura pour effet de solder les comptes Fonds de commerce, Marchandises, Matériel et Loyer d'avance, soit :

Caisse à Divers :
  A *Fonds de commerce.* Prix de vente. . .   10 000
  A *March. g^{les}*.   d°   . . .   17 000
  A *Matériel.*   d°   . . .   1 000
  A *Loyer d'avance.* 3 mois au pp^{re} . . .   500   28 500

Maintenant, si nous supposons que X encaisse régulièrement et les effets qu'il détient en portefeuille et les créances qu'il possède sur divers débiteurs, et que, d'autre part, il paye les traites tirées sur lui et désintéresse ses créanciers, nous écrirons :

Caisse   à Divers :
 A *Effets à recevoir.*
 Encaissement à l'échéance. 3 431,25
 A *Divers débiteurs.*
 L/ remise espèces. 1 424,75   4 856

Divers   à *Caisse.*
 Effets à payer
 Payement à échéance.   345
 Divers créanciers
 M/ remise espèces.   420,30   765,30

Le compte de Profits et Pertes présente un solde créditeur de de francs 5 720, nous le balançons en faisant entrer ce bénéfice au compte capital par l'article :

Profits et Pertes   à *Capital.*
 Bénéfice net. 5 720

Après avoir passé ces écritures au journal, puis au grand-livre, nous constatons qu'il ne reste plus en présence que deux comptes non soldés : Capital et Caisse ; le premier de ces comptes présente un solde créditeur de francs 33 140,70 et le second un solde débiteur de même importance. Il ne nous reste plus qu'à les balancer l'un par l'autre, par un article qui sera précisément la contre-partie de l'article initial habituel d'une comptabilité, nous aurons :

Capital   à *Caisse.*
 Pour clôture de m/ écritures. 33 140,70

On arrête alors le journal et le grand-livre dans la forme ordinaire.

Clôture des écritures par suite de liquidation volontaire.

Si le commerçant n'a pas trouvé acquéreur pour son fonds, il procède à la liquidation pure et simple de son actif, liquidation qui sera d'autant plus prompte qu'il consentira de plus fortes réductions sur les prix d'inventaire. L'écoulement de ses marchandises peut se faire d'un seul coup, s'il les vend à un marchand pour un prix à débattre, ou se faire plus ou moins longuement si, pour éviter de passer sous les fourches caudines d'un soldeur, il préfère attirer le public en liquidant son actif au-dessous des prix courants ordinaires. Quel que soit le moyen qu'il adopte, il finira toujours par réaliser en espèces les valeurs qu'il met en vente. Nous n'avons même rien à changer à cette façon d'envisager la solution finale si, au lieu de vendre ses marchandises au comptant, il les vend à terme, puisque dans ce cas le payement en espèces ne sera que retardé. Aussi les écritures qui clôturent les livres de ce négociant ne diffèrent-elles pas sensiblement de celles que nous venons d'examiner.

Il va sans dire qu'ici le vendeur ne tirera aucune ressource de son fonds de commerce ; même si un compte est ouvert à cette valeur sur le grand-livre, il devra l'annuler par le débit du compte Profits et Pertes. D'autres valeurs actives, marchandises, matériel, agencement, etc., se présenteront aussi en forte perte, sur les estimations d'inventaire.

Pour ce qui concerne le compte Loyer d'avance, une courte explication est nécessaire. Si nous supposons que le commerçant a payé trois mois d'avance à son propriétaire et que sa liquidation exige le même laps de temps, à la clôture des écritures il passera un article qui aura pour but d'inscrire en frais le montant du terme échu et de solder le compte ouvert sous la rubrique « Loyer d'avance », soit :

Frais généraux (ou profits et pertes)   à *Loyer d'avance.*
Terme échu du loyer payé à l'avance.

Opérations et écritures de la faillite.

Le premier devoir du commerçant qui se trouve dans l'obligation de cesser ses payements est de régulariser et de mettre à jour ses livres de commerce, s'ils ne le sont déjà. Il établit ensuite un inventaire qui contient l'énumération et l'évaluation de tous ses biens mobiliers et immobiliers, l'état de ses dettes actives et passives, le tableau de ses pertes et celui de ses dépenses. Ce relevé doit, dans les quinze jours de la cessation des payements, être déposé au greffe du tribunal de commerce de son domicile.

A partir de ce moment le commerçant se trouve légalement dessaisi de l'administration de ses biens, même de ceux qui peuvent lui échoir tant qu'il est en état de faillite. Ce sera le syndic, nommé par le tribunal de commerce, qui prendra la direction des affaires, sous la surveillance d'un contrôleur chargé par les créanciers de surveiller ses opérations et de vérifier les livres.

Tout d'abord le jugement déclaratif de la faillite rend exigibles, à l'égard du failli, les dettes passives non échues; il annule donc, de plein droit, les effets à payer en circulation et tous autres engagements de payement à terme. Les livres du failli devront contenir la contre-écriture relative à cette annulation, par exemple:

Effets à payer   à Divers créanciers.
       Annulation des obligations en circulation.

De plus, les payements qui auraient été faits par le failli, après l'époque fixée pour la cessation des payements et avant le jugement déclaratif de faillite, seront annulés si, de la part de ceux qui ont reçu du débiteur, ils ont eu lieu avec connaissance de la cessation de payement. Si ce cas se présente, on débitera la caisse par le crédit du créancier obligé de rapporter à la masse la somme qu'il a perçue, soit:

Caisse   à *X., créancier*.
    S/ versement de la somme illégalement perçue.

La vérification des créances, faite sous la direction du juge-commissaire, donne presque toujours lieu à quelques rectifications du bilan déposé par le failli au tribunal de commerce. Ces rectifications, le plus souvent provoquées par les réclamations justifiées des créanciers, devront être relatées dans les écritures de la faillite, afin d'en régulariser la situation.

Le syndic, sur l'autorisation du juge-commissaire, peut procéder à la vente des objets sujets à dépérissement, ou à dépréciation imminente, ou dispendieux à conserver. Il s'occupe encore de faire rentrer les créances ou les effets arrivant à leur échéance. L'enregistrement de ces opérations ne donne lieu à aucune difficulté comptable susceptible d'être signalée.

La faillite peut se terminer de trois façons : 1° par la clôture en cas d'insuffisance d'actif; — 2° par le concordat; — 3° par l'union des créanciers.

Examinons, au point de vue comptable, chacune de ces trois solutions.

Clôture en cas d'insuffisance d'actif. — Lorsque le cours des opérations de la faillite se trouve arrêté par insuffisance de l'actif, le tribunal de commerce peut, sur le rapport du juge-commissaire, prononcer, même d'office, la clôture des opérations de la faillite.

Dans ce cas, de même que les opérations commerciales les écritures comptables se trouvent naturellement clôturées. S'il reste quelques valeurs réalisables au failli, elle sont, la plupart du temps, vendues aux enchères ou autrement, et le montant en est abandonné aux créanciers privilégiés (propriétaire, employés, ouvriers, etc.); quant aux autres créanciers, ils rentrent, après le jugement du tribunal de commerce, dans l'exercice de leurs actions individuelles, tant contre les biens que contre la personne du failli.

Concordat. — Le concordat, accordé par les créanciers à leur débiteur et promulgué par le tribunal de commerce, a pour effet de rendre au failli la direction de sa maison commerciale. Il rentre immédiatement en possession de l'universalité de ses biens, livres de commerce et papiers d'affaires. Son premier soin, en reprenant la gestion de ses affaires, est de consigner sur ses livres les effets du contrat intervenu entre ses créanciers et lui.

C'est ainsi que s'il s'est engagé à verser à X, Y et Z, ses créanciers, 25 pour 100 de leurs créances se montant respectivement à 3 000, 5 000 et 8 000 francs, dont 5 pour 100 comptant et 5 pour 100 pendant chacune des quatre années qui suivront, il passera au compte Profits le bénéfice qui résulte pour lui de cet accord. Il écrira :

Divers   à *Profits et Pertes*.
X, Annulation de 75 % de sa créance,
    suiv^t concordat............ 2 250
Y, Annulation de 75 % de sa créance,
    suiv^t concordat............ 3 750
Z, Annulation de 75 % de sa créance,
    suiv^t concordat............ 6 000   12 000

Nous n'ignorons pas que cette écriture peut être contestée, et que certains comptables estimeront que le failli concordataire pourrait laisser subsister sur ses livres, malgré le concordat, la totalité de ses dettes passives, dont il n'est cependant obligé que d'acquitter une partie.

Nous voyons à cette façon d'opérer plusieurs inconvénients :

Les livres du failli, au point de vue des écritures du concordat, doivent présenter la contre-partie des livres de ses créanciers. Or ceux-ci inscrivent en perte la portion de la créance qu'ils abandonnent au failli ; celui-ci est dès lors en droit de l'inscrire en bénéfice.

En outre, en ne passant pas par Profits la quotité perdue par ses créanciers sur leurs créances, le failli, qui peut exercer longtemps encore le commerce, sera forcé, à chaque inventaire, de dresser une situation faussée dans laquelle le capital est susceptible de figurer parmi les comptes débiteurs, ce qui sera contraire à la réalité des faits.

Enfin il ne faut pas perdre de vue que les dettes qui sont remises au failli par ses créanciers ne peuvent, en aucun cas, lui être réclamées ; elles deviennent pour lui de simples dettes d'honneur, de conscience. Si le concordataire entend poursuivre sa réhabilitation, il lui sera toujours possible de désintéresser ses créanciers, en passant cette fois en perte les sommes qu'il versera à cet effet.

Après avoir ainsi régularisé les comptes de ses créanciers sur ses livres, le commerçant enregistrera le premier versement de 5 pour 100 qu'il leur fait comptant :

Divers   à *Caisse*.
X, M/ vers^t esp., suivant concordat... 150
Y,   d°   ... 250
Z,   d°   ... 400   800

Il ne lui restera plus ensuite qu'à passer écritures des opérations courantes.

Lorsque le concordat contient abandon de l'actif aux créanciers, les opérations de réalisation et de répartition de l'actif abandonné donnent lieu à des écritures semblables à celles que nous allons passer en revue pour le cas suivant.

Union des créanciers. — S'il n'intervient pas de concordat, les créanciers sont de plein droit en état d'union.

L'union est une véritable communauté qui s'établit entre créanciers; ceux-ci s'unissent pour procéder à la vente des biens mobiliers et immobiliers du failli et s'en partager le prix, proportionnellement à l'importance de leurs créances.

Les syndics représentent la masse et sont chargés de procéder à la liquidation. Ils poursuivent la vente des immeubles, marchandises et effets mobiliers du failli, ainsi que la liquidation de ses dettes actives et passives, le tout sous la surveillance du juge-commissaire et des contrôleurs, et sans qu'il soit besoin d'appeler le failli.

Lorsqu'ils jugent ce mode de liquidation profitable, les créanciers peuvent donner au syndic mandat pour continuer l'exploitation de l'actif. La délibération qui lui confère ce mandat en détermine la durée et l'étendue et fixe les sommes qu'il peut garder entre ses mains à l'effet de pourvoir aux frais et dépenses. Cette délibération ne peut être prise qu'en présence du juge-commissaire, et à la majorité des trois quarts des créanciers en nombre et en sommes.

Au point de vue de la comptabilité, ces deux façons de procéder donnent lieu à des écritures différentes :

Lorsqu'il y a liquidation plus ou moins immédiate des biens du failli, les opérations de clôture se rapprochent de celles dont nous nous sommes occupés à propos de la liquidation volontaire d'un fonds de commerce. Les divers comptes qui contiennent l'actif de la faillite se trouvent successivement soldés par les comptes Caisse et Profits et Pertes.

C'est ainsi que si le stock en magasin, évalué sur les livres à 3 500 francs, est vendu pour 2 000 francs, nous solderons le compte Marchandises par l'article suivant :

Divers   à *Marchandises* g^{les}.
  Caisse
    Vente au comptant des march. en
      magasin. 2 000
  Profits et Pertes
    Perte sur la vente. 1 500   3 500

On conçoit que la réalisation de l'actif est plus longue lorsque le syndic reçoit mission de continuer l'exploitation de l'entreprise. Pour accomplir son mandat, il est nécessaire qu'il se livre à des opérations plus compliquées, telles que ventes au détail et quelquefois à terme, émission de traites, négociations chez un banquier, etc. Ces transactions doivent être fidèlement enregistrées sur les livres.

Après un temps plus ou moins long, cette sorte de liquidation en arrivera au même point que celle qui procédait par la vente en bloc et au comptant, c'est-à-dire qu'il ne restera plus en présence, sur les livres de la faillite, que trois catégories de comptes : 1° les comptes d'apport et de résultats, Capital et Profits et Pertes ; — 2° l'Actif, représenté par le compte Caisse ; — 3° le Passif représenté par les comptes ouverts aux créanciers.

Le compte Profits et Pertes doit contenir, outre les moins-values accusées par les ventes, les frais et dépenses de l'administration de la faillite, ainsi que les secours qui auraient été accordés au failli ou à sa famille.

Lorsque les opérations de la faillite en sont arrivées à ce point il ne reste plus qu'à répartir le montant des espèces en caisse entre tous les créanciers, au marc le franc de leurs créances vérifiées et affirmées.

Prenons un exemple :

La liquidation de l'actif d'une faillite donne, sur les livres, les résultats suivants :

BILAN DE LA SITUATION DE LA FAILLITE AU...

Actif.		Passif.	
Capital.	4 000	X, créancier.	3 600
Profits et Pertes. . . .	5 000	Y, d°	6 900
Caisse	9 000	Z, d°	7 500
	18 000		18 000

DIFFICULTÉS COMPTABLES.

Le montant des espèces en caisse est de 9 000 francs, le total des créances se monte à 18 000 francs, chaque créancier reçoit à la répartition 50 pour 100 de sa créance. Nous consignons ce résultat sur les livres en écrivant :

Divers	à Divers.		
X, *créancier*. Répartition 50 % sur sa créance de.......	3 600		
Y, *créancier*. Répartition 50 % sur sa créance de.......	6 900		
Z, *créancier*. Répartition 50 % sur sa créance de.......	7 500	18 000	
A *Caisse*........	9 000		
A *Profits et Pertes*.....	9 000		18 000

Remarquons que cet article solde les comptes des créanciers, et que les sommes perdues par ces derniers sont portés en profit pour le failli. Tous les comptes sont alors balancés, sauf le compte Capital débiteur de 4 000 francs et le compte Profits et Pertes créditeur de la même somme. Naturellement le compte Profits et Pertes vient fusionner avec le compte Capital par l'écriture finale qui solde ces deux derniers comptes :

Profits et Pertes   à *Capital*.
    Pour clôture des opérations de la faillite. ...   4 000

Opérations et écritures de la liquidation judiciaire.

La liquidation judiciaire, instituée par la loi du 4 mars 1889, et réservée au débiteur malheureux et de bonne foi, est un adoucissement apporté à la loi quelque peu draconienne concernant les faillites.

La liquidation judiciaire ne peut être ordonnée que sur requête présentée par le débiteur au tribunal de commerce de son domicile, dans les quinze jours de la cessation de ses payements. Le droit de demander cette liquidation appartient au débiteur assigné en déclaration de faillite pendant cette période.

La requête est accompagnée du bilan et d'une liste indiquant le nom et le domicile de tous les créanciers.

Au point de vue des opérations, et par suite des écritures, un grand nombre de dispositions sont communes à la liquidation judiciaire et à la faillite. Ce sont notamment celles qui concernent le dépôt du bilan, le personnel de l'administration, l'exigibilité, à l'égard du liquidé, des dettes passives non échues, la vérification des créances, certaines solutions de la liquidation.

Nous négligerons naturellement ces dispositions, que nous avons déjà étudiées, pour nous occuper de celles qui sont particulières à la liquidation judiciaire.

La liquidation est rendue officielle par le jugement du tribunal de commerce, dit « jugement d'ouverture de la liquidation judiciaire ».

A partir de ce moment, et contrairement à ce qui se passe pour la faillite, le liquidé est, de plein droit, replacé à la tête de ses affaires. Il peut, avec l'assistance du ou des liquidateurs, l'autorisation du juge-commissaire et les avis des contrôleurs, continuer l'exploitation de son commerce ou de son industrie. C'est ainsi qu'il est habile à faire tous actes conservatoires, à intenter ou à suivre toute action mobilière ou immobilière, à accomplir tous actes de désistement, de renonciation ou d'acquiescement, à transiger sur tout litige dont la valeur n'excède pas quinze cents francs. Les fonds provenant des recouvrements et ventes sont remis aux liquidateurs, qui les versent à la Caisse des dépôts et consignations.

On le voit, les opérations que le liquidé fait, sous la tutelle du juge-commissaire et du liquidateur, sont multiples et exigent des écritures très diverses. Ces écritures ne donnent cependant pas lieu à des difficultés comptables que nous n'ayons déjà signalées ; ce sont le plus souvent des ventes au rabais, des transactions à l'amiable dans lesquelles le compte Profits et Pertes joue un rôle prépondérant.

D'une façon générale, la liquidation peut recevoir les mêmes solutions que la faillite, à l'exception de celle de l'Union, spéciale à la faillite.

Quinze jours après la clôture de la vérification, tous les créanciers vérifiés et admis sont invités à se réunir pour entendre les propositions de concordat du débiteur et en délibérer.

Trois solutions principales peuvent intervenir :

1° Le concordat est accordé au négociant sous certains engagements. Nous retombons alors dans les écritures du concordat que nous avons déjà vues ; — 2° le débiteur n'obtient pas de concordat. Dans ce cas, si la faillite n'est pas déclarée, la liquidation judiciaire continue jusqu'à la réalisation et la répartition de l'Actif. Au point de vue comptable cette liquidation se fera au moyen d'articles analogues à ceux que nous avons employés pour la liquidation par l'union des créanciers ; — 3° le tribunal peut, pour motifs graves, déclarer la faillite à toute période de la liquidation judiciaire. La faillite ainsi déclarée se clôturera fatalement par une des solutions que nous connaissons déjà, et pour lesquelles nous avons passé les écritures convenables.

COMPTABILITÉ DE L'INDUSTRIE MANUFACTURIÈRE.

Considérations générales.

Lorsqu'un négociant, un intermédiaire achète des marchandises en gros pour les revendre telles quelles au détail, ou bien lorsqu'il ne leur fait subir que des apprêts destinés à les parer aux yeux de sa clientèle, ce négociant n'aura aucune peine à suivre les mouvements des comptes ouverts à ces marchandises. Il s'en va tout autrement lorsque des marchandises, des matières premières n'entrent dans les ateliers, dans les usines d'un industriel que pour en sortir à l'état de produits manufacturés. Dans le premier cas, le négociant se borne à un double échange de monnaie contre marchandises et de marchandises contre monnaie. Dans le second cas, l'opération d'achat-vente se complique d'une considération importante : la transformation des matières premières achetées se fait dans les usines mêmes de l'industriel, au moyen de la main-d'œuvre ; ce n'est qu'après ces travaux préliminaires que les marchandises fabriquées viennent définitivement s'échanger contre de la monnaie ou des valeurs représentatives de monnaie. On voit la distinction : dans le premier cas, il suffira au négociant, pour apprécier son bénéfice, de comparer les prix de vente avec les prix d'achat; dans le second cas, s'il veut obtenir des indications sérieuses, positives sur les prix auxquels il peut vendre les marchandises qu'il a manufacturées, il faudra que l'industriel s'occupe avant toute chose d'établir ses *prix de revient*.

Prix de revient.

C'est une vérité commerciale incontestable que l'habileté d'un commerçant se révèle surtout, non pas tant à la façon dont il sait vendre — car le prix de vente est forcément limité par la concurrence — qu'à la façon dont il sait acheter et établir ses *prix de revient*. La connaissance des prix de revient est d'une nécessité absolue, parce qu'elle constitue la base naturelle de l'établissement des prix de vente et, par suite, un des meilleurs facteurs de la prospérité d'une maison de commerce.

Lorsqu'un commerçant veut établir ses prix de vente, il obéit à deux considérations principales qui le sollicitent en sens contraire.

En premier lieu, les prix de vente doivent être fixés de telle sorte : 1° qu'ils couvrent les prix d'achat ou de revient ; — 2° qu'ils défrayent des frais généraux, des dépenses personnelles du commerçant, et même des pertes subies sur le recouvrement des créances ; 3° — qu'ils permettent un excédent de bénéfice qui viendra s'ajouter au capital.

En second lieu, le commerçant ne peut établir ses prix de vente au delà d'un prix courant et publiquement connu sur les marchés. S'il essayait de le faire, la concurrence des maisons rivales l'empêcherait de traiter aucune affaire.

Ainsi pris entre ces deux considérations essentielles, le commerçant se voit contraint de n'acheter ou de ne fabriquer que des marchandises dont les prix d'achat ou de revient lui permettent, et de réaliser des profits suffisants, et de soutenir la comparaison avec ses rivaux.

La recherche du prix de revient, dans maintes circonstances, n'est rien moins qu'aisée. Que le négociant, l'entrepositaire qui livre les marchandises telles qu'il les a reçues, connaisse exactement son prix de revient, rien de plus compréhensible. La difficulté s'accentue si nous passons à certaines maisons de détail qui vendent une incroyable quantité d'articles si différents et de nature et de prix ; à ces maisons de commission et de soldes qui achètent en bloc les marchandises les plus disparates, et seraient fort embarrassées d'attribuer à chacune d'elles le prix de revient exact.

Prix moyen. — Lorsqu'il s'agit de négociants qui n'opèrent que sur un petit nombre de spécialités, une excellente combinaison s'offre à eux pour établir les prix de revient : comme leurs magasins ont reçu, en différentes fois, des marchandises ou denrées de même nature et de même qualité, mais à des prix qui différaient par suite de la variation constante des cours, il leur est loisible, à leur inventaire, ou à toute autre époque, de constituer le prix de revient par le *prix moyen* de chacune des denrées. Pour obtenir ce prix moyen, on multiplie chaque quantité de marchandise achetée par le prix de l'unité ; on additionne les divers produits trouvés, et l'on divise ce total par la quantité de marchandise achetée pendant la période considérée.

Exemple : Un négociant achète, pour le mois d'avril, un certain nombre de sacs de café aux prix suivants :

4 avril   50 sacs de café à fr. 38   le sac de 50 kilogr.
10 — 100   —   37,25   —
15 — 25   —   39,75   —
25 — 125   —   40,25   —

Le prix moyen du sac de café s'établira de la façon suivante :

$$
\begin{aligned}
50 \text{ sacs} \times 38 &= 1\,900 \\
100 \times 37,25 &= 3\,725 \\
25 \times 39,75 &= 993,75 \\
125 \times 40,25 &= 5\,031,25
\end{aligned}
$$

Soit 300 sacs pour . . . . . 11 650 fr.

Prix moyen du sac pour le mois d'avril :
$$11\,050 : 300 = 38 \text{ fr. } 833.$$

Prix de revient des produits manufacturés. — Si de la catégorie des commerçants, simples intermédiaires, qui livrent la marchandise telle qu'ils l'ont reçue, nous passons maintenant à la catégorie des industriels fabricants ou confectionneurs qui emploient les matières premières, les travaillent, les fusionnent, les traitent, les modifient avec l'aide de la main-d'œuvre, d'autres difficultés surgiront, qui ne seront surmontées qu'à grand'peine.

Prenons un exemple :

Si nous supposons qu'un fabricant d'objets en bronze tels que pendules, sujets, groupes, statues, etc., veuille se rendre compte du prix de revient de chacun des produits qui sort de ses ateliers, quels sont les éléments dont il aura à tenir compte pour arriver au résultat recherché ? Ces éléments sont nombreux, et nous remarquons que si certains d'entre eux peuvent être justement évalués, d'autres ne le sont que par approximation. C'est ainsi que dans le prix de revient d'un objet quelconque en bronze il entrera : 1° une quote-part de l'amortissement du prix payé à l'artiste qui a conçu et exécuté le sujet ; — 2° une quote-part de l'amortissement du prix payé pour la confection des moules et creusets ; — 3° le prix des métaux qui entrent dans la composition du bronze, déchets compris, c'est-à-dire du cuivre, de l'étain et du zinc ; — 4° le prix approximatif du charbon de terre nécessaire pour la fonte et la fusion de ces métaux ; — 5° le prix de la main-d'œuvre des ouvriers chargés de fondre, de rassembler, de polir, de ciseler, de bronzer le sujet ; — 6° une quote-part des frais généraux de la maison, c'est-à-dire des frais de personnel, de manutention ou de magasinage, d'entretien ; des dépenses personnelles du chef de maison ; des amortissements opérés sur l'outillage, les immeubles, les usines, le matériel, etc.

Cet aperçu suffit pour nous convaincre des difficultés que rencontre, dans la pratique courante, l'évaluation d'un objet manufacturé.

Avant de passer aux écritures nécessaires à l'obtention des prix de revient dans la comptabilité générale du fabricant, il est utile de porter notre attention sur deux facteurs indispensables à l'établissement de ces prix de revient, savoir : 1° la comptabilité auxiliaire relative à la transformation des matières premières ; — 2° la main-d'œuvre employée à cette transformation.

Comptabilité auxiliaire relative à la transformation des matières premières.

Si nous voulons résumer la distinction essentielle qui s'établit entre le négociant intermédiaire et le manufacturier, mettant à profit les définitions données par le code commercial, nous dirons :

Le négociant intermédiaire est celui qui achète des marchandises dans l'intention de les revendre en nature.

Le manufacturier est celui qui achète des marchandises et matières premières dans le but de les travailler, de les mettre en œuvre, pour les vendre ensuite sous leur nouvelle forme.

Ainsi la seule différence qui existe entre ces deux commerçants, et par suite entre leurs écritures respectives, c'est cette opération de la transformation, que nous pouvons qualifier d'opération intérieure puisqu'elle n'intéresse pas les tiers, et qui est particulière au fabricant ou manufacturier. Nous avons étudié, dans ses principales manifestations, la comptabilité commerciale proprement dite, il suffira donc, pour nous rendre un compte exact de la comptabilité de l'industrie manufacturière, de suivre attentivement l'opération intérieure de la mise en œuvre des matières premières.

En outre du magasin de vente et d'exposition, commun à tous les commerçants, le manufacturier est obligé d'en posséder un autre, pourvu du matériel et de l'outillage nécessaire à la fabrication de ses produits, dans lequel viennent se ranger les matières premières ou denrées qu'il se propose de travailler. Suivant sa destination ou son importance, ce dernier magasin, le seul dont nous ayons présentement à nous occuper, prend le nom de fabrique, d'usine, de manufacture, d'atelier ou de manutention.

Lorsque les matières premières entrent à l'usine, accompagnées de la facture du fournisseur, elles sont reçues et reconnues par un employé qui en demeure comptable. Cet employé est en outre chargé de tenir, pour chaque sorte de marchandise dont il a la garde et la responsabilité, un registre réglé de façon à fournir les indications suivantes : 1° la date d'entrée dans l'usine ou la manufacture ; — 2° le nom et le domicile du fournisseur ; — 3° suivant leur nature, le poids, le volume, le métrage ou la qualité des matières entrées ; — 4° leur prix d'achat ; — 5° la date de sortie ou de livraison à la main-d'œuvre chargée de transformer ces matières ; — 6° suivant leur nature, le poids, le volume, le métrage ou la qualité des matières sorties ; — 7° Leur prix d'achat, ou, dans quelques cas, leur prix moyen ; — 8° Le compte auquel il convient d'imputer ce prix.

Nous donnons plus loin un modèle de livre auxiliaire d'entrée et de sortie de matière première. Il s'agit du zinc qui, on le sait, rentre également pour une proportion variable dans la fabrication du bronze et dans celle du faux bronze (en terme de métier « composition »). Pour rendre l'exemple plus simple, nous avons supposé que l'industriel ne possédait que deux comptes de produits manufacturés, à savoir : sujets bronze et sujets composition.

Nous avons dit, d'autre part, quels avantages un industriel peut retirer de l'établissement du prix moyen de revient des marchandises entrées dans ses magasins. Le livre auxiliaire que nous proposons en fournit un exemple. C'est ainsi que nous avons calculé le prix moyen du zinc livré à la fonte, aux dates du 25 mai et du 20 juin, parce que ce zinc avait été acheté en plusieurs fois, à des prix différents. Nous nous sommes servi, pour effectuer ces calculs, de la méthode que nous avons déjà indiquée, et sur laquelle il est inutile de revenir. En continuant l'inscription des opérations d'entrées et de sorties de la même façon, en plus des renseignements qu'il donne de par sa disposition même, ce registre fournit encore au commerçant des indications utiles, et sur les existences de matières en magasin, et sur la valeur, au prix coûtant, de ces existences, toutes choses qu'il a le plus grand intérêt à connaître.

La comptabilité auxiliaire de l'usine ne se borne pas à la

LIVRE AUXILIAIRE DU ZINC

Entrée — Sortie

DATE D'ENTRÉE	FOURNISSEUR	DOMICILE	KILOG.	PRIX DES 100 KIL.	SOMME		DATE DE SORTIE	KILOG.	PRIX MOYEN DES 100 KIL.	SOMME		APPLICATION — COMPTE A DÉBITER
20 avril.	Griffe.	Pantin.	3 000	37.75	1 132	50	25 avril.	500	37.75	188	75	bronze.
15 mai.	Gassie.	Nevers.	1 000	41.25	412	50	d°	1 000	37.75	377	50	composition.
18 juin.	Madamet.	Paris.	1 500	35.25	528	75	18 mai.	1 000	37.75	377	50	d°
							25 —	1 000	39.50	395	»	bronze.
							20 juin.	1 000	38.25	382	50	d°
							25 —	500	35.25	176	25	composition

constatation des entrées et des sorties de matières, elle tient encore un compte rigoureusement exact de tous les travaux, frais et débours qui viennent grever le prix d'achat de ces matières; en d'autres termes, son rôle consiste à fournir à la comptabilité générale tous les éléments nécessaires à la détermination des prix de revient. C'est pour atteindre ce but qu'elle est encore chargée de dresser, de tenir et de mettre à jour : 1° les feuilles hebdomadaires ou bimensuelles relatives au payement de la main-d'œuvre employée à la garde, à l'entretien et à la transformation des matières premières. Nous traiterons spécialement de ce sujet au chapitre suivant; — 2° un ou plusieurs livres auxiliaires ouverts à certains frais, dépenses ou pertes qui s'ajoutent au prix de la matière première ou diminuent la valeur de l'existant. Ce sont principalement : les frais de douane, d'octroi, de transport, de combustible, etc.; les amortissements opérés sur les machines, les modèles, le matériel, l'outillage, etc.; les pertes résultant de l'avarie des marchandises ou de leur dépréciation ; — 3° un livre de petite caisse destiné à enregistrer les menues dépenses de l'usine, de la fabrique ou de l'atelier.

Les livres auxiliaires que nous proposons ici suffiront à nombre de manufacturiers, ils ne sauraient convenir à tous. Il ne peut entrer dans le cadre d'un traité de prévoir les besoins, si multiples, des mille et une industries qui jettent incessamment sur le marché commercial les produits les plus variés. Il suffit de formuler les règles générales dont s'inspirera le comptable soucieux de conformer ses écritures aux opérations spéciales de la maison qui l'emploie et au désir de celui ou ceux qui la dirigent.

Comptabilité auxiliaire spéciale à l'industrie de la confection. — Nous ne pouvons mieux justifier cette assertion qu'en donnant un aperçu de la façon, toute particulière, dont usent certains confectionneurs, en gros ou en détail, pour établir très aisément leurs prix de revient. Les matières premières, draps, étoffes, soieries, lainages, rubans, passementeries, etc., sont reçues par un ou plusieurs manutentionnaires responsables qui les reconnaissent, et comme quantité, et comme qualité. La main d'œuvre est ici représentée par des ouvriers ou des ouvrières travaillant à la pièce, soit dans les ateliers de l'entrepreneur, soit à leur propre domicile. Les manutentionnaires, qui sont chargés de distribuer à la main-d'œuvre ouvrière les tissus et passementeries suffisants pour la confection de chaque article, établissent immédiatement, sur un livre de références, le prix de revient de cet article.

Ce prix se compose naturellement de ces deux éléments : 1° du prix coûtant des matières premières remises à l'ouvrier ; — 2° du prix de la main-d'œuvre.

On ne tient compte d'un troisième élément, les frais généraux de l'entreprise, qu'en majorant, dans la proportion convenable, les prix de revient des articles confectionnés.

Ainsi nous voyons que la détermination du prix de revient, si difficile à obtenir en d'autres cas, se trouve ici ingénieusement simplifiée.

Une dernière observation pour finir : les manutentionnaires reçoivent en gros les tissus et passementeries qu'ils sont chargés de débiter en détail à la main-d'œuvre. Ils justifient de l'emploi de ces marchandises de la manière suivante : ils épinglent sur la pièce d'étoffe, ou collent sur le casier qui contient les fournitures, une fiche ou étiquette qui relate : 1° l'date du prélèvement et la quantité prélevée ; — 2° le nom de l'ouvrier qui a reçu la marchandise.

Au moyen de ces fiches, le commerçant peut, à tout moment, contrôler si la distribution de la marchandise a été faite dans des conditions normales, et si le reliquat en magasin représente exactement la différence entre la totalité et le montant des prélèvements.

Main-d'œuvre.

On appelle *main-d'œuvre* le travail fourni par les ouvriers d'une entreprise à l'effet soit de transformer des matières premières en produits fabriqués, soit de veiller à la conservation et à l'entretien des marchandises.

La main-d'œuvre a une grande importance dans l'industrie manufacturière où elle constitue un des principaux facteurs dans l'établissement des prix de revient. Le compte ouvert à la main-d'œuvre est débité chaque huitaine ou chaque quinzaine, suivant le mode de règlement adopté, des salaires payés aux ouvriers.

Le travail ouvrier peut s'évaluer de différentes manières :

1° *Au mois*, par des appointements fixes payés mensuellement ou bimensuellement. Ce mode de rétribution n'est guère adopté qu'en faveur des contremaîtres et des ouvriers très anciens ou très habiles ;

2° *A la journée*, et le prix de la journée s'entend pour un certain nombre d'heures de travail. Au delà de ce temps, la main-d'œuvre est payée au moyen d'heures supplémentaires calculées à un prix convenu ;

3° *A l'heure*. Le prix de l'heure, payé à chaque ouvrier, est d'avance établi suivant l'habileté de l'ouvrier, suivant l'emploi qu'il occupe, et, souvent aussi, suivant un tarif général, commun à tous les ouvriers d'un même corps de métier, qu'on nomme *prix de série;*

3° *A forfait*, ou autrement dit « à la pièce », et dans ce cas les ouvriers reçoivent un salaire convenu pour une tâche déterminée.

La vérification et l'appréciation du travail fourni par la main-d'œuvre se fait ordinairement de la façon suivante :

On ouvre au nom de chaque ouvrier un livret sur lequel on porte, à la fin de chaque journée, les indications nécessaires à la détermination du salaire qui lui revient. Suivant les cas, on y inscrit : le prix des journées de travail, augmenté, s'il y a lieu, du montant des heures supplémentaires; le nombre d'heures fourni dans la journée, et le tarif appliqué pour une heure ; la désignation des travaux effectués, et l'évaluation de ces travaux. Ces livrets doivent être chaque jour, pour conformité, visés par un contremaître ou un employé spécialement chargé de ce contrôle.

Semainier. — A la fin de chaque semaine, on dresse un tableau de paye, ou *semainier*, qui donne habituellement les indications suivantes : 1° nom et emploi de l'ouvrier ; — 2° journées ou heures de travail fournies dans la semaine. Pour les travaux à forfait, détail de la besogne; — 3° prix de la journée, de l'heure ou de la pièce; — 4° somme à payer à

SEMAINIER DU 3 AU 9 DÉCEMBRE 18..

N° DU LIVRET	NOM DE L'OUVRIER	DÉSIGNATION DE L'EMPLOI	HEURES DE TRAVAIL							TOTAL DES HEURES	TARIF DE L'HEURE	SOMME A PAYER		APPLICATION COMPTE A DÉBITER	ÉMARGEMENT
			DIMANCHE	LUNDI	MARDI	MERCREDI	JEUDI	VENDREDI	SAMEDI						
65	Maratuech.	Contremaître.	»	10	11	9 1/2	12	12	10	64 1/2	1 »	64	50	32-25 sujets bronze. 32-25 sujets comp^{on}.	J. Maratuech.
23	Jolly.	Monteur.	»	10	11	9	11	10	10	61	» 75	45	75	sujets bronze.	Jolly.
24	Stainville.	d°	»	»	10	10	10	10	8	48	» 75	36	»	sujets composition.	E. Stainville.
15	Durvand.	Ciseleur.	»	10	11	10	12	12	10	65	» 80	52	»	d°	V. Durvand.
75	Gautier.	d°	»	»	8	10	11	10	10	49	» 80	39	20	sujets bronze.	Gautier.
5	Debard.	Fondeur.	»	10	11	11	12	12	10	66	» 60	39	60	24 bronze. 15-60 composition.	Debard.
35	Hanet.	Ajusteur.	»	10	10	10	10	10	10	60	» 60	36	»	sujets bronze.	G. Hanet.
6	François.	Magasinier.	6	12	12	12	12	12	12	78	» 70	54	60	frais généraux.	François.
60	Mme François.	Brunisseuse.	»	10	8	8	8	10	10	54	» 40	21	60	sujets composition.	F^{me} François.
30	Gouin.	Hom^e de peine.	6	12	10	12	10	12	12	74	» 40	29	60	frais généraux.	Gouin.
												418	85		

chaque ouvrier pour sa semaine ; — 5° comptes auxquels doivent être imputés les travaux.

Cette dernière indication a pour but d'aider à la recherche des prix de revient, en fournissant le prix de la main-d'œuvre nécessaire à chaque catégorie de produits fabriqués.

Nous donnons ci-dessus un aperçu d'un semainier pour une main-d'œuvre rétribuée à l'heure. Il s'agit de la même fabrique de bronzes dont nous venons de parler à propos des livres auxiliaires de matière première.

Écritures du journal relatives à la détermination du prix de revient.

Après les explications que nous avons fournies, pour en assurer la compréhension, il ne nous reste plus qu'à préciser, pour une industrie donnée, les articles du journal propres à déterminer les prix de revient des produits de cette industrie.

Nous prendrons encore pour exemple la fabrication des bronzes d'ameublement. Bien que cette industrie produise un nombre considérable d'objets, tels que pendules, candélabres, flambeaux, lampes, statuettes, ornements de toutes sortes, pour simplifier les écritures nous ne diviserons la marchandise fabriquée qu'en deux catégories : les bronzes proprement dits (cuivre, étain, zinc et plomb), et les faux bronzes ou bronzes composition (étain, zinc et plomb, sans alliage de cuivre). Il s'agit de déterminer le prix de revient des produits qui rentrent dans l'une ou l'autre de ces catégories. Pour arriver à ce résultat, la comptabilité va scrupuleusement enregistrer chacune des opérations, qui commencent à l'achat de matières premières, pour aboutir à la transformation de ces matières en marchandises manufacturées

En s'établissant, notre fabricant a pris à bail une fabrique, ou tout au moins un atelier. Il a commandé ses modèles à des sculpteurs, s'est pourvu du matériel et de l'outillage nécessaires, a installé ses fourneaux. Il commence ses opérations commerciales par l'acquisition des matières premières, à chacune desquelles il ouvre un compte sur ses livres.

1re OPÉRATION. *Achat des matières premières.*

    Divers   à *Divers.*
Cuivre
    Achat 3 000 kil. à fr. 160 les 100 kil.   4 800
Etain
    —   100   —   275   —   275
Zinc
    — 1 000   —   42,50 —   425
Plomb
    — 4 000   —   30   —   1 200   6 700
à X.
    s/fre cuivre 4 800
à Y.
    s/fre étain et zinc. 700
à Z.
    s/fre plomb. 1 200   6 700

2e OPÉRATION. *Frais en augmentation du prix d'achat des matières premières.* — Certains frais, avons-nous dit, viennent grever les prix d'achat des matières premières. Ces frais sont naturellement portés au débit des comptes de matières ; ils doivent être compris dans l'évaluation, au prix coûtant, qui est faite de ces matières lorsqu'elles sont partiellement livrées à la fonte.

    Cuivre   à *Caisse.*
    Transport et déchargement de 3 000 kil. 35

3e OPÉRATION. *Petite caisse.* — Les menues dépenses se passent généralement par frais généraux ; quelquefois, cependant, elles intéressent directement les comptes de matières ou de produits fabriqués.

    Divers   à *Caisse.*
Frais généraux
    Suivt détail au livre de petite caisse. 49,50
Sujets bronze
    Indemnité à X, ciseleur.   2,50   52

4e OPÉRATION. *Payement de la main-d'œuvre et de la houille.*

    Divers   à *Caisse.*
Main d'œuvre
    Suivt semainier 418,85
Houille
    Payé à N, n/ fournisseur. 195,10   613,03

5ᵉ OPÉRATION. *Sortie des matières premières.* — Une partie des matières emmagasinées sont livrées à la fonte pour être converties soit en bronze, soit en faux bronze (ou composition). Nous ouvrirons naturellement un compte à chacun de ces alliages. Ce compte sera débité de la valeur, au prix de revient, des métaux qui entrent dans la composition de l'alliage, du prix de la main-d'œuvre et de la houille nécessaire à la fusion des métaux, et de tous autres frais concernant plus spécialement cette phase de la transformation des matières.

Le journal constate d'abord la sortie des matières premières de la façon suivante :

```
         Divers                         à Divers.
   Bronze
      Suivᵗ livre spécial. . . .   510,25
   Composition
                       dᵒ          375,25    885,50
         à Cuivre.
            300 kil.. . . . . .    500,25
         à Etain.
            20 kil.. . . . . .      58
         à Zinc.
            300 kil.. . . . . .    130
         à Plomb.
            600 kil.. . . . . .    197,25            885,50
```

6ᵉ OPÉRATION. *Application de la main-d'œuvre et de la houille.* — Une partie du prix payé à la main-d'œuvre, ainsi que la valeur de la houille consommée pour la fusion des métaux, viennent, comme nous l'avons dit, en augmentation du prix des alliages. Cette opération se fait aux époques fixées d'avance par le comptable.

```
         Divers                         à Divers.
   Bronze
      Frais de houille et de main-d'œuvre .  101,45
   Composition
                       dᵒ          . . .   133,25   234,70
         à Main-d'œuvre.
            Suivᵗ semainier. . . . . . . . . . . .   39,60
         à Houille.
            4000 kil.. . . . . . . . . . . . . . .  195,10   234,70
```

7ᵉ OPÉRATION. *Prélèvement des alliages pour les besoins de la fabrication.* — Le débit des comptes *bronze* et *composition* représente, tous frais compris, la valeur, au prix coûtant, de ces matières prêtes à être livrées aux ouvriers chargés de les travailler, de les transformer, au second degré, en marchandises manufacturées. Au fur et à mesure des prélèvements d'alliages opérés pour les besoins de la fabrication, ces comptes sont crédités, par le débit des comptes de Marchandises manufacturées, de telle façon qu'ils doivent se trouver soldés lorsqu'il ne restera plus de bronze ni de faux bronze dans les fourneaux.

```
      Divers                           à Divers.
   Sujets bronze
      Prélèvement de 300 kil. . . . . .  435,25
   Sujets composition
            dº       500 kil. . . . . .  226,40   661,65
         à Bronze.
      Sortie 300 kil. . . . . . . . . .  435,25
         à Composition.
      Sortie 500 kil. . . . . . . . . .  226,40   661,65
```

8ᵉ OPÉRATION. — *Application de la main-d'œuvre aux objets manufacturés.*

```
      Divers                           à Main-d'œuvre.
   Sujets bronze
      Suivᵗ semainier. . . . .  153,20
   Sujets composition
            dº             . .  141,85   295,05
```

9ᵉ OPÉRATION. *Application des frais généraux et amortissements.* — Jusqu'ici nous avons pu fixer à notre gré l'époque de l'application, aux comptes des Objets fabriqués, des dépenses et des frais nécessités par leur production. Il est difficile, sinon impossible, d'agir de même pour les frais généraux de l'entreprise et les amortissements décidés sur les immeubles, l'outillage, le matériel, etc. Il est cependant de toute justice que ces pertes et ces frais soient à leur tour imputés en compte à la production. Ne pas le faire serait fausser gravement les prix réels de revient. Le plus souvent ce n'est donc qu'à l'inventaire que ces frais et pertes sont répartis, aussi équitablement que possible, entre les divers comptes ouverts aux Marchandises manufacturées. Quelquefois il y a urgence à faire ressortir au plus tôt les prix de revient approximatifs; dans ce cas, le commerçant se base sur les chiffres de l'exercice précédent pour majorer ses prix de vente de la quotité que représentent ces frais et ces pertes.

Nous commençons par faire supporter au compte Amortissement les moins-values constatés sur quelques comptes de Valeurs immobilisées :

```
Amortissement                à Divers.
   à Modèles.
       Amortiss¹ 25 0/0......  1 430,15
   à Outillage.
       Amortiss¹ 10 0/0........  428,10
   à Matériel.
       Amortiss¹ 10 0/0......   612,15   2 470,40
```

puis nous répartissons, suivant les données qui nous sont fournies, les frais généraux et les amortissements entre les comptes de Production.

```
    Divers                    à Divers.
Sujets bronze
  Application des frais généraux
    et des amortissements....  3 435,20
Sujets composition
           d°                  1 925,30   5 360,50

       à Frais généraux.
  Pour solde de ce compte....  2 890,10
       à Amortissement.
  Pour solde de ce compte ... 2 470,40              5 360,50
```

Détermination des prix de revient. — Quand nous aurons passé au grand-livre ces diverses opérations, le débit du compte ouvert à chaque catégorie de produits manufacturés devra nous donner, pour un certain nombre de kilogrammes de bronze, le prix de revient total de cette catégorie. Le prix de chaque sujet sera alors proportionnel au poids du métal qui entre dans sa fabrication. Nous supposons, bien entendu, que dans chaque catégorie les divers sujets, à poids égal, ne diffèrent pas sensiblement quant aux efforts de travail qu'ils coûtent. S'il en était autrement, il suffirait de subdiviser les comptes de Produits manufacturés en catégories semblables sous le rapport de la valeur industrielle ou artistique.

Les prix de revient déterminés, les marchandises fabriquées passent de l'usine dans le magasin d'exposition et de vente. La comptabilité n'a plus alors qu'à enregistrer les opérations subséquentes du manufacturier, qui ne diffèrent d'ailleurs en rien de celles du simple commerçant intermédiaire.

Marchandises en fabrication. — Il ne faut pas perdre de vue qu'en cas d'inventaire on doit tenir compte non pas seulement de deux, mais de trois sortes de marchandises, savoir : les matières premières, les marchandises fabriquées et les *marchandises en fabrication*. Le récolement de ces dernières marchandises est particulièrement délicat, car il s'agit de calculer et la valeur des matières premières qui entrent dans leur composition et les frais qu'elles ont déjà coûté.

COMPTABILITÉ DES GRANDES ENTREPRISES

La comptabilité, avons-nous dit, peut se plier aux exigences de tous les négoces, s'adapter aux besoins de toutes les industries, s'assimiler à tous les milieux commerciaux et manufacturiers sans pour cela perdre les qualités qui lui sont propres : ordre et simplicité dans les moyens, exactitude et clarté dans les résultats. Un comptable avisé saura également éviter ces deux écueils : il ne s'enchevêtrera pas dans les superfluités oiseuses d'écritures inutiles, et, d'autre part, il ne négligera volontairement aucun détail, aucun contrôle qui, pour paraître de peu d'importance de prime abord, n'en aura pas moins son utilité. Il faut surtout qu'il se pénètre de ce principe : c'est que la comptabilité doit être d'autant plus minutieuse que l'entreprise est plus considérable et emploie un personnel plus nombreux. Un petit commerçant peut, à la rigueur, compter suffisamment sur sa mémoire et sur la connaissance qu'il a de ses affaires et de sa clientèle pour suivre facilement des écritures rudimentaires, et les rectifier au besoin ; il n'en peut être de même dans le haut commerce, dans la grande industrie. A cause de leur importance même, des intérêts considérables et quelquefois si divers qui y sont engagés, ces entreprises exigent une extrême division dans les travaux comptables, des écritures assez détaillées pour n'avoir rien à redouter de la surveillance, du contrôle dont elles sont l'objet.

Les opérations des grandes entreprises commerciales ou industrielles ne sont pas différentes de celles des petites entreprises similaires; aussi n'est-ce qu'au point de vue de la division des travaux comptables et de l'introduction de comptes nouveaux que nous nous occuperons de leurs écritures.

Nous ne parlons que pour mémoire de l'extrême division dont sont susceptibles les livres auxiliaires du grand commerce : nous avons déjà incidemment traité de ce sujet en plusieurs endroits, il serait oiseux d'y revenir. Nous nous contenterons de faire remarquer que, dans ces grandes entreprises, il est indispensable que toute écriture portée sur les livres auxiliaires soit appuyée d'une pièce comptable vérifiée et visée par un employé responsable.

Comptes collectifs.

L'introduction des comptes collectifs dans les comptabilités de quelque importance constitue une innovation très heureuse en même temps qu'un progrès comptable très marqué. On appelle *compte collectif* un compte ouvert collectivement à toute catégorie de comptes de même nature, personnels ou impersonnels. Les comptes collectifs les plus employés sont ceux ouverts aux *acheteurs*, aux *fournisseurs* et aux *marchandises*. Le commerçant qui fait usage de ces sortes de comptes se borne à ouvrir sur son grand-livre général, et pour chacune des catégories, un seul compte collectif qui reçoit l'ensemble des écritures concernant les comptes, parfois très nombreux, qu'il représente. C'est ainsi que l'on inscrit au compte collectif Acheteurs toutes les opérations que l'on traite avec les clients, de telle façon qu'il suffit de consulter le solde débiteur de ce compte pour savoir exactement quel est le montant des ventes qui n'ont pas encore été réglées. De même le solde créditeur du compte collectif Fournisseurs indique le montant des sommes dues aux fournisseurs. Le compte collectif Marchandises est d'un usage moins fréquent que les deux comptes précédents;

il trouve son application dans certains commerces et dans certaines industries qui sont obligés, pour la clarté des résultats, de subdiviser à l'extrême le compte général Marchandises. Le solde de ce compte donne la position de l'ensemble des comptes ouverts aux marchandises.

Nous venons de dire que le grand-livre ne contenait que les comptes ouverts collectivement aux acheteurs, aux fournisseurs ou aux marchandises : il est cependant indispensable au commerçant, pour la bonne conduite de ses affaires, de connaître la situation particulière de chacun de ses clients, de chacun de ses fournisseurs, de chaque nature de marchandise. Aussi, en même temps qu'on reporte du journal sur le grand-livre général les sommes globales qui concernent les comptes collectifs, on reporte du journal sur un *grand-livre auxiliaire* spécial les sommes qui concernent particulièrement les acheteurs, les fournisseurs et les marchandises.

Il résulte de cette manière d'opérer que chaque fois que l'on débite ou que l'on crédite un compte collectif d'une certaine somme au grand-livre général, il faut, au grand-livre auxiliaire, débiter ou créditer un ou plusieurs comptes particuliers pour cette même somme. Le montant du débit et le montant du crédit du compte collectif devront alors donner le total de tous les débits et le total de tous les crédits des comptes particuliers qu'il embrasse et qu'il contrôle, tandis que le solde du compte collectif sera équivalent à l'ensemble de tous les soldes des comptes de même nature qui figurent sur le grand-livre auxiliaire.

L'application de ces principes comptables ne modifie pas sensiblement la rédaction du journal. Dans chaque article au journal, il suffit de faire précéder le nom de l'acheteur, celui du vendeur ou la nature de la marchandise de l'intitulé du compte collectif à intervenir. La disposition du journal doit lui permettre de recevoir l'inscription des folios du grand-livre récapitulatif et ceux du grand-livre auxiliaire; aussi deux colonnes de références sont-elles nécessaires. On peut aussi ajouter au journal une troisième colonne de caisse pour y porter les sommes qui concernent les comptes ouverts sur le grand-livre auxiliaire. Ce dernier registre possède la réglure ordinaire du grand-livre, que nous connaissons.

EXEMPLES D'ARTICLES PASSÉS AU JOURNAL

6 juillet.

14		*Marchandises g^{les}* :					
	133	Sulfure de carbone 480 kg...	120				
	96	Sulfocarbonate 2 000 kg...	130		250		
322		à *Fournisseurs :*				250	
	195	Mennetrat, s/ f^{re}........	100				
	68	Bermond d°.........	150				
		d°					
43		*Effets à recevoir*			521	35	
136		à *Acheteurs :*				521	35
	26	à Alizard, m/ l^{re} fin c^t....	344	25			
	174	à de Flotte, d° fin août..	177	10			

L'emploi des comptes collectifs, qu'on ne saurait trop préconiser dans la comptabilité des grandes entreprises, offre deux avantages principaux : 1° ils servent de contrôle permanent à la masse des comptes particuliers qu'ils représentent et qu'ils résument ; — 2° ils permettent d'établir rapidement et sans peine les balances de vérification que tout comptable sérieux doit établir mensuellement pour ajuster ses écritures. Cette dernière considération a une certaine importance si l'on songe qu'un seul compte collectif, le compte Acheteurs, peut à lui seul se substituer à plusieurs centaines de comptes ouverts personnellement aux clients d'une maison de commerce.

Division du journal. Journaux auxiliaires. Journal récapitulatif.

La loi impose à tout commerçant l'obligation de posséder un livre journal, mais elle ne lui défend pas de fractionner ce registre en plusieurs livres journaux, soumis naturellement, au même titre que le journal unique, aux prescriptions du Code de commerce. Aussi, dans les entreprises de quelque importance, un certain nombre de comptables ont-ils eu l'idée de gagner du temps en supprimant le journal, et en érigeant en autant de journaux spéciaux leurs livres auxiliaires. C'est ainsi qu'ils ont créé le journal des marchandises, le journal de la caisse, le journal des effets à recevoir, etc. Naturellement les écritures se reportent directement du livre auxiliaire, transformé en journal, au grand-livre. On évite ainsi la transcription des opérations au journal et les chances d'erreurs que cette transcription entraîne.

Comme on voit, ce mode de procéder offre de sérieux avantages. Mais il faut ajouter qu'il n'est praticable qu'à la condition que l'enregistrement des opérations sur les livres auxiliaires puisse se faire dans les conditions d'ordre et de propreté que la loi impose pour la rédaction du journal, ce qui n'est souvent pas possible.

D'autres comptables, tout en reportant les écritures au grand-livre de la même façon, conservent néanmoins un *journal récapitulatif* qui, à la fin de chaque jour, résume en un seul article toutes les opérations inscrites aux journaux auxiliaires. Cet article, qui est libellé sous la rubrique « Divers à Divers », contient : 1° l'énumération des comptes débiteurs et créanciers pour la journée ; 2° les sommes dues par les premiers et les sommes dues aux seconds. Pour le détail des opérations, l'article renvoie aux livres spéciaux.

Exemple d'un article journalier récapitulatif :

———————————— 11 juin. ————————————

```
      Divers                          à Divers.
Marchand. gles suivt détail au journal spécial.  635,20
Caisse                     d°         340
Effets à recevoir          d°         100
Profits et Pertes          d°          10,75
Frais généraux             d°          45,25
Villemin                   d°         143,10
Desormes                   d°         432       1 706,30
                                      ═════

   à Marchand. gles.       d°         985,15
   à Caisse.               d°         239
   à Effets à payer.       d°         310
   à Société générale.     d°         172,15    1 706,30
```

Division du grand-livre. Grand-livre des comptes généraux. Grand-livre des comptes courants.

Dès qu'une entreprise prend quelque extension, une première division du grand-livre s'impose : c'est celle en comptes généraux et en comptes de personnes ou comptes courants. Un grand-livre spécial est généralement affecté à chacune de ces deux catégories de comptes. Même lorsque l'entreprise est considérable, un registre suffit ordinairement pour l'inscription des comptes généraux, qui ne sauraient se multiplier au delà d'un certain nombre. Il n'en est pas de même des comptes courants, qui occupent souvent plusieurs registres. Dans ce cas, les comptes courants sont divisés suivant leur classement alphabétique : c'est ainsi qu'on aura un grand-livre pour les comptes courants dont les noms commencent par les lettres A, B, C, un autre pour ceux dont les noms commencent par les lettres D, E, F, G, H, etc. Cette division du grand-livre, qui la plupart du temps correspond à une division analogue des journaux, facilite le travail de report des teneurs de grands-livres.

Subdivision des comptes généraux. Ouverture de nouveaux comptes.

Un travail comptable plus intense amène presque toujours une plus grande minutie dans la rédaction des écritures; aussi dans les grandes entreprises la subdivision des comptes généraux devient-elle indispensable à la clarté et à la vérification des écritures.

Marchandises. — Le compte Marchandises est susceptible, suivant la nature des opérations commerciales et leur importance, d'un plus ou moins grand nombre de subdivisions. Nous avons déjà indiqué quelques-unes de celles qui s'imposent naturellement dans l'industrie manufacturière. Le grand commerce use largement de ces subdivisions, qui lui permettent de pouvoir suivre plus facilement les transformations des marchandises sur lesquelles il opère. En règle générale, on peut avancer que dans la plupart des cas, par la lumière qu'elle jette sur le mouvement des transactions et sur leurs résultats, la division du compte Marchandises présente plus d'avantages que d'inconvénients.

Marchandises en route. — Une autre amélioration dans nos écritures consiste à ne débiter les comptes ouverts à nos différentes marchandises que lorsque celles-ci sont effectivement entrées dans nos magasins. Agir autrement, c'est-à-dire débiter le compte Marchandises dès la réception de l'avis d'expédition, serait s'exposer à des mécomptes, puisque la marchandise annoncée peut s'égarer ou s'avarier en cours de route, et qu'il nous faudrait faire des contrepassements pour régulariser la situation du magasin. Il peut arriver cependant que nous soyons amenés à payer à l'avance des marchandises qui ne nous sont pas encore parvenues : par exemple des marchandises achetées à l'étranger et soumises aux frais et aux lenteurs de la douane. Dans ce cas spécial nous créons un compte *Marchandises en route*, qui se trouvera, à l'arrivée du colis attendu, soldé par le compte ordinaire de Marchandises.

Caisse. — Nous avons déjà parlé de la *petite caisse* qui est chargée de pourvoir aux menues dépenses et ne vient se fondre dans le compte de Caisse qu'à certaines époques déterminées. Dans les grands magasins et les grandes administrations, la caisse est divisée en une ou plusieurs *caisses de dépenses* et une ou plusieurs *caisses de recettes*. Chaque caissier titulaire rend compte, en fin de journée, à un caissier central ou général, des sommes qu'il a versées ou reçues. Un compte spécial est naturellement ouvert à chaque caisse sur les grands-livres.

Effets à recevoir. — Les divisions de ce compte varient suivant le genre de l'exploitation. En général, dans les maisons de commerce, même importantes, l'ouverture d'un seul compte est suffisant. Il n'en est pas ainsi chez les banquiers escompteurs ou arbitragistes. Pour ceux-ci, les effets de commerce ne sont autre chose que la marchandise sur laquelle ils opèrent. Au moyen de l'escompte, ils achètent, à leur valeur réelle, des lettres de change et autres papiers de crédit et les revendent soit avec un certain bénéfice, par le moyen du réescompte, soit à leur valeur nominale par le moyen de l'encaissement à l'échéance. De même qu'un négociant sérieux fractionne son compte Marchandises en autant de subdivisions que la clarté des écritures l'exige, de même l'escompteur fractionnera son compte Effets à recevoir de façon à pouvoir y puiser tous les renseignements qui lui paraîtront utiles.

Les principales subdivisions du compte Effets à recevoir sont :

Le compte *Portefeuille des effets payables à Paris;*
— *Portefeuille des effets payables sur les places bancables;*
— *Portefeuille des effets payables sur les places non bancables;*
— *Portefeuille des effets payables à l'étranger, évalués en monnaies étrangères;*
— *Portefeuille des effets payables à l'étranger, évalués en francs.*

D'autres subdivisions peuvent encore intervenir soit en raison de l'échéance des effets, soit à l'occasion des comptoirs que la banque possède sur certaines villes de France ou de l'étranger.

Un compte qui s'impose est celui que le banquier ouvre sous la rubrique *Effets à l'encaissement*, et qui comprend les effets et factures acquittés qui lui sont remis à seule fin d'encaissement. Il ne faut pas confondre ces effets avec ceux présentés à l'escompte : tandis que ces derniers deviennent, par l'opération de l'escompte, valeur du jour de leur présentation, les premiers ne sont jamais payables qu'après leur encaissement.

Enfin un compte est toujours ouvert aux *effets impayés* à leur échéance.

Profits et Pertes. — Nous savons que ce compte de résultats se divise notamment en frais généraux et en dépenses personnelles. La première de ces deux divisions est encore susceptible de nombreuses subdivisions. Rien de plus important, en effet, pour un chef de maison, que de connaître et de surveiller le détail des frais et des pertes qui viennent en diminution des bénéfices bruts qu'il réalise sur la vente de ses marchandises. Aussi, dès qu'un commerce, une industrie prend un certain développement, il y a intérêt à scinder les frais généraux en autant de catégories que la nature de l'exploitation le comporte.

Amortissement. — Ce compte, qui n'est en somme qu'une subdivision de Profits et Pertes, mérite une mention spéciale, tant par l'importance qu'il acquiert dans les grandes entreprises que par la difficulté de le faire jouer à propos et dans des proportions raisonnées.

L'amortissement représente la moins-value que le temps et l'usage font nécessairement subir aux divers éléments qui composent le capital d'une entreprise, principalement son capital fixe, c'est-à-dire les immeubles, le matériel, l'outillage, etc. Il est impossible à un commerçant sérieux de laisser figurer pour leur prix d'acquisition ces valeurs sur ses livres, sans s'exposer, au jour de la liquidation, à des désillusions pénibles, et sans fausser, à chaque inventaire, le chiffre de son actif.

L'amortissement peut encore s'appliquer à liquider certains comptes de frais ou de pertes exceptionnels. Tel est le cas du compte *Frais de premier établissement,* que l'on ouvre aux frais nécessités par l'établissement d'un commerce ou d'une manufacture. Ces frais comportent l'installation et l'aménagement des locaux, l'achat des objets de première nécessité, les décorations intérieures et extérieures, peinture, enseigne, etc., les frais d'actes notariés, d'enregistrement, de publicité, etc. Pour ne pas faire supporter à un premier exercice ces frais, souvent considérables; ce qui nuirait à la nette appréciation des résultats de l'exploitation, on décide, par exemple, de les répartir sur une période de dix années : on les porte alors, au fur et à mesure qu'ils se produisent, au débit du compte Frais de premier établissement, chargé de les enregistrer ; chaque année, à l'inventaire, on crédite ce compte du tantième pour cent d'amortissement jusqu'à l'extinction, au bout des dix années, des frais de premier établissement. On opère de même pour certaines pertes imprévues que l'on juge trop sérieuses pour être imputées à un seul exercice. On ouvre un compte à ces pertes et on les amortit tous les ans, dans la proportion décidée, jusqu'à ce qu'à ce que le compte qui les représente au grand-livre soit soldé.

Il y a plusieurs façons de procéder pour amortir un compte. La plus usitée, dans le petit et le moyen commerce, consiste à créditer le compte que l'on veut amortir par le débit du compte Profits et pertes, puisque aussi bien l'amortissement n'est que la constatation, sur les livres, de la perte subie sur certaines valeurs d'inventaire. C'est ainsi que si nous voulons amortir de 10 pour 100 nos comptes de frais de premier établissement, de livres pour matériel et d'outillage, qui figurent respectivement sur nos 3 600, 2 500 et 6 000 francs, nous écrirons :

  Profits et Pertes   à Divers.
A *Frais de premier établissement.*
    Amortissement 10 0/0. . . . 360
A *Matériel.*
      d° . . . 250
A *Outillage.*
      d° 600 1 210

On peut encore ouvrir un compte Amortissement et le faire jouer comme les autres subdivisions du compte Profits et pertes. Cette seconde façon de procéder a sur la première l'avantage de faire clairement ressortir la quotité représentée par les amortissements dans les frais et pertes de l'exploitation. Pour passer les mêmes opérations d'amortissement que dans le premier cas, nous libellerons cette fois au journal un premier article qui constate les moins-values :

  Amortissement   à Divers.
A *Frais de premier établissement.*
    Amortissement de 10 0/0. . . 360
A *Matériel.*
      d° 250
A *Outillage.*
      d° . . . 600 1 210

puis un second article pour solder le compte subdivisionnaire amortissement.

  Profits et Pertes   à *Amortissement.*
  Amortissement pour l'exercice. . . 1 210

Enfin, l'amortissement peut encore servir à éteindre progressivement des créances en souffrance, douteuses ou litigieuses. Un compte est ouvert à ces créances, compte qui s'amortit chaque année jusqu'à ce que ces créances ne figurent plus sur les livres que pour mémoire.

Dans une autre acception, on entend aussi par « amortissement » le remboursement, à époques fixées à l'avance, des emprunts contractés à certains bailleurs de fonds ou à des porteurs d'obligations. Le même terme sert encore à désigner la réduction d'un capital social par le rachat ou le remboursement des actions émises. Nous nous occuperons plus particulièrement de ces questions dans un chapitre suivant.

COMPTABILITÉ DES SOCIÉTÉS

Qu'un commerce soit exploité par un seul individu ou qu'il le soit par une association de plusieurs personnes, ses opérations sont absolument les mêmes et doivent, par conséquent, être passées de la même façon sur les livres de commerce. La comptabilité d'une société commerciale ne diffère de la comptabilité d'un commerçant que sur trois points : 1° la constitution du capital; — 2° les comptes ouverts aux associés; — 3° le partage des bénéfices.

Nous examinerons sommairement ces trois points dans les différentes sociétés que la loi reconnaît.

Société en nom collectif.

Pour la société en nom collectif, on constitue le capital dès la signature de l'acte social. L'engagement pris par les associés de participer à la formation de ce capital les rend débiteurs envers la société du montant de leurs apports.

Ainsi, si nous supposons que Paul et Georges se sont associés pour fonder une société en nom collectif, que Paul doit verser 60 000 francs en espèces, et Georges 40 000 francs, représentés par un fonds de commerce estimé 30 000 francs plus 10 000 francs espèces, nous constituerons le capital par l'article suivant :

Divers   à *Capital social*.
  N/ S/ *Paul*, s/ c^{te} Apport.
  S/ apport suiv^t acte passé dev^t M^e X,
   notre, le. 60 000
  N/ S/ *Georges*, s/ c^{te} Apport.
  S/ apport suiv^t acte passé dev^t M^e X,
   notre, le. 40 000   100 000

Remarquons que dans les sociétés en nom collectif le nom de chaque associé est précédé des initiales N/ S/ qui signifient notre sieur.

Lorsque les associés effectuent tout ou partie des apports qu'ils se sont engagés à fournir, on passe les articles :

Caisse   à *N/ S/ Paul*, s/ c^{te} Apport.
    S/ vers^t espèces................... 60 000

Divers   à *N/ S/ Georges*, s/ c^{te} Apport.
    Fonds de commerce
    Valeur d'estimation............ 30 000
    Caisse
    A valoir s/ s/ Apport........... 5 000   35 000

Chacun des associés, en plus de son compte Apport, possède généralement sur les livres de la société un second compte qui fonctionne dans les mêmes conditions que les comptes courants ordinaires. Ce compte sert à enregistrer les sommes que l'associé met en caisse en outre de son apport, ou le montant de ses appointements statutaires à la fin de chaque mois. Il est débité, naturellement, de toutes les sommes prélevées par les associés. En fin d'inventaire, ceux-ci se partagent le bénéfice ou la perte résultant de l'exploitation du commerce pendant l'exercice, suivant les conventions contenues dans l'acte de société. Ici se présentent deux cas :

1er cas. — La balance d'inventaire indique un excédent des bénéfices sur les pertes. S'il s'agissait d'un commerçant seul, ce bénéfice net viendrait naturellement en augmentation de son capital. Lorsqu'il s'agit d'une société en nom collectif, on ne peut songer à créditer les comptes Apports des associés, puisque le compte Capital doit, nominalement tout au moins, demeurer invariable. C'est aux comptes courants ouverts aux associés, au prorata de leurs apports, ou suivant les conventions passées entre eux, qu'on inscrit les bénéfices réalisés par l'entreprise.

Exemple :

Si nous supposons que la société Paul et Georges ait, en fin d'inventaire constaté un bénéfice de 4 500 francs; que les bénéfices ou les pertes doivent se partager pour 2/3 à Paul et 1/3 à Georges; nous solderons, dans le premier cas, le compte de Profits et Pertes de la façon suivante :

Profits et Pertes   à Divers.
   A N/ S/ Paul, s/ c^{te} c^t.
2/3 sur les bénéfices de l'exercice. . .   3 000
   A N/ S/ Georges, s/ c^{te} c^t.
1/3 sur les bénéfices de l'exercice. . .   1 500   4 500

2e cas. — A l'inventaire, le compte profits et pertes présente un solde débiteur de 12 000 francs, ce qui indique pour l'exercice, une perte sèche, de pareille somme. C'est encore non par le compte Capital social, mais par les comptes particuliers des associés, par leur débit, cette fois, que nous solderons le compte Profits et Pertes. Il faut seulement remarquer que, dans ce cas, lorsque les associés ne rapportent pas dans la caisse de la société le montant des pertes qui leur ont été attribuées, le capital social, s'il reste nominalement invariable, a effectivement diminué; en effet, lorsqu'on établira un nouvel inventaire, une partie de l'actif social sera représenté par les comptes courants débiteurs des associés eux-mêmes.

Les écritures à passer dans le second cas sont :

Divers   à Profits et Pertes.
   N/ S/ Paul, s/ c^{te} c^t.
2/3 sur les pertes de l'exercice . . .   8 000
   N/ S/ Georges, s/ c^{te} c^t.
1/3 sur les pertes de l'exercice . . .   4 000   12 000

Société en commandite simple.

La comptabilité de la société en commandite simple ne diffère de la société en nom collectif que par l'ouverture des comptes ouverts aux commanditaires. Ces comptes sont de deux sortes : 1° un compte de commandite; — 2° un compte courant ordinaire.

Le compte de commandite constate l'apport social.

Le compte courant fonctionne dans les mêmes conditions que ceux ouverts aux particuliers.

En fin d'exercice, les intérêts provenant des capitaux fournis en commandite sont portés au crédit du compte courant du commanditaire, ainsi que les bénéfices qui peuvent lui être alloués suivant les conventions qu'il a passées avec ses commandités.

Le commanditaire ne peut participer aux pertes que jusqu'à concurrence de sa commandite.

Société en commandite par actions.

Comme dans la société précédente, la société en commandite par actions est en nom collectif à l'égard des gérants, indéfiniment et solidairement responsables, et en commandite à l'égard des autres actionnaires, responsables seulement jusqu'à concurrence du montant de leurs actions.

Le capital est constitué, dès l'émission des actions, par l'écriture suivante :

Actions   à *Capital social.*
    Émission de 1 000 actions de fr. 500. . . . . .   500 000

Puis, dès que la souscription est couverte, on solde le compte Actions par le débit des actionnaires :

Divers   à *Actions.*
    Paul, gérant 200 actions. 100 000
    Georges, —   100   — 50 000
    Actionnaires, 700   — 350 000   500 000

Enfin on crédite les gérants et les actionnaires du montant de leurs apports; soit, par exemple :

Fonds de commerce   à *Divers.*
   A *Paul.*
     Estimation de s/ apport fonds de
       commerce et achalandage. . . . 100 000
   A *Georges.*
     Estimation de s/ apport fonds de
       commerce et achalandage. . . . 50 000   150 000

Caisse   à *Actionnaires.*
    Libération de 700 actions. 350 000

En fin d'exercice le bénéfice net est réparti entre les gérants et les actionnaires, suivant conventions, après prélèvement du fonds de réserve statutaire.

On passe alors écriture.

COMPTABILITÉ DES SOCIÉTÉS.

Profits et Pertes   à Divers.
  A *Paul*, gérant. 20 % du bénéf. net. 10 000
  A *Georges*,   —   10 %   — 5 000
  A *Fonds de réserve*. 5 %   — 2 500
  A *Dividende*.   65 %   — 32 500   50 000

Il ne reste plus, au fur et à mesure du payement des coupons, qu'à débiter le compte Dividende par le crédit du compte de Caisse.

Société anonyme par actions.

Dans cette sorte de société, tous les associés sont commanditaires, c'est-à-dire qu'ils ne sont engagés envers la société que jusqu'à concurrence du montant de leurs actions.

Il n'y a donc pas à ouvrir de comptes spéciaux aux gérants ou administrateurs.

Le capital se constitue de la même façon que dans la société en commandite par actions.

Dans la plupart des sociétés anonymes par actions, qui ne sont que la continuation, l'extension d'un commerce, d'une industrie ou d'une exploitation déjà existants, le fonds de commerce, les bâtiments, le terrain, l'achalandage, les brevets, l'outillage, etc., sont, à la constitution de la société, estimés et payés en actions de la société. Les comptes ouverts à ces valeurs figurent naturellement à l'actif pour le prix d'acquisition, sauf amortissements.

Aux personnes qui ont eu l'idée créatrice de la société, ou l'ont encouragée de leurs conseils ou de leurs capitaux, on distribue quelquefois des « parts de fondateurs », qui donnent certains droits sur les bénéfices nets de la société, lorsqu'ils dépassent un chiffre indiqué.

La réserve statutaire est de 5 pour 100. Ce prélèvement est obligatoire tant que les fonds de réserve n'ont pas atteint le dixième du capital social.

En fin d'exercice, les bénéfices de la société se répartissent entre les ayants droit, au prorata du tantième pour cent fixé par les statuts ou les décisions de l'assemblée générale.

Soit à répartir, par exemple, un bénéfice de 100 000 francs par une société anonyme par actions.

Nous passons article :

Profits et Pertes   à Divers.
  A *Réserve statutaire.*   5 °/₀ bénéf. net, soit. .   5 000
  A *Conseil d'administration.* 10 °/₀   —   . . 10 000
  A *Dividende.* 25 fr. par action. 75 000
  A *Parts de fondateurs.* 10 000   100 000

Obligations. — Lorsque les sociétés anonymes ont besoin d'augmenter leurs fonds de roulement et qu'elles répugnent à élever le capital social, elles peuvent emprunter au public sous forme d'émission d'*obligations*. Ces titres, garantis par le capital social et remboursables dans une période qui ne peut excéder soixante-quinze ans, sont productifs d'un intérêt fixe ; leur prix d'émission est généralement au-dessous du pair, afin de tenter le capitaliste par la « prime de remboursement », autrement dit la différence entre le prix d'achat et la valeur nominale de l'obligation.

Si nous supposons que l'emprunt est de 1 million de francs, divisé en 2 000 obligations de 500 francs, rapportant 3 pour 100, c'est-à-dire pour chacune 15 francs d'intérêt annuel, que le prix d'émission a été fixé à 475 francs, l'émission arrêtée, nous passerons l'écriture suivante :

Divers   à *Obligations.*
  Obligataires. Souscription à 2 000 obl. à fr. 475.   950 000
  Prime de remb^t. 25 fr. sur 2 000 oblig. 50 000   1 000 000

Lorsque les obligataires effectuent leurs versements, on les crédite par le débit du compte de Caisse.

Caisse   à *Obligataires.*
  Libération de 125 fr. sur 2 000 oblig^{ons}. 250 000

Au moment de l'échéance des coupons des obligations, on prélève sur le compte Profits et Pertes les fonds nécessaires pour faire face à leur payement.

Profits et Pertes   à *Intérêt des obligations.*
  Semestre échu le 1er mai, 2 000 coup. à
    fr. 7,50. . . . .   15 000

Puis on débite le compte Intérêt des obligations par le crédit du compte de Caisse, au fur et à mesure que s'effectuent les payements de coupons.

Lorsqu'une partie des obligations vient au remboursement on passe écriture :

Obligations   à *Caisse.*
    Amortissement de 100 obl. à 500 fr. 50 000

En même temps que l'on débite le compte de Profits et Pertes de la prime de remboursement payée sur ces 100 obligations amorties :

Profits et Pertes   à *Prime de remboursement.*
    Prime 25 fr. sur 100 obl. 2 500

Amortissement des actions. — Certaines grandes entreprises, montées en sociétés anonymes par actions, telles que les chemins de fer, les compagnies de transport, de gaz ou d'électricité, possèdent un monopole à durée limitée, concédé par l'État ou la commune. Ces sociétés disposent, à chaque inventaire, d'une partie de leurs bénéfices pour rembourser au pair un nombre d'actions déterminé, de telle sorte qu'à la fin de leur privilège la totalité des actions soit amortie. En remplacement de l'action remboursée, qui n'a plus droit à l'intérêt servi en outre du dividende, on délivre au porteur une *action de jouissance* qui participe à la répartition du dividende pendant toute la durée de la société.

L'écriture à passer à cette occasion constate la diminution du capital :

Capital social   à *Caisse.*
    Remboursement de 100 actions à fr. 500 . . .   50 000

D'autres sociétés rachètent purement et simplement en Bourse une partie des actions qu'elles ont émises, et qu'elles annulent. Elles agissent ainsi soit parce qu'elles estiment qu'elles peuvent, tout en traitant autant d'affaires avec un moindre capital, servir à leurs actionnaires restants des dividendes plus rémunérateurs, soit parce qu'elles entendent s'acheminer vers la liquidation et que le rachat en Bourse est un moyen d'aboutir à ce résultat.

Quoi qu'il en soit, l'opération de rachat en Bourse peut, suivant le cas, donner lieu à deux écritures.

Lorsque les actions sont rachetées au-dessus du pair, il convient de faire ressortir en perte la différence entre le prix du rachat et la valeur au pair. C'est ainsi que si la société a racheté, au cours moyen de 612 fr. 50, cent actions qu'elle avait émises à 500 francs, elle devra passer l'article suivant :

```
Divers                          à Caisse.
    Capital social
Rachat de 100 actions à fr. 500 . . .   50 000
    Profits et Pertes
Perte sur le rachat en Bourse . . .     11 250    61 250
```

Si ces actions avaient été rachetées au-dessous du pair, à 418 francs, par exemple, il faudrait faire ressortir en bénéfice la différence entre le prix d'émission et le cours en Bourse. On écrirait alors :

```
Capital social                  à Divers.
    A Caisse.
Rachat de 100 actions à fr. 418 . . .   41 800
    A Profits et Pertes.
Bénéfice sur rachat en Bourse . . .      8 200    50 000
```

Réserves. — Lorsque au moment de l'inventaire un commerçant constate des bénéfices nets pour l'exercice qui vient de prendre fin, ces bénéfices viennent naturellement en augmentation de son capital. Si cette situation favorable se renouvelle plusieurs fois, les disponibilités du commerçant s'accroîtront avec ses profits; il pourra étendre le cercle de ses affaires ou en entreprendre de nouvelles; même, le cas échéant, il lui sera possible d'essuyer impunément des pertes imprévues, ou de traverser sans faillir une période critique.

Il n'en est pas de même pour une société : si nous en exceptons quelques sociétés de coopération à capital variable, le capital d'une société demeure fixé au chiffre primitif et ne varie qu'en vertu de la volonté formellement exprimée des associés ou des actionnaires. Les bénéfices de l'entreprise sont distribués, sous forme d'intérêts ou de dividendes, aux associés qui en disposent à leur gré. Ainsi, dans les sociétés commerciales, la prospérité des affaires n'amène pas forcément l'augmentation des fonds de roulement et de garantie, et ne prémunit pas contre le danger des mauvais inventaires. C'est pour combler en partie cette lacune que la loi sur les sociétés a décidé qu'avant tout partage un prélèvement d'un vingtième au moins des bénéfices nets doit être affecté à la formation d'un *fonds de réserve*. Ce prélèvement cesse d'être obligatoire lorsque le fonds de réserve a atteint le dixième du capital social.

En plus de cette réserve légale, les sociétés sérieuses constituent généralement, pendant les périodes de prospérité, des réserves qui vont quelquefois jusqu'à égaler le montant du capital social. Ces importantes réserves, qui ne sont en somme, sous un autre nom, qu'une augmentation du capital social, permettent aux sociétés de prendre un plus grand développement et de parer à toute éventualité fâcheuse ; c'est ainsi qu'en temps de crise elles peuvent prélever sur la réserve, pour distribuer à leurs actionnaires, un dividende que le manque de bénéfices n'aurait pas permis de leur attribuer autrement.

C'est à l'inventaire, comme nous l'avons vu, que la réserve est constituée sur les bénéfices nets acquis.

Remarques sur le bilan de la société anonyme par actions La Banque de France.

La *Banque de France* dresse le jeudi son bilan hebdomadaire, qui est certifié conforme aux écritures par son gouverneur ; il est affiché en Bourse et paraît au *Journal officiel* le vendredi.

Les explications que nous avons déjà fournies tant sur la balance d'inventaire et sur le bilan que sur la comptabilité des sociétés anonymes, nous permettront de passer rapidement en revue les divers éléments qui composent l'actif et le passif de ce bilan.

Actif. — Les éléments de l'*actif* qui rentrent dans le *capital circulant* de la Banque sont : 1° l'*encaisse*, cette prodigieuse encaisse enfouie dans les caves de la Banque, et que le bilan divise en encaisse or et encaisse argent ; — 2° les effets de commerce et les effets sur le Trésor public, escomptés et encaissés

BILAN DE SOCIÉTÉ ANONYME PAR ACTIONS
Banque de France et succursales. — SITUATION HEBDOMADAIRE :

Actif.			Passif.		
Encaisse de la Banque (*).		3 431 327 692 05	Capital de la Banque.		182 500 000 »
Effets échus hier à recevoir ce jour.		66 325 80	Bénéfice en addition au capital (art. 8, loi du 9 juin 1857).		8 002 313 54
Portefeuille de Paris. { Effets sur Paris.		385 835 429 78	Réserves mobilières. { Loi du 17 mai 1834.	(a)	10 000 000 »
Effets sur l'étranger.		»	Ex-banques départementales.	(b)	2 986 750 14
Effets du Trésor remis à l'encaissement.		175 230 68	Loi du 9 juin 1857.	(c)	9 125 000 »
Portefeuille des succurs. { Effets sur place.		513 288 290 79	Réserve immobilière de la Banque.	(e)	8 407 444 16
Effets du Trésor remis à l'encaissement.		231 006 21	Réserve spéciale.		
Avances sur lingots et monnaies à Paris.		2 287 000 »	Billets au porteur en circulation (Banque et succursales).		4 370 338 420 »
Avances sur lingots et monnaies dans les succursales.		2 937 000 »	Arrérages de valeurs transférées ou déposées.		26 665 721 11
Avances sur titres à Paris.		228 351 230 03	Billets à ordre et récépissés payables à Paris et dans les succursales.		10 841 371 64
Avances sur titres dans les succursales.		281 851 231	Compte courant du Trésor.		194 815 568 95
Avances à l'État (loi du 9 juin 1857; convention du 20 mars 1878; loi du 13 juin 1878 prorogée, et la loi du 17 novembre 1897).		180 000 000 »	Comptes courants et comptes de dépôts de fonds à Paris.		354 590 974 75
Rentes de la réserve. { Loi du 17 mai 1834.	(a)	10 000 000 »	Comptes courants et comptes de dépôts de fonds dans les succursales.		68 468 934 »
Ex-banques départementales.	(b)	2 980 750 14	Dividendes à payer.		5 797 715 75
Rentes disponibles.		99 626 507 31	Escomptes et intérêts divers à Paris et dans les succursales.		2 859 759 12
Rentes immobilisées (loi du 9 juin 1857), y compris 9 125 000 de la réserve.	(c)	100 000 000 »	Réescompte du dernier semestre.		1 724 631 38
Hôtel et mobilier de la Banque.	(d)	4 000 000 »	Divers.		53 811 271 37
Immeubles des succursales.		19 020 853 45			
Dépenses d'administration de la Banque et des succursales.		781 382 45			
Emploi de la réserve spéciale.	(e)	8 407 444 16			
Divers.		44 262 704 67			
Total.		5 314 929 884 91	Total.		5 314 929 884 91

(*) Décomposition de l'encaisse au 17 février 1901 :

Or. 2 338 129 029 57
Argent. 1 093 198 662 48
                                            3 431 327 692 05

Certifié conforme aux écritures,
Paris, 17 février 1901.

Le gouverneur de la Banque de France :
PALLAIN.

par la Banque et ses succursales, qui composent le *portefeuille commercial* ; — 3° les *avances sur lingots et monnaies* et les *avances sur titres* consenties par la Banque centrale et ses succursales.

On appelle *circulation productive* la partie de l'émission représentée et garantie par le portefeuille et les avances ; les billets de banque représentés par l'encaisse composent la *circulation improductive*.

Nous trouvons encore dans cette catégorie de l'actif les *avances à l'État*, dont le total se monte à 180 millions. La loi du 17 novembre 1897 dispense l'État de payer aucun intérêt sur ces avances.

Les éléments de l'actif que nous pouvons faire rentrer dans le *capital fixe* de la Banque sont :

1° Le *portefeuille de fonds publics*. La Banque, qui possède le monopole de l'émission des billets en France, n'a pas besoin, comme les banques de dépôts, d'engager dans les affaires son capital, qui est purement un capital de garantie. Aussi, dès ses débuts, a-t-elle été autorisée à convertir en rentes sur l'État son capital et ses réserves. C'est le prix d'achat de ces rentes que nous voyons figurer à l'actif sous les rubriques : rentes disponibles, rentes ou emploi de la réserve ;

2° L'*hôtel* et le *mobilier de la Banque centrale*, qui sont portés pour une somme très inférieure à leur valeur réelle. Les *immeubles des succursales*, qui ont été également fortement amortis.

Les *dépenses d'administration* de toutes sortes prennent naturellement place à l'actif en attendant qu'elles soient déduites des bénéfices bruts que nous trouverons au passif.

Passif. — Le *passif* comprend : 1° le *capital* et les différentes *réserves* ; — 2° le montant des *billets en circulation* ; — 3° les *arrérages* échus des valeurs transférées ou déposées qui sont dus par la Banque à ses clients ; — 4° les *billets à ordre* et les *récépissés* émis et non encore payés. Le solde créditeur du compte ouvert au *Trésor public*, ainsi que le montant du solde créditeur des *comptes courants* ; — 5° les *dividendes* échus à payer aux actionnaires ; — 6° le produit de l'*agio* et des *commissions* des effets reçus à l'escompte ou à l'encaissement, ainsi que les *intérêts* dus sur les avances consenties par la Banque. Ces bénéfices figurent au passif jusqu'à ce qu'ils soient partagés entre les actionnaires, sous forme de dividende, déduction faite de tous frais.

Réescompte du dernier semestre. — La Banque, lorsqu'elle admet un effet à l'escompte, perçoit immédiatement la somme représentant l'intérêt pendant tout le temps que l'effet a à courir. Elle peut encaisser de ce fait des bénéfices afférents à un autre semestre, et qui doivent figurer à son passif.

COMPTABILITÉ DOMESTIQUE

La comptabilité, avons-nous dit en commençant ce traité, a pour objet d'enregistrer d'une façon claire et méthodique non seulement les opérations du commerçant, mais aussi celles du *non-commerçant*. En effet, si nous saisissons facilement l'intérêt primordial qu'il y a pour le négociant à être exactement renseigné sur l'état de ses affaires, il faut que nous soyons bien persuadés qu'il y a un intérêt presque équivalent pour le particulier, depuis l'ouvrier salarié jusqu'au grand capitaliste, à se bien rendre compte des gains qu'il encaisse et des dépenses qu'il engage. D'ailleurs, le commerçant qui songe à multiplier son chiffre d'affaires et à grossir ses capitaux, et le particulier qui désire épargner sur le produit de son travail ou sur ses revenus, sont mus tous deux par le même sentiment bien légitime et bien humain : celui de se constituer des réserves qui serviront à lutter contre la maladie et le chômage, à embellir la vie, à doter les enfants ou à s'assurer une heureuse vieillesse. Une mauvaise compréhension de ses affaires et de ses intérêts conduit le commerçant à la faillite, et le particulier à la déconfiture. Mêmes fautes et même désastreux résultat. C'est pourquoi nous conseillons au non-commerçant de tenir registre de toutes ses opérations, et surtout de se rendre compte de la nature des dépenses qu'il effectue, afin de pouvoir, le cas échéant, les réduire dans la mesure qu'il jugera profitable à ses intérêts.

La comptabilité du non-commerçant doit être aussi simplifiée que possible. Ses opérations se réduisent en général à recevoir et à payer, et un simple livre de caisse pourrait à la rigueur lui tenir lieu de toute comptabilité. Nous croyons cependant que ce registre, réglé dans la forme ordinaire, n'est pas suffisant. Il n'est pas seulement nécessaire, en effet, que le non-commerçant connaisse le chiffre global de ses déboursés, il faut aussi, pour qu'il y trouve les éléments de comparaison dont il peut périodiquement avoir besoin, qu'il lui soit possible, au moyen d'un classement méthodique, de les diviser par nature de dépenses; il faut encore qu'il puisse facilement suivre les fluctuations des valeurs qui composent son actif : mobilier, espèces, épargnes, etc. En résumé, la comptabilité du non-commerçant doit pouvoir lui fournir un compte exact de sa situation, en même temps qu'un exposé détaillé et précis de ses opérations.

La comptabilité domestique doit-elle être tenue suivant les principes de la partie double? Évidemment, et aucun doute ne peut exister à cet égard. Nous ne faisons d'ailleurs que nous conformer aux déclarations que nous avons faites au commencement de ce traité, en écartant résolument les pratiques défectueuses de la partie simple de toute comptabilité, domestique ou commerciale.

Ceci dit, examinons les livres dont nous aurons à faire usage pour établir la comptabilité rationnelle d'un non-commerçant.

Nous avons déjà parlé d'un livre de comptabilité que nous avons rejeté pour la plupart des commerces, qui ne sauraient s'en contenter, mais qui se trouve, au contraire, admirablement approprié aux besoins du non-commerçant : c'est le *journal-grand-livre*. Ce registre, sur lequel il est loisible de créer toutes les colonnes que l'on désire, se prête facilement aux exigences de la comptabilité domestique. Il offre en outre les avantages d'une rédaction facile et d'un contrôle permanent. Théoriquement ce livre pourrait, à l'exclusion de tout autre, former toute la comptabilité d'un particulier. Mais il aurait alors le grave inconvénient de posséder un très grand nombre de colonnes, et d'être ainsi d'un maniement et d'une rédaction malaisés, et surtout d'exiger de nombreux articles journaliers pour des dépenses ou des recettes insignifiantes. Ainsi compris, il rebuterait bien vite la bonne volonté de celui qui essayerait de l'utiliser. Aussi, ce registre, qui contient toute la comptabilité générale du non-commerçant, doit-il être purement récapitulatif. La comptabilité auxiliaire s'enregistrera sur un livre brouillard, disposé de façon à contenir toutes les opérations de l'intéressé, et à lui fournir toutes les indications qu'il peut demander à un livre de détail et de première main.

Livre brouillard.

Le *livre brouillard*, dont nous donnons plus loin un modèle, est réglé de manière à présenter sous forme de tableau synoptique : 1° les recettes de toute nature ; — 2° les dépenses au comptant et à crédit, dépenses qui comportent deux divisions principales : les frais de maison, classés eux-mêmes par natures de dépenses, et les dépenses en augmentation d'actif telles que : achats de mobilier, épargnes, etc. ; — 3° le compte des fournisseurs à crédit.

Les deux premières divisions ne sont autre chose que le débit et le crédit du compte de Caisse, exception faite pour les achats à crédit ; la troisième division concerne les comptes courants.

Le modèle que nous offrons prévoit les principales catégories de dépenses de la moyenne classe. Il est clair que nous ne pouvons ici, dans le cadre de ce traité, donner un modèle spécial pour chacune des principales conditions sociales : nous nous contentons de proposer un exemple unique que chacun pourra modifier au gré de ses besoins et de ses idées. Il suffit que le principe soit compris et adopté, les changements se feront aisément.

Il faut remarquer que nous avons dû créer pour certains comptes, susceptibles de jouer par leur débit ou leur crédit, une double colonne pour enregistrer ces deux positions. Tels sont les comptes d'épargnes ou de fournisseurs qui peuvent être débiteurs ou créditeurs, suivant l'opération. Cette façon d'opérer au brouillard exige un peu plus d'attention, mais elle a le grand avantage de permettre le report au journal-grand-livre sans aucune hésitation.

COMPTABILITÉ DOMESTIQUE.

Nous ferons encore observer que, pour se conformer à la réalité des faits, les achats à crédit doivent, dès la réception de la marchandise, être enregistrés dans la catégorie convenable, en même temps qu'on créditera le compte Fournisseurs du montant de l'achat. A l'extinction de la dette, c'est-à-dire au payement en espèces, il faut se garder de répéter la dépense dans la catégorie spéciale, ce qui ferait double emploi : on se contentera de comprendre la somme déboursée dans le total des dépenses au comptant, en même temps qu'on débitera le compte Fournisseurs de cette même somme.

Sous le bénéfice de ces remarques, nous croyons que l'étude attentive du modèle donné ci-après suffira pour en assurer l'entière compréhension.

Vérification du livre brouillard. — A la fin de chaque quinzaine ou de chaque mois, on procède à la vérification des sommes portées sur le brouillard, de la façon suivante :

VÉRIFICATION DE LA CAISSE

Solde en caisse au 1ᵉʳ janvier............	373,35	
Recettes effectuées du 1ᵉʳ au 15 janvier.....	778,80	1 152,15
Dépenses au comptant du 1ᵉʳ au 15 janvier........		669,65
Solde d'accord avec le montant des espèces en caisse...		482,50

VÉRIFICATION DES DÉPENSES

Frais de maison (au comptant ou à crédit) du 1ᵉʳ au 15 janv.....................	478,55
Mobilier (au comptant ou à crédit) du 1ᵉʳ au 15 janv........................	16
Épargne du 1ᵉʳ au 15 janv...............	205,10
Total des dépenses de la quinzaine (au comptant ou à crédit).....................	699,65

Pour vérifier ce chiffre avec le montant des dépenses au comptant de la quinzaine, il faut en retrancher le total des achats à crédit, et y ajouter, au contraire, les payements faits aux fournisseurs. Pour le cas qui nous occupe, nous aurons :

$$699,65 - 130 = 569,65 + 100 = 669,65$$

LIVRE BROUILLARD (de M. X..., employé).

DATES		RECETTES		OBSERVATIONS SUR QUELQUES DÉPENSES	TOTAL de la dépense quotidienne au comptant	FRAIS DE MAISON								MOBILIER RÉPARATIONS	CAISSE D'ÉPARGNE		VALEURS MOBILIÈRES		FOURNISSEURS	
		NATURE	FRANCS			LOYER ET IMPÔTS	FRAIS DE TABLE	ENTRETIEN	CHAUFFAGE, ÉCLAIRAGE, blanchissage	GAGES des domestiques	VOITURES, menus plaisirs, divers	MALADE			D.	C.	D.	C.	D.	C.
19..		Solde à nouveau	373 33																	
Janv.	1	Gratifications	250 »	Dépôt à la Caisse d'épargne, 100 fr.	106 35		4 35				2 »			100 »						
	2			Complet p. monsieur, 100 fr.	9 10		6 10	100 »	»	3 »									100 »	
	3			Achat 1/4 Ville Paris, 1871, 105 fr. 10	109 80		4 70									105 10				
	4			Dentiste, 5 fr.	13 05		3 55		3 50		1 »	5 »								
	5			Jupon madame, 15 fr.	18 60		3 60	15 »												
	6			Couturière, 2 fr.	7 25		5 25	2 »												
	7	Travail suppl.re	25 »	Façon d'une robe, 30 fr.	7 70		4 70	30 »			3 »									
	8			Réception de la famille	52 65		45 90		4 75		2 »									
	9	Vente obl. fonc. 1879.	503 80		3 60		3 60										503 80			
	10			Payé le mois de la bonne, 25 fr.	32 80		4 50			25 »	3 »									
	11			Passé la journée chez n/ frère	10 75		» »				10 75								30 »	
	12			Acheté un buffet de cuisine, 16 fr.	20 90		4 90						16 »							
	13			Réglé la facture du tailleur du 2 ct	105 25		5 25											100 »		
	14			Consultation docteur, 3 fr.	6 40		3 40					3 »								
	15			Terme du loyer, 100 fr.	193 75	160 »	4 75				1 »									
			1 152 13		669 65	160 »	101 55	147 »	11 25	25 »	22 75	8 »	16 »	100 »	»	105 10	503 80	100 »	130 »

Inventaire.

Il est bon que le particulier qui entend tenir écritures de ses opérations commence par se renseigner sur sa situation, c'est-à-dire qu'il sache ce qu'il possède et ce qu'il doit. Pour arriver à ce résultat il dressera *inventaire* de son actif et de son passif.

Son actif se composera, par exemple, d'espèces, de meubles, de valeurs mobilières ou immobilières, d'un dépôt à la Caisse d'épargne, etc.

Son passif comprendra les dettes qu'il peut avoir contractées, ainsi que son capital, différence entre ce qu'il possède et ce qu'il doit.

Cet inventaire, qui se répète à époques fixes, tous les semestres ou tous les ans, fournit au non-commerçant les éléments nécessaires pour comparer la situation présente avec les situations antérieures. Il tirera aisément de cette comparaison toutes les conséquences qu'elle comporte.

Au début d'un exercice, les résultats de l'inventaire doivent être consignés au journal-grand-livre de la façon que nous indiquons sur notre modèle, et former l'article initial de la comptabilité du non-commerçant.

Journal-Grand-livre.

Le *journal-grand-livre* récapitulatif, tenu selon la méthode en partie double, que nous donnons comme modèle est réglé de façon à prévoir les principales opérations du non-commerçant. Nous devons cependant ajouter qu'il sera toujours facile à l'intéressé, au moyen de l'addition de nouvelles colonnes, d'y créer tels comptes dont il aurait besoin, comme : immeubles, terrains, dépôt en banque, etc.

Nous n'insistons pas sur la tenue de ce livre que nous avons déjà étudié, il nous suffira de préciser en quelques mots la destination et le fonctionnement de ses comptes.

Le compte Mobilier enregistrera le prix d'achat des meubles et le montant des réparations mobilières. On portera au compte

Épargnes les achats et les ventes de valeurs mobilières, ainsi que les dépôts et retraits aux caisses d'épargne. Nous devons une explication plus détaillée pour le compte Profits et Pertes. Au débit de ce compte, nous porterons la totalité des frais de maison, les pertes et les amortissements; à son crédit figureront les gains et profits de toutes sortes : salaires ou appointements, gratifications, dons, bénéfices, intérêts, etc. Quant aux comptes Caisse, Capital et Fournisseurs, ils joueront dans les conditions normales que nous connaissons déjà.

Ces explications fournies, nous supposons que nous nous disposons à tenir nos écritures à partir du 1er janvier, après avoir procédé à un inventaire qui nous a donné les résultats suivants :

Espèces en caisse....................		373,35
Mobilier		2 125
Épargne, 3 fonc. 1879............	1 515,50	
— à la Caisse d'épargne......	75	1 590,50
Soit un actif de.....................		4 088,85
Dont il convient de déduire un passif de.......		658,85
représenté par quelques dettes ménagères.		
Il reste un avoir net, ou capital de..........		3 430

Cet inventaire passé au journal-grand-livre, sous la forme d'un article *Divers comptes débiteurs* à *divers comptes créditeurs*, que nous employons de préférence pour ne pas créer le compte d'ordre Balance d'entrée, nous reportons à la suite les opérations de la première quinzaine de janvier, telles que nous les trouvons sur notre brouillard, et notre journal-grand-livre se présentera alors de la façon suivante :

JOURNAL-GRAND-LIVRE (de M. X..., employé).

DATES		LIBELLÉ		SOMMES		CAISSE		MOBILIER		ÉPARGNE		PROFITS ET PERTES		CAPITAL		FOURNISSEURS	
				DÉTAIL	TOTAUX	DÉBIT	CRÉDIT	DÉBIT	CRÉDIT	DÉBIT	CRÉDIT	DÉBIT (dépenses ou pertes)	CRÉDIT (gains ou profits)	DÉBIT	CRÉDIT	DÉBIT	CRÉDIT
19.. Janv.	1	Divers	à Divers.														
		Caisse. Esp. en caisse...........	373 35			373 35											
		Mobilier...................	2 125 »					2125 »									
		Épargne. 3 fonc. 79........															
		1 livret de caisse d'épargne..	1 590 50							1 590 50							
		A Capital.....................		3 430 »											3 430 »		
		A Fournisseurs.																
		Martin, tailleur............	240 50														
		Rodrigues, cout'...........	418 35	658 85	4 088 85													658 85
»	15	Caisse	à Divers.			778 80											
		A Profits et Pertes.																
		suiv¹ détail au brouillard........		275 »										275 »				
		A Épargne.																
		Vente 1 fonc. 1879............		503 80	778 80							503 80						
»	»	Divers	à Caisse.														
		Profits et Pertes					669 65											
		Frais de maison p¹ la quinzaine........		348 55									348 55					
		Mobilier																
		suiv¹ détail au brouillard.............		16 »					16 »									
		Épargne	d°...........	205 10							205 10							
		Fournisseurs,	d°...........	100 »	669 65													100 »
»	»	Profits et Pertes	à Fournisseurs.														
		Frais de maison à crédit, suiv¹ détail au brouillard.		130 »	130 »								130 »					130 »
		A reporter......			5 667 30	1 152 15	669 65	2 141 »	»	1 795 60	503 80	478 55	275 »	»	3 430 »	100 »	788 85

Balance de vérification.	Débit.	Crédit.
Caisse............	1 152 15	669 65
Mobilier..........	2 141 »	»
Épargne...........	1 795 60	503 80
Profits et Pertes......	478 55	275 »
Capital............	»	3 430 »
Fournisseurs.......	100 »	788 85
	5 667 30	5 667 30 (total commun égal au total du journal).

Balance de vérification. Balance d'inventaire. Bilan. Arrêté et Report des écritures.

Nous savons qu'un des principaux avantages du journal-grand-livre est de nous donner, en quelque sorte, une *balance de vérification permanente*, puisque à chaque bas de page nous devons nous assurer, avant de reporter les totaux trouvés, que la triple égalité qui caractérise la justesse de ce contrôle existe effectivement. En poursuivant l'inscription de nos opérations sur le journal-grand-livre, nous obtiendrons donc naturellement, et sans recherches possibles, une balance de vérification exacte.

Nous supposons que cette balance se présente ainsi :

BALANCE DE VÉRIFICATION AU 31 DÉCEMBRE.

COMPTES	DÉBIT	CRÉDIT
Caisse	5 929,35	5 769,45
Mobilier	2 358,75	»
Épargne	4 669,30	2 950,25
Profits et Pertes	3 865,80	4 320
Capital	»	3 430
Fournisseurs	827,25	1 180,75
Totaux	17 650,45	17 650,45

Étant admis que nous voulons amortir de 1/10 de sa valeur notre mobilier, il ne nous reste plus, pour convertir cette balance de vérification en balance d'inventaire, qu'à passer les articles d'inventaire suivants :

---
31 décembre.

Profits et Pertes à *Mobilier.*
 Amortiss^t de 1/10 de sa valeur 235,90

---
d°

Profits et Pertes à *Capital.*
 Pour solde du c^{te} Prof. et Pertes et augmentation de m/ capital pendant l'exercice 218,30

Ces deux articles passés au journal-grand-livre, nous trouvons la balance d'inventaire suivante :

BALANCE D'INVENTAIRE AU 31 DÉCEMBRE 19..

COMPTES	SOMMES		SOLDES	
	DÉBIT	CRÉDIT	DÉBITEURS	CRÉDITEURS
Caisse.........	5 929 35	5 769 45	159 90	
Mobilier........	2 358 75	235 90	2 122 85	
Épargne........	4 669 30	2 950 25	1 719 05	
Profits et Pertes. .	4 320 »	4 320 »		
Capital	»	3 648 30		3 648 30
Fournisseurs . . .	827 25	1 180 75		353 50
	18 104 65	18 104 65	4 001 80	4 001 80

De cette balance d'inventaire nous tirons le bilan suivant :

BILAN AU 31 DÉCEMBRE 19..

Actif.		Passif.	
Espèces en caisse...	159,90	Capital.........	3 648,30
Mobilier	2 122,85	Fournisseurs.....	353,50
Épargne	1 719,05		
	4 001,80		4 001,80

Puis nous clôturons l'exercice par l'article suivant, qui a l'avantage de supprimer le compte d'ordre Balance de sortie.

———————— 31 décembre 19.. ————————

Divers comptes créditeurs   à divers comptes débiteurs
pour solder ces comptes.
Capital. 3 648,30
Fournisseurs. 353,50
    A *Caisse*   159,90
    A *Mobilier.* 2 122,85
    A *Épargne.* 1 719,05   4 001,80

Il ne nous reste plus qu'à arrêter les comptes pour l'exercice au journal-grand-livre, et à les reporter à nouveau en passant l'article inverse.

COMPTES COURANTS PORTANT INTÉRÊTS

Tout compte ouvert à une personne ou à une société sur le grand-livre d'un commerçant ou d'un banquier se nomme *compte courant*. Le compte courant mentionne : au Débit, toutes les sommes que doit l'ayant compte ; au Crédit, toutes les sommes qui lui sont dues. Ces sommes peuvent, suivant convention, être susceptibles de porter intérêts à un taux déterminé. Les comptes courants portant intérêts sont assez rares entre commerçants, mais sont, par contre, entrés dans la pratique courante des banques, qui ont le plus grand avantage à attirer dans leur caisse, au moyen de la légère prime que représente un taux d'intérêt qui varie de 1/2 à 2 pour 100, les capitaux disponibles des particuliers et des commerçants. Il n'y a guère que la Banque de France où les dépôts de fonds ne rapportent aucun intérêt aux déposants.

Avant d'aborder les différentes méthodes au moyen desquelles on règle les comptes courants portant intérêts, il nous semble utile de préciser le sens et la valeur de certaines expressions adoptées par la banque et le commerce, et d'indiquer sommairement quelques manières pratiques d'effectuer rapidement le calcul des intérêts.

Échéance ou valeur. — On appelle *échéance* ou *valeur* l'époque où une somme commence à porter intérêts, c'est-à-dire commence *à entrer en valeur*. Il est à remarquer que la valeur ne coïncide pas toujours avec la date d'une opération : s'il s'agit, par exemple, de la remise à l'encaissement faite le 20 janvier d'un effet ou d'une facture payable le 31 janvier, la date de l'opération sera le 20 janvier, tandis que la valeur ou l'échéance, c'est-à-dire le moment où la somme commencera à porter intérêts, ne sera que le 31 janvier. La valeur peut aussi être modifiée conventionnellement. C'est ainsi que nombre de banquiers, pour gagner sur leurs clients quelques jours d'intérêt, ne comptent les remises qui leur sont faites que valeur du lendemain ou du surlendemain de la remise, tandis qu'ils comptent valeur de la veille ou de l'avant-veille de l'opération les remises de fonds qu'ils font aux ayants compte.

COMPTES COURANTS PORTANT INTÉRÊTS.

Commissions, courtages, changes, etc. — Les divers frais accessoires qui affectent certaines opérations sont ordinairement ajoutés immédiatement au montant de ces opérations ou en sont déduits, suivant le cas. C'est le moyen le plus usité et aussi le plus rationnel. Cependant certaines maisons ont conservé l'habitude de créer une colonne spéciale sur leurs comptes courants pour y faire figurer les *commissions* en face des opérations correspondantes. Dans ce cas il faut, avant de solder le compte, faire la division des *courtages* et commissions à payer ou à recevoir par l'ayant compte et porter la balance du côté convenable.

Calcul des intérêts.

Nous avons vu, dans la première partie de cet ouvrage, qu'on entend par intérêt le loyer d'un capital prêté. Pour déterminer l'intérêt, trois éléments sont nécessaires, ce sont : 1° le *capital*, qui représente le montant de la somme prêtée ; — 2° le *temps*, qui représente le nombre de jours, de mois ou d'années pendant lequel ce capital est resté placé ; — 3° le *taux*, qui représente l'intérêt de 100 francs pendant une année de 360 jours.

REMARQUE. — L'année commerciale en France n'a que 360 jours au lieu de 365 ou 366. Il y a de ce chef une légère aggravation du taux de l'intérêt ; c'est, par contre, un grand avantage, au point de vue de la simplification et de la rapidité des calculs, que l'emploi de ce nombre 360, qui possède beaucoup de sous-multiples.

Ces trois éléments connus, le quatrième, l'intérêt, s'obtient facilement.

Soit à rechercher l'intérêt de 4 000 francs, au taux de 3 pour 100, pendant 45 jours.

Si nous avions à calculer l'intérêt pour un an, nous dirions justement que l'intérêt recherché est à 3 francs comme 4 000 francs est à 100 francs, ce qui s'exprime par la proportion :

$$I : 3 : : 4\,000 : 100,$$

d'où nous tirons la valeur de I :

$$I = \frac{4\,000 \times 3}{100}.$$

Mais nous avons à trouver l'intérêt, non pour un an, mais pour 45 jours, c'est-à-dire pour $\frac{45}{360}$ d'année.

En multipliant le résultat précédent par cette fraction d'année, nous obtenons l'intérêt, soit :

$$\frac{4\,000 \times 3 \times 45}{100 \times 360} = 15.$$

Nous voyons que pour trouver l'intérêt il faut multiplier le capital par le taux, puis le résultat par le nombre de jours; on divise ensuite le produit obtenu par 36 000.

Si, pour nous conformer à une coutume constante, nous appelons A le capital, R le taux et T le temps, nous aurons les formules bien connues :

$$I = \frac{A\,R\,T}{36\,000}, \text{ s'il s'agit de jours.}$$

$$I = \frac{A\,R\,T}{1\,200}, \text{ s'il s'agit de mois.}$$

$$I = \frac{A\,R\,T}{100}, \text{ s'il s'agit d'années.}$$

Pratiquement, les calculs d'intérêts seraient beaucoup trop longs s'il fallait raisonner, ou même simplement appliquer les formules. En banque, on emploie deux méthodes simplifiées, connues sous les noms de : méthode des nombres avec diviseur fixe et méthode des parties aliquotes.

Méthode des nombres avec diviseur fixe. — Pour opérer par cette méthode on commence à rechercher la somme (ou le *nombre*) qui, placée pendant un jour au taux convenu, donnerait le même intérêt qu'un certain capital pendant le nombre de jours qu'il a à courir. Si nous supposons que ce capital est de 5 000 francs, placés pendant 56 jours au taux de 4 pour 100, nous aurons à trouver un nombre qui, à ce même taux, rapporterait, en un jour, un intérêt égal à celui que produit une somme de 5 000 francs en 56 jours. Ce nombre est évidemment le produit de 5 000 par 56, soit :

$$5\,000 \times 56 = 280\,000.$$

Après avoir obtenu le nombre, nous cherchons le *diviseur fixe*. Celui-ci n'est autre que le capital qui, placé pendant un jour au taux donné, produirait un intérêt de 1 franc.

En raisonnant sur l'exemple que nous venons d'adopter, nous dirons :

Pour produire 4 francs d'intérêt pendant 360 jours, il faut un capital de 100 francs.

Pour produire 1 franc d'intérêt pendant 360 jours, il faudra un capital quatre fois moindre, soit $\frac{100}{4}$,

Et pour produire un intérêt de 1 franc pendant 1 jour, il faudra un capital 360 fois plus fort, soit $\frac{100 \times 360}{4} = 9\,000$.

9 000 est le diviseur fixe correspondant au taux 4 pour 100.

Ainsi nous avons trouvé les deux résultats suivants : 1° un nombre, 280 000, qui représente le capital nécessaire pour rapporter, au taux de 4 pour 100 et *pendant un jour*, l'intérêt que nous recherchons ; — 2° un diviseur fixe 9 000, qui représente le capital nécessaire pour rapporter au taux de 4 pour 100 et *pendant un jour*, un intérêt de 1 franc.

Il est évident que si nous divisons le nombre par le diviseur fixe, nous obtenons les intérêts demandés, soit :

$$280\,000 : 9\,000 = 31,11.$$

Dans la pratique, pour abréger les calculs, on divise par 100 le nombre, qui est ici le dividende, ainsi que le diviseur fixe. Le quotient, autrement dit les intérêts, ne varie pas.

En résumé, pour calculer les intérêts par cette méthode, on opère de la façon suivante : 1° on obtient le nombre en multipliant le centième du capital par le nombre de jours. (Si la fraction décimale est supérieure à 0,50, on augmente le nombre d'une unité) ; — 2° on obtient le diviseur fixe en divisant 360 par le taux donné ; — 3° la division du nombre par le diviseur fixe donne le montant de l'intérêt.

Lorsque le taux proposé ne divise pas exactement 360, pour la commodité des calculs on use alors d'un taux supposé, sous-multiple de 360, supérieur ou inférieur au taux donné. Pour ramener l'intérêt au taux véritable, on y ajoute, ou on en retranche la fraction qui sépare le taux fictif du taux réel.

C'est ainsi que si nous avions à calculer des intérêts au taux de 3 1/2, dont le diviseur fixe, peu propice à la rapidité des calculs, est 102,857, nous pourrions nous servir soit du taux 3 soit du taux 4. Dans le premier cas, nous porterions l'intérêt à 3 1/2 en ajoutant $\frac{1}{6}$ à l'intérêt à 3 pour 100; dans le second cas, nous le ramènerions à 3 1/2 en retranchant $\frac{1}{8}$ à l'intérêt à 4 pour 100.

Dans quelques établissements de crédit, quel que soit le taux appliqué, on commence par rechercher l'intérêt au taux de 6 pour 100. On le ramène ensuite au taux réel de la façon que nous venons d'indiquer.

Les principaux diviseurs fixes sont :

Pour le taux de	1 0/0	le diviseur fixe est	360
—	1 1/2 0/0	—	240
—	2 0/0	—	180
—	2 1/2 0/0	—	144
—	3 0/0	—	120
—	4 0/0	—	90
—	4 1/2 0/0	—	80
—	5 0/0	—	72
—	6 0/0	—	60

La méthode des nombres et des diviseurs fixes s'emploie avec succès lorsqu'il y a un certain nombre d'intérêts à calculer au même taux; par exemple, pour décompter les bordereaux d'escompte ou les comptes courants de banque. On ne pose immédiatement que les nombres que l'on additionne. La somme des nombres divisée par le diviseur fixe donne l'intérêt total.

Exemple : soit à calculer les intérêts à 4 pour 100 de :

3 615 francs pendant 25 jours.
400   —   —   43 —
850   —   —   123 —

COMPTES COURANTS PORTANT INTÉRÊTS.   255

Nous trouvons les nombres en multipliant le centième des capitaux par le nombre de jours respectif :

$$36,15 \times 25 = 904$$
$$4 \times 43 = 172$$
$$8,5 \times 123 = 1045$$

Total des nombres. 2 121

En divisant ce total par 90, diviseur fixe correspondant au taux 4, nous obtenons le total des intérêts, soit :

$$2\,121 : 90 = 23,57.$$

Méthode des parties aliquotes. — Cette méthode, très ingénieuse et très rapide, est fort usitée en banque. Elle consiste à rechercher combien de jours un capital doit rester placé pour rapporter 1 franc d'intérêt, à un taux donné, 5 pour 100 par exemple.

Si 100 francs pour produire 5 francs doivent rester placés pendant 360 jours, la même somme pour produire 1 franc devra rester placée cinq fois moins longtemps, soit : 360 : 5 = 72 jours.

En somme, ce nombre de jours s'obtient, dans tous les cas, en divisant 360 par le taux. Faisons remarquer que les quotients obtenus présentent les mêmes chiffres que les diviseurs fixes usités dans la méthode précédente.

Ceci dit, soit à rechercher l'intérêt de 7 000 francs, au taux de 3 pour 100, pendant 47 jours. Nous dirons :

Si 100 francs placés pendant 120 jours à 3 pour 100 rapportent 1 franc, 7 000 francs placés pendant le même temps et au même taux rapporteront $\frac{7\,000}{100}$, soit 70 francs.

Or notre capital n'est pas resté placé 120 jours, mais 47 seulement. Ce n'est donc pas à 70 francs d'intérêt qu'il a droit, mais aux $\frac{47}{120}$ de 70 francs.

Au lieu d'effectuer la multiplication de 70 par $\frac{47}{120}$, nous trouvons plus simple de décomposer 47 en le plus petit nombre possible de facteurs de 120. Nous raisonnons ainsi :

Pour 120 jours, l'intérêt est de 70 francs.

Pour 40 jours, il sera du tiers de cette somme, soit. .   23,33

Pour 6 jours, il sera $\frac{1}{20}$ de 70, soit   3,50

Pour 1 jour, il sera $\frac{1}{6}$ du résultat précédent, soit. .   0,58

—————   ——————

47 jours.   Au total.   27,41

Nous constatons que l'application de cette méthode, avec une fréquente pratique, donne de bons résultats.

Méthode ancienne ou directe.

Pour régler les intérêts d'un compte courant par la *méthode directe*, on procède de la façon suivante :

Soit à calculer le compte d'intérêts de Durand chez Michel, aux taux et conditions convenus (mod. p. 259), nous dirons :

Durand doit : 1° les intérêts à 4 pour 100 sur 4 240,80, du 5 janvier 1896 au jour de l'arrêté, 31 mars, soit pendant 86 jours ; — 2° les intérêts sur 11 509 fr. 34, du 21 janvier au 31 mars, soit pendant 70 jours.

Et ainsi de suite pour tous les articles du Débit.

D'autre part, il est dû à Durand : 1° les intérêts sur 3 580 fr. 70, du 31 décembre au 31 mars, soit pendant 91 jours ; — 2° les intérêts sur 1 259 fr. 06, du 21 au 31 mars, soit pendant 10 jours.

Et ainsi de suite pour les autres articles du Crédit.

Nous pouvons conclure que les intérêts qui figurent au Débit sont dus par l'ayant compte au banquier, tandis que les intérêts qui figurent au Crédit sont dus par le banquier à l'ayant compte.

Cependant il arrive parfois (voir opération du 3 mars, p. 261) que la valeur d'une somme est postérieure à l'arrêté du compte, c'est-à-dire que cette somme ne doit commencer à porter intérêts qu'un certain nombre de jours après l'arrêté des écritures. Il s'agit alors de la ramener valeur de l'arrêté. Comment nous y prendrons-nous ? Si nous considérons l'opération du 3 mars, nous voyons que la somme de 5 596 fr. 50, portée au crédit de Durand, n'est productive d'intérêts qu'à partir du 8 avril, c'est-à-dire huit jours après l'arrêté du compte. Durand non seule-

COMPTES COURANTS PORTANT INTÉRÊTS.

ment n'a droit, pour l'exercice clos le 31 mars, à aucun intérêt sur cette somme, mais encore il devra payer huit jours d'intérêt à Michel pour la ramener valeur du 31 mars. Les huit jours d'intérêt qui figurent au crédit appartiennent donc, non à Durand, mais à Michel, aussi les inscrivons-nous *à l'encre rouge* afin de n'être pas tenté de les additionner avec les autres intérêts ou nombres, et aussi pour nous rappeler que nous devons, en fin de compte, les faire figurer du côté opposé à celui où ils ont été primitivement inscrits.

En résumé, pour régler les comptes courants par la méthode directe, on opère de la façon suivante, après avoir préalablement copié, sur une feuille spéciale, le compte tel qu'il est établi sur le grand-livre de celui qui dresse le compte courant :

1° On inscrit dans la colonne Valeur l'échéance de chaque somme, c'est-à-dire la date à partir de laquelle cette somme devra porter intérêts ;

2° On calcule, pour toutes les échéances *antérieures* à la date de l'arrêté du compte, le nombre de jours écoulés depuis l'échéance jusqu'à la date de l'arrêté du compte, et on inscrit ce nombre de jours *à l'encre noire*, dans la colonne des jours; puis, pour les échéances *postérieures* à la date de l'arrêté du compte, on compte le nombre de jours qui doivent s'écouler depuis l'époque de l'arrêté jusqu'à l'échéance postérieure à l'arrêté, et on inscrit ce nombre de jours *à l'encre rouge*, dans la colonne des jours ;

3° On calcule les nombres, que l'on écrit à l'encre noire lorsque le nombre de jours est écrit à l'encre noire, et à l'encre rouge lorsque le nombre de jours est écrit à l'encre rouge ;

4° On additionne sur une feuille volante les nombres rouges du Débit et ceux du Crédit ; on en fait la différence que l'on porte *à l'encre noire*, dans la colonne des nombres, du côté où les nombres rouges sont les plus faibles. Dans la colonne Motifs on inscrit devant cette différence, ces mots : Balance des nombres rouges ;

5° On fait, au crayon, le total des nombres inscrits à l'encre noire au débit et au crédit du compte courant, en se gardant bien d'y comprendre les nombres inscrits à l'encre rouge, qui ont été définitivement réglés par l'opération précédente. On fait la différence entre les nombres noirs du Débit et ceux du Crédit, et l'on porte cette différence dans la colonne des nombres, du côté où les nombres noirs sont les plus faibles. On écrit devant cette différence dans la colonne Motifs ces mots : Balance des nombres noirs.

6° On recherche alors, sur la balance des nombres noirs, les intérêts correspondant au taux donné (en divisant cette balance des nombres par le diviseur fixe) et on inscrit les intérêts trouvés dans la colonne des capitaux, du côté opposé à celui où se trouve la balance des nombres noirs.

Nota. — Lorsqu'on fait les intérêts immédiats, on se contente de porter le montant de la balance des intérêts noirs dans la colonne des capitaux, du côté opposé à celui où se trouve cette balance.

7° On additionne au crayon les capitaux du Débit et ceux du Crédit, y compris les intérêts capitalisés, et, s'il y a lieu, les changes, courtages et commissions, et l'on en fait la différence, que l'on porte, pour balance, dans la colonne des capitaux les plus faibles.

8° On arrête alors le compte dans la forme ordinaire, on reporte le solde à nouveau, et l'on date et signe le compte courant, que l'on adresse à l'ayant compte S. E. O. O. (sauf erreurs ou omissions).

MÉTHODE DIRECTE
avec nombres.

Doit   M. Durand, s/ c^{te} c^t et d'int. récip. à 4 % chez M. Michel, banq., à Paris (au 31 mars 1896).   Avoir

DATES		CAPITAUX DÉBITEURS		MOTIFS DU DÉBIT	VALEUR	JOURS	NOMBRES ou INTÉRÊTS	DATES		CAPITAUX CRÉDITEURS		MOTIFS DU CRÉDIT	VALEUR	JOURS	NOMBRES ou INTÉRÊTS
95								95							
Janv.	5	4 240	80	Retour effets impayés.	5 janv.	86	3 646	Déc.	31	3 580	70	Solde ancien.	31 déc.	91	3 258
	21	11 509	34	M/ avance s/ lingots.	21 janv.	70	8 036	96							
Févr.	20	17	26	Int^{ts} dus s/ m/ avance.	20 févr.	40	7	Janv.	12	1 239	06	S/ remises Amsterdam.	21 mars	10	126
Mars	9	2 222	70	M/ remise espèces.	9 mars	22	489	Févr.	5	717	48	Enc^t coupons.	5 févr.	55	394
	10	1 481	80	d° d°	10 mars	21	311		20	11 526	60	11 509,34 remb^t en pp^{al} 17,26 — en int^{ts}	20 févr.	40	4 611
	11	2 963	60	d° d°	11 mars	20	593	Mars	3	5 596	50	Net de s/ remise Meaux	8 avril	8	R. 448
	20	10 017	25	M/ envoi esp. et frais.	19 mars	12	1 202		8	6 668	10	— Londres	8 mars	23	1 534
									25	7 450	34	Enc^t obligations.	25 mars	6	447
				Bal/ des nombr. rouges.			448					Bal/ des nombr. noirs.			4 382
		48	70	Int^{ts} en m/ faveur.											
		4 297	33	Bal/ des capitaux.											
		36 798	78				14 752			36 798	78				14 752
								Avril	1	4 297	33	Solde à nouveau.	31 mars		

S. E. O. O.
Paris, le 31 mars 1896.
Michel.

Méthode indirecte, nouvelle ou rétrograde.

La méthode *indirecte* ou *rétrograde*, qui a presque entièrement supplanté la méthode directe dans le règlement des comptes courants, a sur cette dernière un incontestable avantage : elle permet de tenir les intérêts des comptes courants constamment à jour, sans qu'il soit nécessaire, comme dans la méthode directe, de connaître à l'avance la date de l'arrêté du compte, date qui est susceptible de varier pour nombre de motifs.

La méthode indirecte procède d'un raisonnement absolument différent de celui que nous avons tenu pour expliquer la marche de la méthode directe. Tandis que dans cette dernière méthode nous recherchons les *intérêts courus* sur les capitaux du Débit et du Crédit, depuis leur échéance jusqu'à la date de l'arrêté du compte, dans la méthode indirecte ou rétrograde nous partons de cette supposition que tous les capitaux, tant au Débit qu'au Crédit, portent des intérêts depuis l'ouverture du compte jusqu'à sa clôture, quelle que soit d'ailleurs l'époque de cette clôture; aussi commençons-nous par rechercher, sur chaque somme, les *intérêts non courus*, c'est-à-dire les intérêts que ne doit pas, ou auxquels n'a pas droit l'ayant compte, en ramenant toutes les échéances valeur de l'ouverture du compte. La différence entre les intérêts pour la totalité de la durée du compte et les intérêts non courus doit donner le chiffre des intérêts courus.

Un exemple fera mieux ressortir la marche de cette méthode.

Considérons le compte courant de Durand chez Michel (mod. p. 263) et admettons, pour un instant, que Durand doit l'intérêt de toutes les sommes portées à son Débit pendant la totalité de la durée du compte, c'est-à-dire du 31 décembre 1895 au 31 mars 1896, soit pendant 91 jours, et qu'il lui soit dû l'intérêt des sommes qui figurent à son Crédit pendant le même laps de temps.

Durand devrait donc :

4240,80 + 11509,34 + 17,26 + 2222,70 + 1481,80 + 2963,60 + 10017,25 = 32452,75

plus l'intérêt de cette somme pendant 91 jours.

COMPTES COURANTS PORTANT INTÉRÊTS.

Par contre, il lui serait dû :

$$3580,70 + 1239,06 + 717,48 + 11526,60 + 5596,50 + 6668,10 + 7450,34 = 36798,78$$

plus l'intérêt de cette somme pendant 91 jours.
En résumé il reviendrait à Durand :

$$36798,78 - 32452,75 = 4346,03$$

plus l'intérêt de cette somme pendant 91 jours, soit :

$$4346,03 + \frac{4346,03 \times 91 \times 4}{36\,000} \text{ (ou } 4346,03 + 43,94 = 4389,97.)$$

Mais les prélèvements faits par Durand n'ont pas tous été opérés le 31 décembre, comme nous venons de le supposer : ils l'ont été à certaines échéances indiquées dans le compte que nous avons établi. Il y a donc lieu de bonifier à Durand, c'est-à-dire d'ajouter au résultat précédent l'intérêt des sommes portées à son débit depuis le 31 décembre jusqu'à leur échéance. Ce calcul effectué (voir mod. p. 263), nous trouvons que Durand devient créditeur de :

$$4389,97 + 2,33 + 26,86 + 0,09 + 17,03 + 11,52 + 23,32 + 87,93 = 4559,13.$$

Mais, d'autre part, les sommes portées au crédit de Durand ne doivent pas non plus porter intérêt pendant toute la durée du compte, mais seulement depuis leur échéance jusqu'à la clôture du compte. Du résultat trouvé il faut donc retrancher l'intérêt des sommes portées au crédit de Durand depuis le 31 décembre jusqu'à leur échéance. Ce calcul effectué (voir mod. p. 263), nous trouvons :

$$4559,13 - (11,33 + 2,87 + 65,31 + 61,56 + 50,38 + 70,35) = 4297,33,$$

somme que nous portons au crédit de Durand, valeur du 31 mars.

Il faut remarquer que, dans la pratique, ce n'est qu'à la clôture des opérations que l'on détermine les intérêts produits par la balance des capitaux pendant la durée du compte. Il est donc possible, ainsi que nous l'avancions plus haut, d'arrêter le compte à toute époque, sans avoir à refaire le calcul des intérêts non courus sur les sommes déjà inscrites, tant au Débit qu'au Crédit du compte courant.

En résumé, pour régler un compte courant par la méthode indirecte ou rétrograde, on procède de la façon suivante, après avoir copié, sur une feuille spéciale à compte courant, le compte tel qu'il est établi sur le grand-livre de celui qui le dresse :

1° On inscrit dans la colonne *valeur* l'échéance de chaque somme, c'est-à-dire la date à partir de laquelle cette somme devra porter intérêts ;

2° On calcule les jours en prenant pour *époque*, c'est-à-dire pour base, l'échéance la plus antérieurement éloignée de la clôture du compte. Il peut arriver que cette époque ne soit pas le solde ancien ou la première opération en date ;

3° On totalise, sur une feuille volante, les capitaux du Débit et ceux du Crédit, on fait la différence, que *l'on porte dans la colonne Motifs*, sous la rubrique « Balance des capitaux », du côté où les capitaux sont les plus faibles. On donne pour échéance à cette différence la date de l'arrêté du compte ;

4° On calcule les intérêts ou les nombres, tant sur les capitaux débiteurs et créditeurs que sur la balance des capitaux ;

5° On fait la balance des intérêts ou des nombres, que l'on porte du côté le plus faible en intérêts ou en nombres ;

6° Si on a opéré par les nombres, on recherche sur la balance des nombres les intérêts correspondant au taux donné (en la divisant par le diviseur fixe), et, dans les deux cas, on inscrit la différence des intérêts dans la colonne *Capitaux, du même côté* où on a porté la balance des nombres ;

7° Enfin, on arrête le compte et l'on reporte le solde à nouveau de la même façon que dans la méthode directe.

MÉTHODE INDIRECTE
avec intérêts immédiats.
(Compte ct donné au concours de la Banque de France de 1896.)

Doit   M. Durand, s/ cte ct et d'int. récep. à 4%, chez M. Michel, banq., au 31 mars 1896.   Avoir

DATES	CAPITAUX DÉBITEURS	MOTIFS DU DÉBIT	VALEUR	JOURS	NOMBRES ou INTÉRÊTS	DATES	CAPITAUX CRÉDITEURS	MOTIFS DU CRÉDIT	VALEUR	JOURS	NOMBRES ou INTÉRÊTS
96 Janv. 5	4 240 80	Retour effets impayés.	5 janv.	5	2 35	95 Déc. 31	3 580 70	Solde ancien.	31 déc.	89	» »
21	11 509 34	M/ avance s/ lingots.	21 janv.	21	26 86	96 Janv. 12	1 259 06	Ses remises Amsterdam	21 mars.	81	11 33
Févr. 20	17 26	Intts dus s/ m/ avance.	20 févr.	51	0 09	Févr. 5	717 48	Enct coupons.	5 févr.	36	2 87
Mars. 9	2 222 70	M' remise espèces.	9 mars.	69	17 03	» 20	11 526 60	11 609,34 rembt en ppal. 17,26 — en intts.	20 févr.	51	65 31
» 10	1 481 80	do do	10 mars.	70	11 52	Mars. 3	5 596 50	Net de s/ remise Meaux.	8 avril.	99	61 56
» 11	2 963 60	do do	11 mars.	71	23 38	» 8	6 668 10	— Londres.	8 mars.	68	50 38
» 20	10 017 25	M/ envoi esp. et frais.	19 mars.	79	87 93	» 25	7 450 34	Enct obligons.	25 mars.	85	70 35
		4 346,03 Bal/ des caps.	31 mars.	91	43 94						
	48 70	Intts en m/ faveur.			48 70						
	4 297 33	Solde créditeur.									
	36 798 78				261 80		36 798 78				261 80
						Avril. 1	4 297 33	Solde à nouveau.	31 mars		

S. E. O. O.
Paris, le 31 mars 1896.
Michel.

Méthode par soldes ou par échelle, dite « méthode hambourgeoise ».

Cette méthode, qui est dite *méthode hambourgeoise* parce qu'elle fut d'abord pratiquée par la banque et le commerce de Hambourg, est la plus ancienne, la plus rationnelle et la plus compréhensible des diverses méthodes de comptes courants. Elle offre plusieurs avantages très appréciables : elle peut donner à tout moment, sans qu'il soit besoin d'aucun calcul, la situation exacte de l'ayant compte, en capital et en intérêts ; elle permet d'arrêter le compte à toute époque ; enfin, elle est la seule qui se prête sans difficulté au calcul des intérêts non réciproques entre le banquier et son client, ou aux fréquents changements de taux pendant la durée du compte.

Malgré tous ces avantages, la méthode hambourgeoise n'est pas d'un usage très répandu, surtout en France. Cela tient surtout à ce qu'il est nécessaire, en opérant par cette méthode, que l'opération soit toujours *nette*, c'est-à-dire que sa valeur ne soit pas différente de sa date. Il est donc indispensable, lorsqu'on se sert de la méthode hambourgeoise, de ramener, au moyen de l'escompte au taux du compte, valeur de leur date, les opérations qui seraient d'une échéance antérieure ou postérieure à cette date. C'est là une difficulté très réelle, qui entrave la pratique de cette excellente méthode, la meilleure certainement lorsque toutes les opérations d'un compte courant sont *nettes*. Elle est d'ailleurs employée, avec beaucoup de succès, par la Banque de France pour le règlement de ses comptes courants d'avances, qui ont pris une extension si considérable.

La marche de la méthode hambourgeoise est très simple : on tient constamment à jour le solde véritable de l'ayant compte chez le banquier. A chaque nouvelle opération on modifie ce solde, en même temps qu'on tire les intérêts courus sur le solde précédent, pendant le nombre de jours qui sépare l'opération nouvelle de l'opération précédente. On obtient ainsi, de façon permanente, la situation véritable de l'ayant compte, tant en capitaux qu'en intérêts. Ce résultat n'est pas obtenu par les deux méthodes précédentes, dans lesquelles on suppose, convention permise, que toute somme prélevée ou versée par

COMPTES COURANTS PORTANT INTÉRÊTS. 265

l'ayant compte doit porter intérêt depuis son échéance jusqu'à la date de l'arrêté du compte.

Examinons pratiquement la marche de cette méthode.

Si nous considérons le compte Durand chez Michel (mod. p. 266), nous voyons que Durand reste créditeur d'une somme de 3 580 fr. 70 du 31 décembre au 5 janvier. A cette dernière date, il est débité de 4 240 fr. 80 pour retour d'effets impayés; son solde devient alors débiteur de 660 fr. 10, et il lui est dû cinq jours d'intérêts sur le solde créditeur précédent. Le 12 janvier, une remise sur Amsterdam se montant nette à 1 249 fr. 80, modifie encore son solde, qui redevient créditeur de 589 fr. 30; mais à cette date il doit les intérêts du 5 au 12 janvier, c'est-à-dire pendant sept jours sur le solde débiteur précédent 660 fr. 10, etc.

En résumé, pour établir et régler un compte courant par la méthode hambourgeoise, on procède de la façon suivante :

On inscrit en regard du libellé de l'opération et de sa date, dans la colonne *sommes*, au Débit, tout ce que doit l'ayant compte, au Crédit tout ce qui lui est dû. Après chacune des opérations, on tire immédiatement le solde dans la colonne spéciale, et du côté convenable; on recherche en même temps le nombre de jours écoulés depuis l'opération précédente, et on le porte en regard du solde précédent; enfin, on calcule les intérêts au taux indiqué, et on les inscrit au Doit ou à l'Avoir des intérêts, suivant que le solde est débiteur ou créditeur. En face du dernier solde, il faut avoir soin de calculer les jours et les intérêts depuis la date de la dernière opération jusqu'au jour de l'arrêté du compte.

Pour arrêter le compte, il suffit d'additionner au crayon les intérêts débiteurs et créditeurs, d'en faire la balance que l'on porte à la fois dans la colonne *intérêts*, du côté le plus faible, et dans la colonne *sommes*, du côté contraire, sous la rubrique : Balance des intérêts (intérêts débiteurs ou créditeurs). Il ne reste plus qu'à balancer les sommes ou capitaux, à fermer le compte et à le rouvrir à nouveau. (Voir modèle p. 266.)

Remarques sur l'application de la méthode hambourgeoise. — Il est préférable de ne pas faire usage des nombres, et de cal-

MÉTHODE PAR SOLDES OU PAR ÉCHELLE DITE « HAMBOURGEOISE »

M. Durand, s/ compte c^t et d'intérêts réciproques à 4 % chez M. Michel, banq. (au 31 mars 1896).

DATES		DÉTAIL DE L'OPÉRATION	SOMMES		SOLDES		JOURS	INTÉRÊTS	
			DÉBIT	CRÉDIT	DÉBITEURS	CRÉDITEURS		DÉBITEURS	CRÉDITEURS
1895									
Déc.	31	Solde ancien.................		3 580 70		3 580 70	5		1 99
96									
Janv.	5	Retour effets impayés..........	4 240 80		660 10		7	0 51	
»	12	S/ rem. Amsterdam 21 mars, net à ce jour..		1 249 40		589 30	9		0 59
»	21	M/ avance s/ lingots...........	11 509 34		10 920 04		15	18 20	
Févr.	5	Enc^t coupons................		717 48	10 202 56		15	17 01	
»	20	Remb^t avance en pp^{al} et int^{ts}.......		11 526 60		1 324 04	»		
»	»	Int^{ts} dus sur avance............	17 26			1 306 78	12		1 74
Mars	3	S/ rem. Meaux. 8 avril, net à ce jour....		5 574 12		6 880 90	5		3 82
»	8	Net de s/ remise Londres........		6 668 10		13 549 »	1		1 50
»	9	M/ vers^t espèces..............	2 222 70			11 326 30	1		1 26
»	10	d°	1 481 80			9 844 50	1		1 09
»	11	d°	2 963 60			6 880 90	9		6 88
»	20	M/ envoi esp. et frais val/ 19 c^t, net à ce jour..	10 018 36		3 137 46		5	1 74	
»	25	Enc^t obligations...............		7 450 34		4 312 88	6		2 88
»	31	Bal/ des int^{ts} (int^{ts} débiteurs)........	15 71						15 71
		Bal/ des capitaux..............	4 297 17						
			36 766 74	36 766 74				37 46	37 46
Mars	31	Solde à nouveau		4 297 17					

Paris, 31 mars 1896.

S. E. O. O.
Michel.

culer immédiatement les intérêts. On pourra ainsi donner à tout moment, et sans aucune peine, le chiffre des intérêts débiteurs ou créditeurs.

Il faut, dans l'application de cette méthode, ramener à la date de l'opération toutes les sommes qui seraient d'une valeur antérieure ou postérieure à cette date, en les escomptant au taux du compte. C'est ainsi que dans le compte courant que nous avons donné en exemple (mod. p. 266) nous avons dû escompter à 4 pour 100, pour 69 jours, la remise sur Amsterdam de 1250 fr. 06, qui avait été faite le 12 janvier, mais dont l'échéance était du 21 mars. Même observation pour la remise du 3 mars, sur Meaux, de 5 596 fr. 50, que nous avons escomptée pour 36 jours. Dans ces deux cas, pour avoir le net de la négociation, nous avons retranché l'intérêt trouvé du capital. Quant à l'opération du 20 mars, qui est valeur du 19, c'est-à-dire d'une échéance antérieure à la date, nous avons ajouté au principal, 10 017 fr. 25, l'intérêt de cette somme, à 4 pour 100, pendant 1 jour.

La capitalisation immédiate de ces intérêts explique la différence de quelques centimes que nous trouvons entre le résultat du compte obtenu par la méthode hambourgeoise et le résultat trouvé par les autres méthodes.

On se rend compte qu'au moyen de cette méthode il est facile de calculer les comptes courants à intérêts non réciproques, ainsi que les changements de taux dans le courant du compte. Il suffit, dans le premier cas, de calculer les soldes débiteurs au taux que paye l'ayant compte et les soldes créditeurs au taux dont il bénéficie. Dans le second cas, il faut intercaler la date du changement de taux, et répartir avec le même solde au nouveau taux.

ABRÉVIATIONS

dont on fait ordinairement usage sur les livres
et dans les lettres de commerce.

Ac^{on}	acceptation.		F^{co}	franco.
Art	article.		J^r ou j^{rs}	jour ou jours.
Av. de payem^t.	avance de payement.		K^o ou kg.	kilogrammes.
B^{ce} ou Bal^{ce}	balance.		L/	lui, leur.
B/	billet.		M^{at}	mandat.
B/ B/	billet de banque.		M.	mètre.
Bord^{au}	bordereau.		M/	mon, ma, mes.
B. P.	bon pour.		N/	nous, notre, nos.
C/	caisse.		N/ v/	notre ville.
Cie.	compagnie.		Nég^{on}	négociation.
Cte.	compte.		N^o	numéro.
Cte C^t.	compte courant.		O/	ordre.
C^{on}	commission.		P^{co}	pièce.
C^t ou Cour^t	courant.		P^a ou P^{ain}	prochain.
Court^e	courtage.		P. et P.	profits et pertes.
Div/	divers.		P^r	pour.
Divid^{de}	dividende.		P. º/º ou º/º	pour cent.
D^{er}	dernier.		P. º/ºº ou º/ºº	pour mille.
Dz.	douzaine.		Qq	quelques.
Éch^{ce}	échéance.		Rab	rabais.
Éch^{on}	échantillon.		Règ^t	règlement.
Esc^{te}	escompte.		Rem/	remise.
Exp^{on}	expédition.		S/	sur, son, sa, ses.
Ext. de Cte.	extrait de compte.		T^{te}	traite.
Fab^{on}	fabrication.		Val.	valeur.
F^{re}	facture.		V/	vous, votre, vos.
F^o.	folio.		V/ v/	votre ville.
f. ou fr.	francs.			

Il y a encore d'autres abréviations, qui s'expliquent par le sens des phrases où elles se trouvent; par exemple : un effet s/ v/ m/, un effet sur vous-même; à v/ c^t, à votre crédit; s/ B/ à m/ o/, son billet à mon ordre; S. E. ou O., sauf erreur ou omission.

INDEX ALPHABÉTIQUE

Abréviations, 268.
Acceptation, 21.
Achats, 109.
Acquit, 11.
Actes de commerce, 7.
— de société, 68.
Actif, 139, 235.
Actions, 61, 231, 233.
Administrateurs, 63.
Agio, 41.
Amortissements, 120, 215, 224, 233.
Applications ou rencontres, 126, 127.
Arbitragiste, 51.
Arrêté des écritures, 139.
Article simple, article collectif, 103.
Assemblée générale des actionnaires, 62, 64.
Aval, 27.
Avoir, 122.
Balance du commerce, 8.
— d'entrée, 141.
— d'inventaire, 136, 170.
— de sortie, 141.
— de vérification, 126.
— de vérification par soldes, 129.
Banque de France, 43, 235.
Bénéfices (partage des), 66.
Bénéficiaire, 21.
Besoin, 27.
Biblorhapte, 88.
Bilan, 139, 171.
Billet à domicile, 33.
— à ordre, 32.
Bonification, 55.
Bordereau d'escompte, 51.
— d'expédition, 19.
Brouillard, 71, 89, 210.
Caisse, 83, 90, 223.
Cambistes, 51.
Capital, 80, 103, 133.
— social, 227.
Cession de fonds de commerce, 189.
Change, 49.
Chèque, 33; — barré, 36.

Chiffrier, 130.
Colis postaux, 20.
Commandite, 60, 229.
Commerçants, 7.
Commerce intérieur, 8.
— — 8.
Commissaire des comptes, 65.
Commission (note de), 13.
— de banque, 53.
Commissionnaire, 53.
Comptabilité, 71.
— auxiliaire, 80.
— domestique, 233.
— générale, 102.
— des grandes entreprises, 217.
— de l'industrie, 201.
— en partie simple, 75.
— en partie double, 77.
— des sociétés, 227.
— relative à la transformation des matières premières, 203.
— (ouverture d'une), 185.
— (réorganisation d'une), 187.
Comptable, 71.
Comptes, 79.
— collectifs, 218.
— courants, 85; portant intérêts, 230.
— généraux, 80, 222.
— de retour, 30.
— de valeurs immobilisées, 84.
Concordat, 193.
Connaissement, 21.
Conseil de surveillance, 63.
Copie de change, 27.
— de lettres, 73, 88.
Coupons d'actions, 61.
Cours des changes, 50.
Courtages commerciaux, 53.
Courtier, 53.
Créanciers (union des), 197.
Crédit, 79.
— commercial, 21.

Crédit (instruments de), 21.
Débit, 79.
Débiteurs douteux, 188.
Dépenses personnelles, 81.
Difficultés comptables, 185.
Directeurs, 65.
Dividende, 61, 230.
Diviseurs fixes, 252.
Documents commerciaux, 9.
— commerciaux (conservation des), 86.
— commerciaux (vérification des), 86.
Doit, 122.
Ducroire, 58.
Échéance, 23.
Effets à recevoir, 83, 99, 127, 223.
— à payer, 84, 100, 116, 119.
Endossement, 26, 27.
Escompte, 42, 59.
Espèces (mouvement des), 9.
Exercices, 142.
Expéditions par grande vitesse, 18.
— par petite vitesse, 18.
Facture à condition, 11.
— d'expédition, 13, 14.
— générale, 11.
— (relevé de), 11, 15, 16.
— de retour, 13.
— simple, 11, 12.
Facturier, 94.
Faillite, 120, 193.
Fonds de commerce, 189.
Frais généraux, 81, 215.
— de premier établissement, 115.
Gérance, 62.
Gold-points, 51.
Grand-livre, 74, 121.
— à double colonne de caisse, 126.
— (modèle de), 161.
Intérêts, 42.
— (calcul des), 231.
Inventaire, 133.
— (écritures d'), 130.

Inventaire (permanence de l'), 174.
— (sincérité de l'), 172.
Journal, 73, 102.
— grand-livre, 181, 241.
— (modèle de), 153.
— (rédaction des articles du), 103.
— récapitulatif, 220.
Journaux auxiliaires, 220.
Lettre de change, 21, 23, 24, 25.
— de voiture, 17.
Liquidation judiciaire, 199.
— volontaire, 192.
Livres auxiliaires, 74, 92.
Livre d'avoir, 147.
— brouillard, 240.
— de caisse, 96, 148.
— de commerce, 73.
— de débit, 91, 95, 146.
— d'effets à payer, 100, 150.
— d'effets à recevoir, 99, 149.
— des inventaires, 73, 138.
— marchandises, 93, 143.
— des opérations diverses, 101, 151.
Loyer d'avance, 109, 159, 193.
Magasins généraux, 37.
Main-courante, 74, 89.
Main-d'œuvre, 116, 200.
Mandat, 31, 32.
Marchandises (entr. des), 11.
— (sortie des), 11.
— en fabrication, 217.
— en route, 221.
— (transport des), 17.
Matériel, 115, 216.

Matières premières, 203.
Nombres, 252.
Note de commission, 13.
Obligations, 232.
Ordre des effets de commerce, 26.
Outillage, 216.
Payement, 28.
Parties aliquotes, 255.
Passif, 139, 237.
Perte au change, 53.
Pièce comptable, 9, 86.
Places bancables, 43.
Pointage, 129.
Preneur, 21.
Prescription, 31.
Prix de revient, 204.
— (détermination des), 202, 212, 216.
— moyen, 203.
Procurations, 69.
Profits et Pertes, 81, 135, 222.
Protêt, 28, 29.
Provision, 21, 36.
Publication des actes de société, 68.
Quittance, 9, 10.
Rabais, 58, 120.
Raison sociale, 60.
Récépissé, 38.
— d'expédition, 18.
— de magasins généraux, 37, 39.
Rectification des erreurs au journal, 130.
— des erreurs au grand-livre, 133.
Reçu, 9, 10.
Références, 91.
Règlement des comptes, 131.
Relevé de factures, 11, 16.

Rendu ou avoir, 91, 110.
Répertoire du grand-livre, 123, 168.
Report des articles du journal au grand-livre, 122.
Réserves, 234.
Retraite, 30.
Sanctions légales, 75.
Semainier, 210.
Société anonyme, 64, 231.
— a capital variable, 65.
— en commandite simple, 60, 229.
— en commandite par actions, 61, 229.
— de coopération, 66.
— en nom collectif, 69.
— en participation, 67.
— commerciales, 59, 227.
— (publication des actes d'une), 68.
Soldes, 70.
Souscripteur, 21.
Spécie points, 50.
Syndic, 194.
Taux de l'escompte, 42.
Teneur de livres, 72.
Tenue des livres, 71.
— en partie simple, 75.
— en partie double, 77.
Timbre des effets de commerce, 23.
Tiré, 21.
Tireur, 21.
Traite, 21.
Usance, 25.
Valeur actuelle, 42.
Valeur ou échéance, 250.
Valeur nominale, 42.
Ventes, 110, 111.
Virement, 41.
Warrants, 37.

TABLE DES MATIÈRES

Préface.. 5

I. NOTIONS COMMERCIALES

	Pages
Définitions...............	7
DOCUMENTS COMMERCIAUX.	9
Mouvement des espèces....	9
Entrées et sorties des marchandises...............	11
Factures.................	11
Transport des marchandises.	17
Crédit commercial et instruments de crédit........	21
Lettre de change.........	21
Mandat...................	31
Billet à ordre. Billet à domicile..................	32
Chèque...................	33
Magasins généraux. Warrants...................	37
Virement.................	41

	Pages
Escompte.................	42
Change...................	49
Commissions de banque....	53
Bordereaux d'escompte....	54
Courtages commerciaux....	58
SOCIÉTÉS COMMERCIALES..	59
Société en nom collectif..	59
— en commandite simple	60
— en commandite par actions................	61
— anonyme...........	64
— à capital variable....	66
— en participation.....	67
Publication des actes de société..............	68
PROCURATIONS............	69

II. COMPTABILITÉ, TENUE DES LIVRES

Définitions...............	71
Livres de commerce.......	73
Livres exigés par la loi....	73
— établis par l'usage...	73
Sanctions légales.........	75
Tenue des livres en partie simple................	75
COMPTABILITÉ EN PARTIE DOUBLE................	77
Principes généraux.......	77
Comptes..................	79
Comptes généraux........	80
— de valeurs immobilisées..........	84
— courants.........	85

Comptabilité auxiliaire....	86
Vérification et conservation des documents commerciaux................	86
Copie de lettres. Bibliorhapte................	88
Brouillard................	89
Livres auxiliaires........	92
Comptabilité générale....	102
Journal..................	102
Réglure et rédaction du journal en partie double..	103
Rédaction des articles du journal................	108
Grand-livre..............	121

	Pages		Pages
Report des articles du journal au grand-livre	122	Écritures du journal relatives à la détermination du prix de revient	212
Balance de vérification	126	Comptabilité des grandes entreprises	217
Rectification des erreurs au journal	130	Comptes collectifs	218
— des erreurs au grand-livre	133	Division du journal. Journaux auxiliaires. Journal récapitulatif	220
Inventaire	133	Division du grand-livre. Grand-livre des comptes généraux. Grand-livre des comptes courants	222
Règlement du compte Marchandises générales	134	Subdivisions des comptes généraux. Ouverture de nouveaux comptes	223
— des comptes Profits et Pertes et Capital	135	Comptabilité des sociétés	227
Balance d'Inventaire	136	Société en nom collectif	227
Livre d'Inventaire	138	— en commandite simple	229
Bilan	139	— par actions	230
Arrêté des écritures et reports « à nouveau »	139	— anonyme par actions	231
Exercices	142	Remarque sur le bilan de la société anonyme par actions la *Banque de France*	235
Sincérité des inventaires	172	Comptabilité domestique	238
Permanence de l'inventaire	174	Livre brouillard	240
Journal-grand-livre	181	Inventaire	244
Difficultés comptables	185	Journal-grand-livre	244
Ouverture et organisation d'une comptabilité	185	Balance de vérification. Balance d'inventaire. Arrêté et report des écritures	248
Réorganisation d'une comptabilité en cours d'exercice	187	Comptes courants portant intérêts	250
Clôture des écritures par suite de cession de fonds de commerce	189	Calcul des intérêts	251
Clôture des écritures par suite de liquidation volontaire	192	— Méthode ancienne ou directe	256
Opérations et écritures de la faillite	193	— Méthode nouvelle, indirecte ou rétrograde	260
Opérations et écritures de la liquidation judiciaire	199	— Méthode par soldes ou par échelle, dite « hambourgeoise »	264
Comptabilité de l'industrie manufacturière	201	Abréviations en usage	268
Considérations générales	201	INDEX ALPHABÉTIQUE	269
Prix de revient	202		
Comptabilité auxiliaire relative à la transformation des matières premières	205		
Main-d'œuvre	206		

Paris. — Imp. LAROUSSE, 17, rue Montparnasse.